Daniel Becker
Die drei Emigrationen
der Sonja Berg

Daniel Becker

DIE DREI EMIGRATIONEN DER SONJA BERG

Biografie einer jüdischen Familie

Osburg Verlag

Erste Auflage 2022

Lektorat: Bernd Henninger, Heidelberg
Korrektorat: Mandy Kirchner, Weida
Umschlaggestaltung: Judith Hilgenstöhler, Hamburg
Satz: Hans-Jürgen Paasch, Oeste
Druck und Bindung: CPI books GmbH, Leck
Printed in Germany
ISBN 978-3-95510-278-4

Ach, und du glaubst wirklich, das Vergessen habe das letzte Wort?

Hirsch Oscherowitsch

Inhalt

Filmsequenz

Wenn mir Sonjas Erzählung in den Sinn kommt, beginnt sie stets mit folgender Szene, wie die Anfangssequenz eines Films:

Russland, Oktober 1918. Ein Mädchen, etwa 15 Jahre alt, sitzt in einem Zugabteil. Die langen, schwarzen Locken schauen unter einer Mütze hervor. Sie trägt einen ordentlichen Mantel und Knöpfstiefel. Im Gepäcknetz liegen mehrere Koffer und Taschen, manche stehen auch neben ihr auf dem Boden. Das Mädchen ist allein unterwegs. Sie weiß nicht genau, wohin der Zug fährt. Auch wo ihre Eltern sind, weiß sie nicht. Sie ist ängstlich, fängt an zu weinen. Dann wischt sie die Tränen ab, holt aus einer grauen Papiertüte ein Butterbrot und beißt hinein.

Wie die Geschichte begann

Ich lernte Sonja und Heinz Berg im Frühjahr 1987 kennen. Damals ging ich in die 12. Klasse, im Geschichts-Leistungskurs behandelten wir die Oktoberrevolution. Davon war ich fasziniert, ich wollte genau wissen, was sich abgespielt hatte. Aus den Zahlen und Ereignissen, die in meinem Geschichtsbuch standen, ergab sich für mich kein schlüssiges Bild. Wie hatte die mächtige Sowjetunion aus chaotischen Anfängen entstehen können? Wie fühlt sich eine Revolution aus Sicht der Menschen an?

Es war nicht nur historisches Interesse. Ich wollte hinter den Eisernen Vorhang schauen, den es damals noch gab und der noch lange bleiben würde, wie alle dachten. Allerdings hatte Gorbatschow ihn ein kleines Stückchen zurückgezogen. Das machte mich neugierig. Perestroika und Glasnost, seine Begriffe für den Wandel, waren in aller Munde. Reformen in den sozialistischen Staaten – jetzt schienen sie erreichbar zu werden. Nicht nur ich glaubte das. Aber was musste man reparieren, was abschaffen? Was war überhaupt gut gewesen, was schlecht? War die Revolution einfach irgendwo falsch abgebogen, und wenn ja, wann? Wie sollte man das herausfinden, Dinge besser machen? Solche aus heutiger Sicht naiven Fragen stellte ich mir.

Die öffentliche Meinung der damaligen Bundesrepublik war geprägt durch die ›Westbindung‹. In erster Linie war das eine deutliche Gut-Böse-Einteilung der Welt, in zweiter brachte sie ein totales Desinteresse am Leben der Menschen jenseits des Eisernen Vorhangs mit sich. Die Sowjetunion war abgeschottet, Informationen aus erster Hand so gut wie nicht zu bekommen – im Vergleich mit heutigen Kommunikations- und Reisemöglichkeiten unvorstellbar. In der damaligen Bundesrepublik lebten nur wenige Russen. Reisen in die Sowjetunion waren ausschließlich in Gruppen mit offiziellem Reiseführer möglich und auf wenige vorgegebene Ziele beschränkt. Wenn man etwas darüber zu lesen bekam, hatte es meist eine ideologische Färbung: im Westen antikommunistische Schreckensberichte oder von jenseits des Vorhangs östliche Propaganda, begleitet von seltsam blassen Farbfotos. Was lag zwischen diesen Extremen?

Ich lieh mir Bücher aus der Bibliothek, versuchte die Russische Revolution und die daraus hervorgegangene Gesellschaft zu begreifen. Doch in den Texten, die ich damals vorfand, enttäuschte mich die schematische, theorielastige Darstellungsweise. Erlebnisse von

Menschen aus der Revolutionszeit kamen nicht vor, waren verschüttet unter einem riesigen Trümmerhaufen aus – je nach Perspektive – Revolutionstheorie, nachträglicher Deutung, Propaganda.

Was war also – seinerzeit – vor 70 Jahren geschehen? Die Sowjetunion erschien so unverrückbar, dass alles, was vor ihr gewesen war, der grauen Vorzeit angehörte. Dass Leningrad einmal St. Petersburg geheißen hatte, schien doppelt so lange her zu sein.

Anfang 1987 sah ich im Fernsehen eine Dokumentation über Leningrad und seine Vergangenheit unter dem Namen St. Petersburg. So etwas hatte Seltenheitswert. Noch kurz zuvor wäre wohl in der Sowjetunion ein westliches Filmprojekt über die einstige Hauptstadt als ›revisionistisch‹ eingestuft worden und damit tabu gewesen. Glasnost machte es jetzt möglich! Der Film zeichnete anhand historischer Orte auch den Verlauf der Revolution nach. Endlich hatte ich wenigstens ein paar Bilder vor Augen.

Ich erzählte meinem Vater von der Sendung. Zu meinem Erstaunen erwiderte er trocken, er kenne jemanden, der in St. Petersburg geboren sei und die Revolution dort miterlebt habe. Ich könne da sicher mal anrufen, wenn ich mehr erfahren wolle …

Das war im ersten Moment kaum vorstellbar. Das konnte keiner mehr erlebt haben. – Doch, doch, und die Dame sei noch sehr rüstig. Ich hätte jemanden so Interessantes in London oder New York vermutet und nicht im verschlafenen Bad Godesberg. Aber so war's!

Ich war fasziniert von dieser unerwarteten Möglichkeit, fasste mir ein Herz und rief bei den für mich wildfremden Leuten an. Es meldete sich eine freundliche, alte Stimme: »Berg« – diesen kurzen Namen sprach sie so aus, dass jeder Buchstabe sorgsam einzeln zur Geltung kam, darunter das R auf die russische Art weich gerollt. Ich stellte mich vor und holte dazu aus, den Grund für meinen Anruf zu erklären, ob ich vielleicht mal ein paar Fragen stellen dürfe …

Bevor ich lange geredet hatte, sagte die Stimme ganz aufgeschlossen, ich solle doch am besten vorbeikommen, und wann es mir denn passen würde. Wir einigten uns auf einen Abend im März, ›nach acht‹ – eine Zeitangabe, die auch für alle nachfolgenden Verabredungen immer üblich blieb. Ein Detail dieses ersten Telefonats ist mir besonders in Erinnerung geblieben, weil die Reaktion so gar nicht dem entsprach, was ich von einer 83-jährigen Frau erwartet hatte. Natürlich siezte sie mich, was mir allerdings damals nicht geheuer war, und ich bat sie, mich zu duzen – worauf sie lachend sagte »Na dann – ich auch!«, ich solle sie bitte Sonja nennen.

Nach acht

An dem vereinbarten Abend ›nach acht‹ empfingen mich also Sonja und Heinz. Beide waren – mit ihren über 80 Jahren – quicklebendig. Heinz neben Sonja groß und aufrecht, mit schlohweißen Haaren und einem eleganten Schnurrbart, ähnlich dem von Clark Gable. Sonja ganz klein und rund, mit unglaublich vielen Falten im Gesicht, einer beeindruckend geschwungenen Nase und noch fast schwarzen, leicht gelockten Haaren, die von einem altmodischen Haarnetz festgehalten wurden. Ich bekam einen Platz auf dem Sofa im Wohnzimmer, das in einer geschmackvollen Mischung aus dunklen (wie ich später erfuhr, südafrikanischen) und modernen hellen Holzmöbeln eingerichtet war. Heinz hatte Tee gekocht, der in russischen Teegläsern serviert wurde. Das war ein beeindruckendes Ritual, das ich noch oft erleben durfte. Im Laufe des Abends kam von Sonja mehrmals die Frage: »Darling, gibt es noch Tee?«, eigentlich sagte sie »Daarrlink«, und bei »Tee« hob sie die Stimme. Und selbstverständlich war Heinz als echter Gentleman gleich damit zur Stelle.

Kaum saß ich auf dem Sofa, begann das Erzählen. Beider Augen blitzten, und man merkte sofort, dass sie daran großes Vergnügen hatten. Sonja und Heinz staunten selbst ganz offen darüber, wie viel abenteuerliche und teils absonderliche Dinge sie erlebt hatten. Sie sagten dann oft:

»Man sollte kaum glauben, dass so viel Weltgeschichte in ein Menschenleben hineinpasst!«

Bemerkenswert war, dass trotz manch tragischer Episode die Erzählung zwar zuweilen ernst wurde, aber insgesamt positiv und heiter blieb. Sonjas schwermütige Seite lernte ich später auch kennen, aber die Abende des abwechselnden Erzählens mit Heinz verliefen mit anekdotenhafter Leichtigkeit, und es wurde viel dabei gelacht. Den großen Faden der Erzählung bestritt stets Sonja, Heinz schaltete sich mit einzelnen Ergänzungen ein.

Bei unserem ersten Treffen fragte Sonja mich, was ich denn wissen wolle. Ich sagte mein Sprüchlein von der Oktoberrevolution und dass ich gehört hätte, sie habe diese in St. Petersburg miterlebt …

Sonja begann.

»Ja, darüber kann ich dir gern etwas erzählen. Aber, nu ja …! Du musst wissen, dass dies nur eine kleine Episode in einer sehr langen und komplizierten Familiengeschichte ist, die unzählige weltgeschichtliche Ereignisse des 20. Jahrhunderts berührt« – sie lachte und ihre Augen funkelten, und Heinz nickte bestätigend. »Und ich muss dir dazu sagen, dass meine Familie nicht im engeren Sinne als russische Familie bezeichnet werden kann. Erst meine Eltern sind nach St. Petersburg gezogen. Meine Mutter stammte aus Berlin, mein Vater aus dem Baltikum. Also, wenn du trotz dieser Einschränkung die Geschichte hören möchtest, erzähle ich sie dir gern – oder fragen wir mal so: welchen Teil der Geschichte möchtest du hören? Alles? Na – hab's mir gedacht! Dann müssen wir mal sehen, wo wir am besten anfangen, für einen Abend ist das viel zu viel …

Meine Familie hat einen jüdischen Ursprung, und das sagt ja schon so einiges. Wir waren nicht religiös, ich bin's auch heute nicht. Aber diese Herkunft hat das Schicksal vieler Generationen meiner Familie bestimmt, egal ob sie, wie vor einigen Generationen, noch gläubige Juden oder, wie meine Eltern, teils die Großeltern schon, zum Christentum konvertiert waren – meist aus äußerer Notwendigkeit. Immer hat sie das Jüdische wieder eingeholt. Na ja, ich denke, du weißt darüber Bescheid, das muss ich nicht alles erzählen. Und in meinem Leben, wie auch bei Heinz, hat sich das so fortgesetzt. Ich musste in meinem Leben drei Mal emigrieren: zuerst von Russland nach Deutschland, das war 1918. Dann, als die Nazis kamen, musste ich mit Peter, meinem ersten Mann, aus Berlin fort. Wir konnten 1934 nach Südafrika gehen. In Johannesburg lebten wir ganz gut, unsere Kinder kamen dort zur Welt. Aber Peter starb schon 1951, mit nur 44 Jahren. Das war für mich eine schwere Zeit. Die Kinder waren noch klein. Später lernte ich Heinz kennen, das heißt, ich kannte ihn schon lange, unsere Familien waren in Südafrika eng befreundet. Als er mir einen Heiratsantrag machte, war er dabei, sich wieder in Europa niederzulassen – die Situation in Südafrika wurde brenzlig. Und so bin ich zum dritten Mal emigriert und mit ihm nach Bonn gekommen.«

Jetzt schaltete sich Heinz ein, verschmitzt lachend.

»Auf drei Emigrationen bringe ich es nicht, bei mir waren es nur zwei. Ich bin in Berlin aufgewachsen, und musste in der Nazizeit dann auch sehen, wie ich aus Deutschland rauskomme. Unsere Familie war vor ein paar Generationen jüdisch gewesen, aber meine Vorfahren waren konvertiert. Ich fühlte mich überhaupt nicht als Jude, aber für die Nazis war ich das plötzlich. Für mich begannen die Probleme nicht so früh, wie es bei Peter der Fall war, denn ich arbeitete in einem Unternehmen, das Verwandten meiner Mutter gehörte. Die Kaffeerösterei Zuntz war das, damals eine bekannte

Firma. Auch nachdem die Nazis an die Macht gekommen waren, konnte ich dort relativ unbehelligt arbeiten. Ich muss sagen, ich habe die Nazis zuerst unterschätzt – das haben viele. Als es irgendwann höchste Zeit wurde zu gehen, waren die meisten Länder nicht mehr bereit, Flüchtlinge aus Deutschland aufzunehmen. Ich war schon verheiratet und hatte kleine Kinder. Gerettet hat uns Peter, Sonjas erster Mann. Er hat für uns finanziell gebürgt. So kamen wir 1936, kurz bevor es zu spät war, auch nach Südafrika. Im Krieg habe ich mich freiwillig zur britischen Armee gemeldet, um etwas gegen Hitler tun zu können.

Ende der 50er-Jahre, in Südafrika regierte inzwischen die Nationalpartei und die Apartheid-Politik hatte begonnen, bekam ich zunehmend politische Schwierigkeiten. Nach der Erfahrung mit den Nazis dachte ich mir, es ist besser du gehst jetzt, bevor es wieder zu spät ist – daraus wurde die zweite Emigration. Ich erhielt die Möglichkeit, eine Stelle in Deutschland anzunehmen. Über ein paar Umwege kam ich 1961 nach Bonn, und kurze Zeit später entschloss sich Sonja, mir hierher zu folgen und meine Frau zu werden.«

Dann ergriff wieder Sonja das Wort. »Und nun leben wir schon 25 Jahre hier. Das ist länger als ich in Petersburg, Berlin oder Johannesburg gewohnt habe. Wir haben uns hier immer sehr wohlgefühlt. Aber wenn du mich fragst, wo meine Heimat ist, dann muss ich dir sagen: Ich weiß es nicht! Meine Kinder und anderen Verwandten sind überall auf der Welt verstreut, in Südafrika, Israel, den USA, England, der Schweiz … Bei Heinz ist es genauso. Diese Emigrationen werden ein Stück von dir.«

Heinz ergänzte, »aber was man auch lernt, ist Dankbarkeit. Wir wären nicht mehr da, wenn es nicht immer wieder Menschen gegeben hätte, die uns geholfen haben.«

Sonja stimmte zu: »Ja, dafür sind wir sehr dankbar! Auf unserer Flucht aus Russland hat ein Offizier seine Kompetenzen überschritten und einen Passierschein – auf Russisch sagt man dazu Propusk – ausgestellt. Wer weiß, was sonst geworden wäre. Man macht sich nicht klar, welche Rolle das spielen kann! Immer wieder gab es solche Menschen in unserem Leben. Um etwas zurückzugeben von der Hilfe, die wir erfahren haben, setzen wir uns für politische Gefangene in Ländern ein, in denen Menschenrechte nicht geachtet werden. Wir haben eine der ersten Amnesty-International-Gruppen in Deutschland gegründet.«

Sonja und Heinz, wie sie in den 1980er-Jahren ihre Geschichte erzählten

Die ›ganze Geschichte‹ war in der Tat für einen Abend zu lang. Mit meinem ersten Besuch begann eine wunderbare Freundschaft, die bis zum Lebensende von Sonja und Heinz bestand. Alle paar Wochen trafen wir uns abends ›nach acht‹, der Rahmen war immer derselbe. Der Reihe nach bekam ich nun ›die ganze Geschichte‹ zu hören.

Sie war so erstaunlich und verschlungen, dass es bestimmt ein Jahr dauerte, bis ich alle wichtigen Episoden kannte. Manche Teile der Erzählung – deren Stoff, wie Sonja einmal sagte, gut für einen klassischen russischen Roman geeignet gewesen wäre – klingen mir noch heute deutlich im Ohr. Ich schrieb mir nie etwas von dem auf, was die beiden erzählten. Ich glaubte, die Intensität ihrer Geschichte sei ausreichend, um jedes Detail in meinem Gedächtnis zu speichern. Und angesichts ihrer Vitalität hatte ich auch nicht das Gefühl, mich beeilen zu müssen.

Ich erinnere mich an einen letzten sehr vergnügten Abend im September oder Oktober 1989. Sonja und Heinz saßen am Tisch, über Reiseprospekte gebeugt. Sie planten eine Reise nach Israel und erzählten mir, wen sie besuchen und was sie anschauen wollten.

Im Laufe des Abends ging es Sonja nicht gut, ich verabschiedete mich früher als gewöhnlich. Es stellte sich heraus, dass Sonjas

Unwohlsein der Beginn einer Krebserkrankung war. Zwar konnte sie erfolgreich operiert werden, aber die anschließende Behandlung verursachte ernsthafte Komplikationen. Sonja war über längere Zeit geistig verwirrt. Heinz kümmerte sich rührend um sie, aber man merkte ihm seine Verzweiflung an, als ihr Zustand sich monatelang nicht bessern wollte. Er schirmte sie nach außen ab, wollte nicht, dass Freunde sie in so elendem Zustand sahen. Im Sommer 1990 schien alles langsam etwas ins Lot zu kommen. Ich erinnere mich an einen Tag im August. Ich kam zu Besuch, wir saßen im Garten, und Sonja war wieder so weit hergestellt, dass sie sich an der Unterhaltung beteiligen konnte. Sie saß im Lehnstuhl, ganz ›Grande Dame‹, und trank Saft aus einem Glas mit Strohhalm.

An diesem Tag sah ich Heinz zum letzten Mal. Ziemlich plötzlich, im September 1990, starb er, erschöpft von der Anstrengung der Monate zuvor. Kurz nach seiner Beerdigung besuchte ich Sonja. Sie war erschüttert von Heinz' Tod, doch ihr körperlicher und geistiger Zustand war, dieses eine Mal noch, so wie vor ihrer Krankheit. Ich erinnere mich, wie sie auf ihrem Sofa saß in einer für sie typischen Haltung: den einen Fuß unter das Knie des anderen Beines geschoben. Ich fragte mich immer, wo sie diese enorme Beweglichkeit hernahm.

Lange saßen wir zusammen, und sie erzählte mir aus ihrem Leben.

»Ich lese gerade wieder die alten Briefe. Die Korrespondenz mit meinen Brüdern. Viele davon sind auf Russisch geschrieben. Das alte Russisch, von vor der Revolution. In dieser Sprache fühle ich mich mehr und mehr zu Hause, je älter ich werde. Man kann diese Briefe lesen wie einen Roman. Eigentlich müsste jemand all das aufschreiben. Alles, was da drinsteht, was sie und ich erlebt haben. Alle in unserer Familie haben so viel Merkwürdiges erlebt! Viele haben schon mal den Versuch gemacht. Sogar einen Film wollte man draus machen. Oliver Storz[1], ein guter Freund meines Neffen Alex, ist Regisseur. Er wollte meine Geschichte verfilmen. Aber bisher ist noch nichts draus geworden ...«

1 Regisseur/Drehbuchautor der Serien ›Die Magermilchbande‹ (Deutsche Fernsehserie aus dem Jahr 1979, die authentisch die Lebensverhältnisse von Kindern in der sog. ›Kinderlandverschickung‹ gegen Ende des Zweiten Weltkrieges schildert. Nach einer Buchvorlage von Frank Baer) und ›Raumpatrouille Orion‹ (Erste deutsche Science-Fiction-Fernsehserie aus dem Jahr 1965 und damals ein großer Erfolg).

Bei meinen folgenden Besuchen hatte sich Sonjas Vitalität wieder verloren. Im ersten Jahr nach Heinz' Tod stand sie zwar noch auf, war aber oft schwermütig. Ihre Gedanken kreisten mehr und mehr um die Vergangenheit. Ihr Geist war mit Dingen beschäftigt, die sie nicht mehr beeinflussen konnte. Im Laufe der Zeit lag sie meist im Bett, wenn man sie besuchte, rund um die Uhr versorgt durch einen Pflegedienst, für den ihr Neffe Alex aufkam. Meistens war sie in sich gekehrt und sprach kaum etwas, bewegte aber oft, in Gedanken an ferne Zeiten versunken, die Lippen. Wenn man kam, öffnete sie kurz die Augen zu einem dankbaren Blick. Meist saß ich einfach eine Weile bei ihr am Bett und hielt ihre Hand fest, bis sie sagte: »So, und jetzt kannst du wieder gehen.« Bei einem meiner letzten Besuche sagte sie mir: »Es ist schön, wenn Freunde zusammen schweigen können.«

Sonja starb im August 1995, mit fast 92 Jahren. Stephanie, ihre jüngste Tochter, war aus New York gekommen und verbrachte die letzten Wochen mit ihr. So hatte sie es ihrer Mutter versprochen, und Sonja starb in ihren Armen.

Wie vor ihr Heinz hatte Sonja verfügt, eingeäschert zu werden. Ihre Asche sollte verstreut werden, als Symbol für die Heimatlosigkeit, die sie empfanden. All ihre Lieben waren in alle Winde verstreut, dort wollten sie im Tod bei ihnen sein.

Nach der Beerdigung traf ich Stephanie, die die Wohnung auflöste, den Nachlass ordnete und in Kisten verpackte, um ihn nach New York mitzunehmen. Ich setzte mich auf meinen üblichen Platz auf dem Sofa, und wir sprachen lange über Sonja und ihre Geschichte. Auch Stephanie fand, eigentlich müsse man es aufschreiben. Vielleicht werde sie sich daran versuchen.

Mit den Jahren bemerkte ich, dass es ein Irrtum gewesen war, zu glauben, ich würde all das stets im Gedächtnis behalten. Sonjas Geschichte ging mir wieder und wieder durch den Kopf, und darüber freute ich mich. Aber wenn ich gelegentlich Freunden davon erzählte, bemerkte ich, dass ich sie immer schlechter zusammenbekam. Bestimmte Details hatte ich vergessen oder konnte sie nur noch ungefähr wiedergeben, was sehr unbefriedigend war.

Etwa zehn Jahre nach Sonjas Tod wurde mir klar, dass mich diese Geschichte nicht mehr loslassen würde. Ich würde es mir ewig vorwerfen, wenn ich nicht versuchte, die fehlenden Teile zu rekonstruieren, solange sich noch jemand erinnerte. Ich begann, nach Leuten zu suchen, die meine Erinnerung auffrischen könnten. Das war nicht einfach. So präsent Sonja und Heinz zu Lebzeiten gewesen waren, so wenig schien in Bonn von ihnen zurückgeblieben zu sein. Stephanie war inzwischen aus New York weggezogen, ihre neue Adresse hatte ich nicht. Andere Verwandte hatte ich nicht kennengelernt, sie lebten überall auf der Welt. Ich suchte nach gemeinsamen Bekannten aus Bonn. Viele waren verstorben oder nicht mehr ausfindig zu machen. Diejenigen, die ich noch fand, konnten sich wie ich auch nur vom Hörensagen an einzelne Geschichten erinnern.

Lange telefonierte ich mit Frau Risch, in deren Haus Sonja und Heinz gewohnt hatten. Sie war hochbetagt, aber geistig noch sehr rege. Sie freute sich über mein Vorhaben und erinnerte sich, dass da schon mal jemand etwas habe aufschreiben wollen. Der Name sei ihr aber entfallen. Eine junge Slawistin sei das gewesen, mit der sich Sonja gern auf Russisch unterhalten habe. Ich erinnerte mich. Ja, da war jemand gewesen, von dem Sonja immer wieder gesprochen hatte. »Sie ist meine Biografin!«, hatte sie stolz gesagt. Ich hatte sie aber nie kennengelernt und den Namen vergessen.

Eines Tages rief Frau Risch an und sagte, ihr sei der Name der Slawistin wieder eingefallen. Ich fand einen passenden Eintrag im Telefonbuch, rief an – es war tatsächlich Sonjas Freundin. Ich verabredete mich, und siehe da: Sie hatte noch alte Unterlagen, die sie für Sonja aus dem Russischen übersetzt hatte. Zum Teil hatte sie auch Sonjas Kommentare dazu in Fußnoten dokumentiert. Auch sie hatte die Idee gehabt, die Dokumente müssten in ein Buch einfließen, doch dazu war es nie gekommen.

Es handelte sich um drei dicke Ordner mit Briefen und Erinnerungen. Es war, als hätte ich auf einmal Gold gefunden! Über sie bekam ich auch wieder Kontakt zu Stephanie, Sonjas Tochter. Stephanie bot an, mich von Kalifornien aus, wo sie inzwischen lebte, nach Kräften zu unterstützen. Ich führte mit ihr eine Reihe von Telefoninterviews und ergänzte meine eigenen Erinnerungen durch ihre Antworten. Anfang 2015 besuchte ich sie in Kalifornien. In ihrer Garage standen acht riesige Kisten voll Papier. Sonjas Nachlass!

Und Stück für Stück fügte sich alles wie in einem Puzzlespiel wieder zu einer Erzählung zusammen. Die ›ganze Geschichte‹ eben.

Kindheit in St. Petersburg

Nach acht, Bonn 1987

Sonja schaut mich über den Brillenrand hinweg an, holt tief Luft und beginnt:

»Ich bin, wie auch meine drei Brüder, in St. Petersburg geboren. Für mich wird die Stadt immer so heißen. In Leningrad bin ich nie gewesen, daher weiß ich nicht, ob es meine Stadt ist. Das Petersburg unserer Kindheit, das meine Brüder und ich sehr liebten, mussten wir verlassen, aber unser ganzes Leben hindurch ist es uns eine Heimat der gemeinsamen Erinnerung geblieben.

Es war schon etwas Besonderes mit dieser Stadt. Wunderschön war es, wenn sich die vielen goldenen Kuppeln in den Kanälen spiegelten. Alles schien auf dem Wasser zu schwimmen. Es war herrlich, dort aufzuwachsen. Wir hatten eine glückliche und behütete Kindheit.

Mein Vater liebte die Stadt vielleicht mehr als wir alle zusammen. Er fühlte sich mit Leib und Seele als Petersburger und hat den Verlust nie verwunden. Meine Mutter lebte auch gern dort, sie hatte ein angenehmes Leben, aber sie war manchen Dingen gegenüber kritisch eingestellt.

Ursprünglich kam unsere Familie nicht aus Petersburg, meine Eltern waren erst kurz vor ihrer Heirat auf verschiedenen Wegen, von denen ich noch erzählen werde, dort hingekommen. Streng genommen sind wir auch keine russische Familie, die Muttersprache meiner Mutter war Deutsch, die meines Vaters Jiddisch – eine jüdische Familie eben, mit allem, was das so mit sich bringt. Aber wir Kinder wuchsen in einem russischen Umfeld auf, hatten die russische Staatsbürgerschaft und fühlten uns ganz und gar als Russen. Wahrscheinlich wurden wir darin von unserem Vater beeinflusst, der ein glühender russischer Patriot war.

Mein Vater, 1861 geboren, stammte aus Kurland – da weiß heute keiner mehr, wo es liegt. Geboren wurde er in Mitau, der Provinzhauptstadt. Heute heißt sie auf Lettisch Jelgava, den Namen Mitau benutzt niemand mehr. Das damalige Kurland war eine baltische Provinz, die erst um 1800 ins russische Reich eingegliedert worden war. Die dort ansässigen Juden waren kulturell deutsch geprägt – entsprechend trug mein Vater den Namen Gustav Hackel. Nach dem Ersten Weltkrieg kam Kurland zu Lettland, nach dem Zweiten Weltkrieg wurde es Teil der Sowjetunion.

Das Elternhaus meines Vaters war jüdisch-religiös. In früheren Generationen hatte die Familie viele Rabbiner hervorgebracht. Seine Mutter Leah, geborene Lewiss bzw. früher Levy, stammte aus einer frommen Familie. Mein Vater hatte drei Brüder und eine Schwester. Als ältester Sohn war er von seinen Eltern dazu bestimmt worden, Kaufmann zu werden. Das geht zurück auf eine alte Tradition. Früher musste immer mindestens ein Sohn Rabbiner werden, zur Ehre der Familie. Weil das aber Geld kostete und meist wenig einbrachte, musste ein anderer für dessen Ausbildung sorgen, ob er wollte oder nicht. Mein Vater war also dazu ausersehen, Kaufmann zu werden, damit sein Bruder studieren konnte. Nicht etwa, dass der Bruder Rabbiner geworden wäre – er studierte Medizin und wurde später Arzt in Petersburg. Ob seine Eltern ihn für den Begabteren hielten oder was sonst den Ausschlag gab, weiß ich nicht, aber mein Vater sollte für seine Ausbildung mit aufkommen und basta. Wenn er gekonnt hätte, wäre er sicher lieber etwas anderes geworden. Doch die Verhältnisse waren nicht danach, und er lernte Textilkaufmann.

Nun darf man nicht vergessen, in welchem Land und zu welcher Zeit sich all dies abspielte. Im zaristischen Russland gab es bis zum Ende der Zarenherrschaft noch eine offene Diskriminierung von Juden. Sie durften sich nur in bestimmten Gegenden ansiedeln (die sog. ›Ansiedlungsrayons‹) und waren bei der Berufswahl stark eingeschränkt. Für alles und jedes brauchten sie eine Sondergenehmigung der Behörden, die sie nur gegen hohe Gebühren und Steuern bekamen.

Vater und Großvater meines Vaters waren beide Schneider. Sie müssen ziemlich arm gewesen sein. Viel weiter zurückverfolgen lässt sich dieser Teil meiner Familie nicht. Von meinem Urgroßvater weiß ich nur, dass er Moses Gittelsohn hieß, Schneider in Mitau war und einen älteren Bruder hatte, der Rabbiner wurde. Sein Sohn – also mein Großvater – hieß Jacob Moses Gittelsohn und wurde um 1821 in Mitau geboren. Der jiddische Familienname Gittelsohn hieß auf Russisch Chatzkelson. Daraus wurde schließlich unser Familienname: Hackel. Das kam so: Mein Großvater konnte als Schneider in Mitau nicht genug verdienen, um seine wachsende Familie zu ernähren. Er beschloss, anderswo Arbeit zu suchen. Aber die Judengesetze verboten ihm das Reisen und Arbeiten in Russland jenseits der ›Ansiedlungsrayons‹! Deshalb änderte er seinen Namen so, dass er nicht mehr jüdisch klingen sollte, und nannte sich:

Hackel. Na, warum ausgerechnet Hackel, mag man sich fragen! Die Änderung war obendrein etwas komisch, da es im Russischen den Buchstaben H nicht gibt und man ihn damals immer durch ein G ersetzte. Der Name wurde auf Russisch zu Gakkel, was ja wiederum im Deutschen nicht sehr vorteilhaft klingt. Aber der Name war von ihm absichtlich so gewählt, damit er möglichst deutsch klang, das ursprüngliche Chatzkel für Eingeweihte darin jedoch noch erkennbar sein sollte. Das war eine Methode vieler Juden: sich einerseits äußerlich dem Druck der Verhältnisse zu beugen, aber andererseits den Kontakt zu den eigenen kulturellen und auch religiösen Wurzeln nicht zu verlieren.

Mein Großvater lebte, um seine Familie ernähren zu können, fast zehn Jahre lang getrennt von Frau und Kindern. Er war bis nach Tiflis in Georgien gewandert, weil es ihm dort möglich war zu arbeiten, als Schneider und jüdischer Bestatter. Für seine Frau – mit fünf Kindern daheim – dürfte seine dauernde Abwesenheit kein angenehmer Zustand gewesen sein, aber er war mit ihrer Zustimmung fortgegangen. Mein Großvater bat sie einmal in einem Brief, sie möge ihm mit den Kindern nach Tiflis folgen. Sie soll geantwortet haben, sie werde dies nur tun, wenn er nicht nur für sie sorgen, sondern auch eine gute Erziehung der Kinder sicherstellen könne. Das schien er sich finanziell nicht zuzutrauen, und so blieben sie in Mitau.

Die Familie meiner Großmutter Leah war nicht nur fromm, sondern auch angesehen und wohlhabend. Es gab zwei Brüder, die ihr und ihren Kindern immer wieder halfen. Der eine lebte in Brüssel, der andere in Riga. Besonders er war meinem Vater und seinen Geschwistern in guter Erinnerung.

Die drei jüngeren Brüder meines Vaters (Jeannot, Arthur und Ludwig) konnten die Schule beenden und teilweise sogar studieren, aber für meinen Vater, den ältesten, war das nicht vorgesehen. Ich vermute, sein Vater schickte nicht genug Geld nach Hause. Bald nachdem er aus Tiflis zurückgekehrt war, starb er. So musste mein Vater als Ältester schon in sehr jungen Jahren Verantwortung übernehmen und zum Unterhalt der Familie beitragen.

Um beruflich Erfolg haben zu können, entschied er sich, in der Stadt sein Glück zu versuchen. Das klingt leichter als es war. Es bot sich ihm die Gelegenheit, zu einem von ihm sehr verehrten Onkel zu ziehen, der ihm bei den ersten Schritten half. Ich weiß nicht, wie und wo er seine berufliche Laufbahn begann, aber er handelte auch da schon mit Textilien, meist Wollstoffen. Ich nehme an, Tuchhändler war insofern vorbestimmt, als seine Vorfahren Schneider gewesen waren.

Nun war es im Zarenreich nur Christen erlaubt, sich in großen Städten anzusiedeln. Manche Juden taten es trotzdem, riskierten aber viel. In den 1880er-Jahren nahm der Antisemitismus in Russland immer wildere Züge an. Es kam in verschiedenen Gegenden zu fanatischen Pogromen, und es begann der große Exodus der russischen Juden nach Amerika.

Um nach Petersburg ziehen zu können, trat mein Vater im Jahr 1885 zum lutherischen Glauben über, denn die orthodoxe Kirche nahm keine Juden auf. Seine fromme Mutter war nicht begeistert, akzeptierte aber diesen Schritt, weil er so seinen Lebensunterhalt verdienen konnte.

An meine Großmutter Leah habe ich noch eigene Erinnerungen. Sie war eine stille, freundliche Person, ziemlich schüchtern. Ich glaube, sie sprach nur jiddisch. Sie war ziemlich religiös – sie trug noch den ›Scheitel‹, die traditionelle Perücke der jüdischen Ehefrauen.

Sie kam einmal zu uns auf Besuch. Sie war so entsetzt darüber, dass wir die jüdischen Speiseregeln nicht einhielten – zum Beispiel sollten Milch und Fleisch streng getrennt voneinander aufbewahrt und gegessen werden –, dass sie sich weigerte, bei uns etwas zu essen und über Nacht zu bleiben.

Meine Eltern haben nicht religiös gelebt, aber die jüdische Herkunft war ihnen bewusst. Mein Vater war trotz geringer Schulbildung ein durch und durch weltläufiger Mann. Obwohl er nicht freiwillig konvertiert war, kann ich mir vorstellen, dass es für ihn eine Befreiung darstellte, dem provinziellen jüdischen Milieu in Richtung Petersburg entkommen zu sein. Auch seine drei Brüder lebten später dort und waren erfolgreich. Jeannot wurde Arzt, Arthur und Ludwig führten gemeinsam eine Apotheke. Nur seine Schwester blieb in Mitau. Es hieß, sie habe einen Taugenichts geheiratet.

Nun aber zu meiner Mutter. Sie stammte aus einem ganz anderen Milieu – auch jüdisch, aber schon lange assimiliert. Meine Mutter wurde – wie mein Vater – 1861 geboren, und zwar in Berlin. Das prägte unser Schicksal insofern, als es nach unserer Flucht aus Russland nahelag, dort neu zu beginnen, wo es noch Verwandte und Freunde gab. Die meisten Berliner sind ja gar nicht aus Berlin, so sagt man sicher zu Recht. Aber meine Mutter war von ihrem Naturell her eine Ur-Berlinerin – und obendrein wirklich dort geboren – ausgestattet mit dem dazugehörigen Witz für jede Lebenslage. Das blieb so ihr ganzes Leben lang. Sie war absolut unverwüstlich, egal was auch passierte!

Meine Mutter hieß Flora, vor ihrer Heirat war ihr Nachname Blumenthal – sehr hübsch ist das, nicht wahr? Flora Blumenthal! Ihre Eltern suchten den Vornamen aber nicht passend zum Nachnamen aus, was man vielleicht meinen könnte, sondern sie wurde nach ihrer Mutter genannt, zur Erinnerung, denn die starb im Kindbett. Meine Mutter hatte eine zwei Jahre ältere Schwester, Sophie, nach der ich benannt bin. Sonja ist eine russische Kurzform des Namens. Die beiden Mädchen wuchsen bei einer Halbschwester der Mutter – Tante Bertha – auf. Denn der Vater, Isidor Blumenthal – er muss sehr jähzornig gewesen sein – hatte sich mit der gesamten Verwandtschaft verkracht und brannte durch. Das klingt nach schlimmen Verhältnissen, aber meine Mutter hatte dennoch eine unbeschwerte Kindheit, die für die damalige Zeit ziemlich frei und unkonventionell verlief.

Meine Mutter hat herrliche Kindheitserinnerungen verfasst. Darin schildert sie das Alt-Berliner Milieu, in dem sie aufwuchs, in den Jahren vor der industriellen Revolution, als die Stadt verglichen mit heute noch recht beschaulich war.

Tante Bertha besaß ein Mietshaus in der Holzmarktstraße 61, in dem sie mit den beiden Mädchen in einer kleinen Erdgeschosswohnung lebte. Im Hinterhof hatten Handwerker ihre Werkstätten. Nichts davon steht mehr, es war in etwa dort, wo heute die S-Bahnstation Jannowitzbrücke liegt.

Tante Bertha muss eine gutmütige und nicht sehr durchsetzungsstarke Frau gewesen sein, die zwar auf gute Bildung achtete, den Kindern aber viel Freiheit ließ. Meine Mutter beschrieb anschaulich die wilden Spiele mit den Nachbarskindern im Hof und auf der Straße. Gleich gegenüber lag die Spree, dort lernte meine Mutter in einer ›Fluss-Badeanstalt‹ schwimmen. Unter den beiden Schwestern war Sophiechen die wagemutige, die ihre kleine Schwester wie eine Löwin beschützte. Sophie hatte sich durch allerhand Streiche den Spitznamen ›Emil‹ erworben. Einmal hatte sie beschlossen, ihre Schularbeiten hoch oben in der Astgabel eines Baums im Hinterhof zu erledigen. Ihr französischer ›Ploetz‹, aus dem sie lernen sollte, fiel herunter, und bei dem Versuch, ihn aufzufangen, landeten beide, Buch und Kind, kopfüber in einem großen Wasserfass, das gleich darunter stand. Gerettet wurde sie von ›Mutter Mielitz‹, der Frau eines Glasers, dessen Werkstatt im Hof lag. Sie hatte ein Auge auf alles, was dort geschah. Meine Mutter konnte viele solcher Geschichten erzählen, die sich heute ausnehmen wie Straßenszenen von Heinrich Zille.

Meine Mutter bewunderte Sophiechen für ihren Mut und wollte immer so sein wie sie. Daraus erklärt sich das enge Verhältnis zu ihrer Schwester. Das ist insofern hier von Bedeutung, weil es sie später nach Petersburg führte. Das trug sich so zu: Als Sophiechen gerade 18 Jahre alt war, verliebte sie sich unsterblich in einen gewissen Benno Becker. Sie war jung und hübsch und hatte viele Verehrer. Benno sah weder gut aus noch hatte er Manieren, aber Sophie sagte: ›Diesen oder keinen!‹ und heiratete ihn, zur grenzenlosen Enttäuschung der gesamten Verwandtschaft. Mit geliehenem Kapital eröffnete Benno ein Textilgeschäft an der Landsberger Straße (heute Landsberger Allee). Die lag in den östlichen Randbezirken Berlins und galt weiß Gott nicht als gute Gegend. Damit nicht genug: Sophiechen stand den ganzen Tag mit Benno im Laden – das gehörte sich nach damaligen Ansichten gar nicht für eine Frau aus ihrer Gesellschaftsschicht, und nach Feierabend ging sie mit ihm und seinen Geschäftsfreunden zu Kegelabenden und zum Bier …

Nachdem das etwa zwei Jahre so gegangen war, waren eines Tages Benno und Sophie plötzlich verschwunden. Es stellte sich heraus, dass Benno Bankrott gemacht hatte und, um die Schande noch zu vergrößern, ins Ausland ›getürmt‹ war. Die Begleichung der Schulden überließ er großzügig seinem Bruder. Du kannst dir ungefähr vorstellen, was da in der Verwandtschaft los war!

Nach ein paar Monaten erhielt Flora einen Brief von Sophiechen – aus St. Petersburg. Dort versuchten sie, mit nichts in der Tasche neu anzufangen. Das Ganze war ein ziemliches Husarenstück. Beide sprachen kein Wort Russisch und kannten niemanden. Als sie, so gut wie mittellos, dort umherliefen, trafen sie durch Zufall einen alten Schulfreund von Benno, der gerade am Newski-Prospekt ein Krawattengeschäft eröffnet hatte – damals waren Krawatten dort neueste Mode. Sophiechen konnte gut schneidern, und so wurden sie schnell einig, dass Sophiechen für sein Geschäft Krawatten nähen sollte. Benno würde beim Verkauf helfen. In den ersten Jahren klappte das mehr schlecht als recht. Benno versuchte, ein eigenes

Geschäft zu eröffnen und machte mehrmals Pleite. Das Geld reichte hinten und vorne nicht, vier Kinder wurden geboren, Sophie nähte und stand den ganzen Tag im Laden.

Nachdem ein paar Briefe mit solchen Nachrichten gekommen waren, entschloss sich meine Mutter, zu ihr zu fahren und sie zu unterstützen. Ab 1883 verbrachte sie jedes Jahr ein paar Wochen, manchmal sogar Monate, bei den Beckers in Petersburg. Mit der Zeit kamen sie besser zurecht, Benno wurde schließlich doch ein erfolgreicher Geschäftsmann mit eigenem Unternehmen, und später, als ich schon auf der Welt war, waren Beckers unsere reichen Verwandten.

Aber zurück zu meiner Mutter – ich war noch bei den Jahren, als sie in Berlin lebte. Die Berliner Verwandten erwarteten, dass meine Mutter demnächst heiraten und eine ›gute Partie‹ machen werde – hoffentlich eine bessere als Benno! Durch das Erbe ihrer Mutter, von einem Onkel treuhänderisch verwaltet, war sie materiell abgesichert. Sie hatte durchaus viele Verehrer, aber sie konnte und konnte sich nicht für den richtigen Mann entscheiden. Die sorgsam arrangierte Verlobung mit einem gut situierten Fabrikanten von Möbelstoffen (›Gardinenfransen‹, sagte meine Mutter) löste sie nach einigen Wochen wieder, weil er ihr viel zu langweilig war, sehr zum Verdruss der Verwandtschaft. So vergingen mehrere Jahre. Mit Ende zwanzig galt man damals als alte Jungfer. Auch Sophie und Benno setzten alles daran, sie bei ihren Besuchen in Petersburg mit geeigneten Kandidaten in Verbindung zu bringen. Opern- und Konzertbesuche mit Bennos Geschäftsfreunden wurden arrangiert, aber immer hatte meine Mutter etwas auszusetzen und sagte Nein. Schließlich setzte Benno ihr die Pistole auf die Brust: ›Jetzt stelle ich dir noch einen vor. Im Ernst: wenn du den nicht nimmst, schmeiß' ich dich raus!‹

Na, was soll ich sagen. Zum Glück sagte Flora Ja zu ihm. Dieser eine war der Textilkaufmann Gustav Hackel, der ›kleine Hackel‹, wie Beckers ihn nannten. Meine Mutter pflegte zu diesem Thema zu sagen: ›Wenn er auch nur ein bisschen größer gewesen wäre, hätt' ich ihn nicht genommen. Denn dann hätte er einfach zu gut ausgesehen!‹

Flora durfte also weiterhin zu den Beckers kommen – und meine späteren Eltern hielten im Jahr 1890 in St. Petersburg Hochzeit. (Was für ein Glück, dass sie Ja gesagt hat! Sonst säßen wir jetzt wohl nicht hier.)

So kam es, dass meine Eltern dort ansässig wurden und wir Kinder alle in Petersburg zur Welt kamen.

Ja, wie war das Leben zur damaligen Zeit? Ich kann aus eigenem Erleben nur über die Jahre vor dem Ersten Weltkrieg erzählen. Ich war ein Nachzügler, 1903 geboren. Meine Brüder waren alle deutlich älter. Sie und auch meine Mutter haben mir oft von den Jahren davor erzählt. Und dann gibt es unzählige alte Briefe – die sind etwas besonders Schönes, weil die Art ihrer Überlieferung so ungewöhnlich ist. Als wir 1918 aus Russland fortmussten, blieb fast alles, was wir besaßen, in unserer Petersburger Wohnung zurück. Besonders schmerzlich war der Verlust der persönlichen Dinge und der damit verbundenen Erinnerungen. Meine Mutter war zeitlebens – und sie wurde 94 – eine unermüdliche Briefschreiberin, und bewahrte ihre Korrespondenz sorgfältig auf. Ihre beste Freundin, noch aus Berliner Jugendtagen, war Jenny Aron. Sie schrieben sich zum Teil mehrmals pro Woche, sodass im Laufe der Jahre Hunderte von Briefen zusammenkamen. Jenny hatte nach Elbing in Westpreußen geheiratet. Ihr Mann, Paul Aron, war dort Rechtsanwalt. Nach unserer Flucht nahmen sie meine Mutter und mich eine Weile lang bei sich auf. Wir hatten nur ein paar Koffer dabei, in denen lediglich Platz für das Notwendigste gewesen war. Jenny spürte, wie traurig meine Mutter über den Verlust ihrer gesammelten Briefe war und machte ihr deshalb ein ganz besonderes Geschenk. Sie schrieb per Hand jede einzelne Zeile ab, die sie von meiner Mutter seit dem Jahr 1890 erhalten hatte und band die Blätter zu einer Art Tagebuch zusammen, damit sie wenigstens etwas von den verlorenen persönlichen Erinnerungen zurückbekäme. Dieses Buch hütete meine Mutter fortan wie einen Schatz. Es hieß bei uns das ›Kindertagebuch‹, weil man darin alles nachlesen kann, was uns Kinder und unser Familienleben in Petersburg betrifft, fast 25 Jahre lang, bis zum Beginn des Ersten Weltkrieges, als der zivile Briefverkehr zwischen Deutschland und Russland unterbrochen wurde.

Meine drei Brüder wurden kurz nacheinander geboren: Paul 1891, Alfred – genannt Fredy – 1892 und Robert – genannt Bobby – 1894. Das war für meine Eltern eine große Freude, aber besonders meine Mutter hatte die nächsten Jahre alle Hände voll zu tun. Eine Schar von drei Jungen mit so kurzem Altersabstand war nicht einfach zu bändigen. Als sie dachte, mit den Jungs aus dem Gröbsten raus zu sein, sie selbst war schon 42, kündigte auf einmal ich mich an. Davon war sie nicht begeistert. Aber dann wurde ich das Nesthäkchen der

Familie und sowohl von meinen Eltern als auch meinen drei großen Brüdern sehr geliebt und verwöhnt. Mein Vater nannte mich – bis zu seinem Lebensende – ›mein Herzzipfel‹.

Meine Mutter genoss es, Kinder zu haben. Sie beschäftigte sich viel mit meinen Brüdern und später mit mir. Sie gab uns viel Freiheit – was nicht selbstverständlich war in dieser Zeit. Viele Mütter überließen die Erziehung komplett irgendwelchen Kindermädchen oder Gouvernanten und widmeten sich ganz der Repräsentation nach außen. Aber so etwas lag meiner Mutter nicht.

Natürlich hatte sie, wie damals üblich, Unterstützung durch eine Köchin und ein Kindermädchen, die ihr im Alltag Arbeit abnahmen, einkauften und mit uns spazieren gingen. Aber um alle wesentlichen Aspekte der Erziehung und Bildung kümmerte sie sich selbst. Meine Brüder unterrichtete sie in den ersten Jahren zu Hause. Paul ging erst im Alter von neun Jahren zur Schule, gemeinsam mit dem ein Jahr jüngeren Fredy. Das hatte unter anderem damit zu tun, dass man wegen der in St. Petersburg immer wieder grassierenden Seuchen sich davor scheute, die Kinder zu früh in die öffentlichen Schulen zu schicken.

Meine Mutter war eine erstaunlich gebildete Frau. Sie wäre gern Lehrerin geworden, was aber in ihrer Jugend als unschicklich galt – da werde sie keinen Mann bekommen. Während unserer gesamten Schulzeit überwachte sie unsere Hausaufgaben mit Strenge und Humor. Eines ihrer Lieblingswortspiele – sie liebte Wortspiele – war: ›Früh krümmt sich, was ein Häckelchen werden will‹, in Anspielung auf unseren Familiennamen. Sie hatte ihre eigene Meinung über Sinn und Unsinn dessen, was in der Schule gelehrt wurde, und sie diskutierte mit uns viel über philosophische und sogar politische Fragen.

Wir wuchsen zweisprachig auf, Russisch und Deutsch. In den ersten Jahren konnten wir besser Russisch, das lernten wir von den Kindermädchen und im Umgang mit anderen Kindern. Aber meine Eltern sprachen zu Hause meist Deutsch mit uns, und meine Mutter führte uns, sobald wir lesen konnten, an Literatur heran. Kinderbücher gab es damals nicht, sodass sie mit uns deutsche Klassiker las, Schiller, Goethe oder Heine, die sie alle sehr schätzte. Oft konnten wir ganze Passagen auswendig, lange bevor wir den Sinn der Worte verstanden. Ein besonderes Faible hatte sie für den niederdeutschen Mundartdichter Fritz Reuter, den wir später im Familienkreis oft auf gemeinsamen Leseabenden rezitierten. Viele Literaturzitate wurden zum festen Repertoire unserer Familie. Wenn wir uns an bestimmte Situationen unserer Petersburger Kindheit erinnerten, kamen sie in unseren Briefen und Gesprächen zum Einsatz.

Auch die russische Literatur und das Theater lernten wir früh kennen und lieben. Russisches Theater war eine besondere Leidenschaft meines Vaters, und er nahm meine Brüder und später mich von klein auf mit in die Aufführungen. Das damals sehr populäre Stück ›Der Revisor‹ von Nikolai Gogol, eine Satire auf die in Russland allgegenwärtige Korruption und den Schlendrian der Obrigkeit, konnte mein Bruder Bobby bereits mit sieben fast komplett auswendig. Was politisch im Zarenreich nicht gesagt werden konnte, ließ sich auf der Bühne in mancher Hinsicht doch ausdrücken. St. Petersburg war damals eine der bedeutendsten europäischen Theaterstädte. Russische Regisseure und Schauspieler waren weltberühmt. Ich erinnere mich lebhaft, wie es war, wenn mein Vater mit meinen Brüdern spätabends aus der Vorstellung nach Hause kam. Meine Mutter lag gewöhnlich schon im Bett, aber alle vier stürmten geradewegs ins Schlafzimmer, um ihr von der Inszenierung bis ins kleinste Detail zu berichten.

Ebenfalls die Sache meines Vaters war es, mit uns in die berühmten Museen und Bildergalerien zu gehen, hauptsächlich in die Eremitage. Das war unser sonntägliches Ritual nach dem Frühstück. Mein Vater kannte sich mit Malerei und Bildhauerei erstaunlich gut aus und konnte wunderbar von den Kunstwerken erzählen. Ich könnte heute noch sagen, wo seine Lieblingsbilder hingen. Wenn er nicht Kaufmann hätte werden müssen, wäre er vermutlich gern Kunsthistoriker geworden. Er gab uns Kindern immer den Rat: ›Geh sooft du kannst ins Museum, aber nie länger als zwei Stunden. Sonst verdirbst du dir den Spaß!‹ Ich beherzige das noch heute.

Zum damaligen Bildungsanspruch gehörte auch, dass wir Klavierunterricht bekamen. Paul und Bobby waren sehr musikalisch, sie lernten gut Klavier spielen. Bei Fredy und mir hat es nicht viel genützt.

Als wir größer waren, erhielten wir zusätzlich zur Schule Fremdsprachenunterricht: Englisch, Französisch und ein bisschen Italienisch. Wir mussten auch in den Ferien regelmäßig üben. Die Kindermädchen wurden, als wir älter waren, durch junge Damen aus Frankreich oder Italien ersetzt, die für ein Jahr zu uns kamen und uns – wie heute vielleicht Au-pair-Mädchen – die entsprechenden Sprachen und daneben gute Manieren beibringen sollten, mal mehr und mal weniger erfolgreich. Je nachdem, wie hübsch sie waren, fanden meine Brüder es mitunter interessanter, mit ihnen anzubandeln. Aber meine Mutter kriegte es raus und sorgte für manch schmerzhafte Trennung.

Wir gehörten einer Schicht an, die man die ›Intelligenzija‹ nannte – der Begriff stammt daher, dass in Russland die große Masse der Bevölkerung nicht lesen und schreiben konnte. Wer zum Bürgertum gehörte, hatte Zugang zu Bildung. Materiell gab es innerhalb der Intelligenzija eine große Spannweite. Unsere Familie war nicht reich – wie etwa Beckers in späteren Jahren –, aber wir hatten ein sorgloses Leben. Unseren Verhältnissen entsprechend wohnten wir im ›Admiralitätsviertel‹ in einer geräumigen Mietwohnung. Mein Vater arbeitete viel, und uns Kindern wurde von klein auf beigebracht, dass man sich anstrengen muss, wenn man im Leben Erfolg haben will. Mein Vater stammte aus bescheidenen Verhältnissen in der Provinz und hatte sich hochgearbeitet. Er war sehr stolz auf das, was er erreicht hatte. Wenn meine Brüder schlechte Noten nach Hause brachten, machte er aus seiner Missbilligung keinen Hehl. Er hielt ihnen vor, sie könnten bald nur noch ›dworniki‹, d. h. Straßenkehrer werden. Bildung, Fleiß und Bescheidenheit waren für ihn die höchsten Tugenden. Es galt meinen Eltern als selbstverständlich, dass meine Brüder, sobald sie mit der Schule fertig waren, sich zum Studium selbst Geld hinzuverdienten, durch Nachhilfestunden oder in den Ferien als Hauslehrer bei reichen Familien.

Mein Vater verbrachte die meiste Zeit der Woche in seinem Kontor, das mit importierten Textilien – vor allem Wollstoffen – handelte. Es lag nicht allzu weit von unserer Wohnung entfernt, er ging zu Fuß, den Weg am Kanal entlang liebte er sehr, und manchmal besuchten wir ihn dort. Ab und zu fuhr er zu Messen im Ausland, nach London oder Paris, um neue Ware zu kaufen. Von dort brachte er feine Stoffe mit, aus denen meine Mutter für uns etwas schneiderte – sie hatte sich das Nähen in ihrer Jugend selbst beigebracht und nähte ihre und unsere Kleider alle selbst.

Meine Mutter, die gern und viel gereist war, musste davon Abstand nehmen, mit kleinen Kindern war es zu beschwerlich. Eine Bahnfahrt nach Deutschland dauerte mehrere Tage. Gelegentlich trafen sich meine Eltern mit Jenny und Paul Aron auf ein, zwei Wochen Urlaub in Cranz, einem beliebten Ostseebad bei Königsberg. Eine größere Deutschlandreise mit Station bei den Verwandten in Berlin unternahmen sie erst 1898, als meine Brüder im Vorschulalter waren. Meine erste Deutschlandreise war im Sommer 1908, als ich vier Jahre alt war. Alle zusammen fuhren wir über Elbing nach Berlin und von dort weiter nach Süddeutschland.

Gelegentlich verreisten meine Eltern zu zweit. Dann ließen sie uns für zwei, drei Wochen in der Obhut von Tante Jenny und Onkel Paul in Elbing zurück. Meine Eltern fuhren zusammen nach Venedig, Tirol oder in die bayerischen Alpen zum Wandern. Meinem Vater tat Bergluft sehr gut. Vor meiner Geburt war er längere Zeit ernsthaft krank gewesen. Als starker Raucher hatte er sich eine chronische Halskrankheit zugezogen, Verdacht auf Krebs, aber damals gab es dazu keine präzisen Diagnosen. Im Jahr 1901 musste er in ein Sanatorium nach Davos in der Schweiz. Der Arzt riet ihm, möglichst wenig zu sprechen. Das hielt er drei Monate lang so eisern durch, dass die anderen Patienten ihn nur ›den verrückten Russen‹ nannten, weil er kein Wort sagte – denn den Russen wurde immer nachgesagt, ein sehr lautstarkes Auftreten zu haben. Und tatsächlich konnte mein Vater geheilt werden.

Meine Mutter litt unter den endlos langen Wintern in Petersburg. Oft fiel schon im September Schnee, und er verschwand meist erst im April. Dazu die Dunkelheit – im Dezember und Januar wurde es gar nicht richtig hell. Ich selbst habe an den dortigen Winter schöne Erinnerungen: Die Iswostschiks, von Pferdchen gezogene Mietdroschken wurden, sobald der Schnee kam, zu Schlitten umgebaut. Das war herrlich, der Kutscher saß mit schwerem Pelzmantel und Pelzmütze vor einem, man selbst wurde in dicke Felldecken eingepackt, und dann ging es für 10 Kopeken mit klingelnden Glöckchen durch die verschneite Stadt.

Nach den langen Wintermonaten nutzte man die kurzen Sommer umso intensiver. Als wir Kinder klein waren, mieteten meine Eltern meist auf dem Land eine Datscha, ein einfaches Holzhaus, wo wir drei Monate wohnten, von Mitte Mai bis Mitte August. Diese nordischen Sommer sind unbeschreiblich, noch heute habe ich danach Sehnsucht.

Der Umzug aufs Land war immer eine größere Unternehmung, da der ganze Hausrat mitmusste. Er wurde auf einen Pferdewagen verladen. Wir reisten per Eisenbahn. In der Umgebung von Petersburg gab es viele Ferienorte für die Städter, weitläufige Siedlungen schlichter Holzhäuser mit schön geschnitzten Veranden, die auf großen Wald- oder Wiesengrundstücken standen. Als wir Kinder klein waren, suchten meine Eltern Datschen aus, die schnell mit dem Zug erreichbar waren, Pargolowo, Schuwalowo oder Lewaschowo. Als wir größer waren, fuhren wir weiter weg an die finnische Küste.

Besonders an den Ort Terijoki[2] habe ich wunderschöne Erinnerungen. Er liegt etwa 50 km nordwestlich der Stadt, in Karelien, das damals zu Finnland gehörte. Dort verbrachten wir mehrere Sommer. Terijoki war ein Fischerdorf. Wir wohnten in einem zweistöckigen möblierten Holzhaus. Drum herum lagen blühende Wiesen. Der Strand war nicht weit, wir konnten baden gehen und ließen im flachen Wasser Schiffchen schwimmen. Wir spielten den ganzen Tag draußen oder saßen zusammen auf dem Balkon, wo meine Brüder mit meinem Vater stundenlang Schach spielten.

Oft mieteten wir eine Datscha gemeinsam mit Beckers oder den Brüdern meines Vaters. So hatten wir Gesellschaft. Die Kinder von Beckers waren etwa gleich alt mit meinen Brüdern. Meine Cousinen väterlicherseits, Nora und Eva Hackel, waren ungefähr in meinem Alter.

Wir suchten zusammen Blaubeeren und Pilze. In Terijoki brachten uns die finnischen Fischer jeden Tag frischen Fisch ins Haus. Für unsere Lebensmittel wurde in einem Hügel neben dem Haus eine seitliche Vertiefung ausgegraben. Die wurde mit Eisbarren ausgelegt, die man hin und wieder erneuern musste. Das war der sogenannte Lednik, unser Kühlschrank.

Während unsere Familie die Sommermonate auf der Datscha verlebte, musste mein Vater meist arbeiten, dennoch versuchte er, so viel Zeit wie möglich bei uns zu verbringen. Oft fuhr er von der Datscha aus täglich in die Stadt. Das muss ziemlich anstrengend für ihn gewesen sein. Nach Terijoki dauerte es pro Strecke über zwei Stunden. Während der Zeit der ›weißen Nächte‹ gingen wir Kinder abends oft zur Bahnstation und holten ihn ab.

So unbeschwert die Sommer in Finnland und unser Familienleben im Alltag auch waren – die Zeiten, in denen wir lebten, waren politisch unruhig. Meine Eltern nahmen das aufmerksam wahr. Mein Vater war ein leidenschaftlicher Zeitungsleser und über russische und internationale Politik immer bestens informiert. Mit Sicherheit war ihm klar, wie desolat das Zarenregime war. Aber er war auch ein glühender russischer Patriot. Meine Mutter erzählte mir später, dass er in Tränen ausgebrochen sei, als er von der schweren Niederlage

2 Früher finnisch, seit 1947 russisch, umbenannt in Selenogorsk.

im Russisch-Japanischen Krieg 1904 erfuhr. Meine Mutter hatte zu den Verhältnissen in Russland eine wesentlich distanziertere Haltung. In ihren Briefen an Jenny äußerte sie oft, sie hätte es lieber gesehen, wenn ihre Kinder in Deutschland aufgewachsen wären. Sie fürchtete um unsere Zukunft in diesem instabilen und zutiefst rückständigen Land. St. Petersburg mit all seiner Pracht war zwar eine europäisch geprägte Stadt, die sich in mancher Hinsicht mit London oder Paris messen konnte. Aber Regierung und Verwaltung waren korrupt und unfähig. Alle paar Jahre brachen Epidemien aus, Cholera oder Ruhr. Das muss man sich in so einer Großstadt mal vorstellen. Dann waren die Schulen und die meisten öffentlichen Einrichtungen wochen- oder monatelang geschlossen, jeder Kontakt mit Menschen konnte lebensgefährlich sein. Wir mussten zu Hause alles Wasser abkochen, manchmal auch das über Monate hinweg. Meine Mutter erzählte besonders von einer der Cholera-Epidemien. Sie konnte von Sommer 1908 bis März 1909 nicht unter Kontrolle gebracht werden. Mir ist davon im Gedächtnis geblieben – ich aß zum Frühstück immer am liebsten Obst –, dass dies plötzlich zu meinem großen Verdruss streng verboten war wegen der Keime, was ich nicht begreifen wollte.

Trotz solcher Misslichkeiten ging es uns im Grunde sehr gut. Die starken Gegensätze, die Russland seit jeher prägten, zeigten sich auch in Petersburg. Die Stadt war erst 1703 gegründet worden. Peter der Große hatte Tausende von Leibeigenen gezwungen, ihm diese neue Hauptstadt zu bauen. Mitten in einem Sumpf, hoch im Norden, unter unvorstellbar harten Bedingungen. Zustände ähnlich der Sklaverei! Die Leibeigenschaft wurde erst 1861 abgeschafft. Und auch zu unserer Zeit noch war die soziale Lage der ärmeren Bevölkerungsschichten katastrophal. Die Menschen wohnten in unbeschreiblichen Elendsquartieren, viele hatten nicht einmal ein eigenes Bett. Die berüchtigten Kellerwohnungen wurden regelmäßig vom Hochwasser überschwemmt. Man hätte schon lange an bestimmten Stellen Dämme gegen das Wasser bauen müssen, aber die Regierung verschleppte es immer wieder.

Am 9. Januar 1905 kam es zu einer Massendemonstration für Reformen – Verfassung, Wahlrecht, Achtstundentag. Auslöser waren die sozialen Missstände im Land, die sich nach dem verlorenen Russisch-Japanischen Krieg verschärft hatten. Vor dem Winterpalais, dem Wohnsitz des Zaren, eröffnete die Armee ohne Ankündigung das Feuer auf die friedlichen, eigentlich zarentreuen

Demonstranten, weit über 100 Menschen starben. Meine Mutter hätte in diesem Moment am liebsten die Koffer gepackt und wäre mit uns nach Deutschland gefahren. Nach diesem als ›Blutsonntag‹ in die Geschichte eingegangenen Datum kam es zu revolutionsartigen Unruhen, die das ganze Jahr über anhielten. Die Regierung konnte Pressezensur und Versammlungsverbote nicht mehr durchsetzen, sodass große Demonstrationen und Protestversammlungen stattfanden. Erstmals gab es in Russland eine ›kritische Öffentlichkeit‹. Die Schulen wurden geschlossen und das öffentliche Leben durch einen Generalstreik der Arbeiterbewegung lahmgelegt.

Gegen Ende des Jahres wurde der Volksaufstand gewaltsam beendet. Meine Eltern waren einerseits erleichtert, dass die damit verbundene Gefahr vorüber war. Andererseits waren sie, was die politische Zukunft Russlands betraf, sehr unzufrieden. Die dringend nötigen Reformen schienen in weite Ferne gerückt und spätere Wiederholungen revolutionärer Unruhen wohl unvermeidlich.

Auch der Antisemitismus flackerte in diesen Jahren wieder auf, es kam in vielen russischen Städten zu mörderischen Judenpogromen, angeheizt von der Geheimpolizei. Meine Eltern wollten um jeden Preis, dass uns Nachteile im Zusammenhang mit der jüdischen Herkunft unserer Familie erspart blieben.

Meine Mutter war bereits kurz nach ihrer Geburt in Berlin evangelisch getauft worden, mein Vater war bei seiner Übersiedelung nach Petersburg konvertiert. Mit der jüdischen Familienherkunft identifizierten sich meine Eltern in kultureller Hinsicht, und dieses Bewusstsein gaben sie auch an uns weiter. Aber religiös hatten sie mit dem Judentum keine Berührungspunkte mehr. Wir Kinder wurden alle gleich nach der Geburt getauft, allerdings auch das ohne rechte Begeisterung meiner Eltern. Die Umstände waren reichlich kurios, denn es musste jedes Mal in der französisch-reformierten Gemeinde geschehen. Der dortige Pfarrer war der Einzige, der bereit war, konvertierte Juden und deren Angehörige zu taufen – auf Französisch, sodass kaum jemand ein Wort verstand.

Ob die Taufe, unser nicht jüdisch klingender Familienname und unser so gar nicht jüdisch-religiöser Lebensstil ausreichend sein würden, uns vor dem Antisemitismus zu schützen, daran kamen meiner Mutter angesichts der Ereignisse immer neue Zweifel. Sie machte sich Sorgen, dass wir ›zu jüdisch‹ aussehen könnten und freute sich, dass ich als kleines Mädchen blond und blauäugig war – na ja, das gab sich dann später.

Trotz aller düsteren Vorahnungen und politischen Unruhen war unsere Kindheit in St. Petersburg eine herrliche Zeit, die meine Brüder und mich für unser ganzes Leben geprägt hat. Die Erinnerung daran, an die Stimmung in dieser herrlichen Stadt und unser behütetes und inspirierendes Elternhaus hat uns später über vieles getröstet.«

Spurensuche, Berlin 2017

Sonjas Erzählung klingt mir nach drei Jahrzehnten noch gut im Ohr, aber ich bin doch etwas skeptisch gegenüber meiner eigenen Erinnerung und zugleich neugierig darauf, mehr herauszufinden über Personen und Orte der Geschichte.

Da ist zunächst Sonjas Vater Gustav Hackel und seine jüdisch-orthodoxe Familie aus Mitau, heute Jelgava in Lettland.[3] Vor meinem inneren Auge stelle ich mir, wenn Sonja von der ärmlichen Herkunft ihres Vaters und der Wanderschaft des Großvaters erzählte[4], ein ostjüdisches Schtetl vor. Im Laufe meiner Recherche muss ich dieses Bild revidieren. Auf alten Aufnahmen[I] ähnelt Mitau – mit herzoglichem Schloss, humanistischem Gymnasium und baumbestandenem Marktplatz mit klassizistischen Fassaden – eher einer deutschen Provinzstadt.[5]

---

3 Jelgava, heute eine Kreisstadt in Lettland, muss in den beiden Kriegen so gründlich zerstört worden sein, dass kaum noch ein altes Haus vorhanden ist. Das Zentrum ist ein sowjetisches Plattenbau-Ensemble aus den 1960er-Jahren. Nur in den Randbezirken erinnern hier und da ein paar windschiefe Holzhäuser an die damalige Zeit.

4 Russland erlebte durch Eisenbahn und Dampfschiffe seit den 1840er-Jahren einen Aufschwung des Außenhandels. Davon profitierten zunächst die Küstenstädte, in Kurland waren das Windau und Libau, sodass viele Menschen dorthin übersiedelten. Das war Juden jedoch verboten und wurde streng kontrolliert, sodass in dieser Zeit viele Juden in südliche Regionen ausweichen mussten um Arbeit zu finden. Die Arbeitsmigration von Jacob Moses Gittelsohn nach Tiflis scheint unter kurischen Juden kein Einzelfall gewesen zu sein.

5 Das Mitauer Adressbuch von 1892 ist vollständig auf Deutsch verfasst, alle Straßennamen sind deutschsprachig, über 90 Prozent der verzeichneten Einwohner haben deutsche oder eingedeutschte jüdische Namen; auch alle öffentlichen Institutionen scheinen ausschließlich deutsche Namen gehabt zu haben. In Kurland, obwohl seit 1797 russische Provinz, war damals noch Deutsch die Behördensprache und die Sprache der gebildeten Oberschicht. Allerdings erschienen neben der deutschen ›Mitauschen Zeitung‹ auch eine russisch- und zwei lettischsprachige Zeitungen, offenbar waren also mehrere Sprachen im Alltag gebräuchlich.

Im Mitauer Adressbuch von 1892 finde ich den Eintrag J. M. Hackel, Große Straße 39. J. M. könnte für Jacob Moses stehen, so hieß Gustavs Vater – vielleicht wurde seine Mutter Leah, geb. Lewiss, noch unter dem Namen ihres (damals bereits lange verstorbenen[6]) Mannes geführt? Hier ist diese Spur leider zu Ende. Es müssen außer Gustavs Mutter noch weitere Verwandte in Mitau gelebt haben, denn Flora erwähnt in einem Brief aus dem Jahr 1905: »... haben unseren Neffen aus Mitau zu Besuch, der eben sein Abiturium macht und unsere Jungen während der Sommermonate beschäftigen soll.« Dies muss ein Sohn von Gustavs einziger Schwester sein, denn seine drei Brüder lebten alle inzwischen in St. Petersburg. Leider wird sein Name nicht angegeben, wie auch von Gustavs Schwester in den Familienannalen weder Name[7] noch Geburtsdatum je erwähnt werden[II]. All dies sind wohl Indizien, dass die Beziehung nach Mitau nicht allzu eng war, wenn nicht sogar von bewusster Distanz geprägt. Ich erinnere mich nicht, dass Sonja je erzählt hätte, sie sei in Mitau gewesen, noch findet sich in Floras umfangreichen Aufzeichnung irgendein Hinweis darauf. Vielleicht ist hier ein – damals unter assimilierten Juden durchaus verbreitetes – Verhaltensmuster erkennbar, die als rückständig empfundenen Wurzeln abzustreifen.[III]

Auch über die von Sonja – dann doch mit etwas Stolz – erwähnten Vorfahren der Hackels, die Rabbiner wurden, kann ich nichts Gesichertes herausfinden. Offenbar muss diese Tradition bereits mindestens zwei Generationen zurückgelegen haben.[8 IV] Gustav und

6 Laut Überlieferung starb Gustavs Vater, als dieser noch ein Kind war, weshalb Gustav früh zum Unterhalt der Familie beitragen musste.

7 Im Heiratsregister der jüdischen Gemeinde in Mitau gibt es einen Eintrag vom 9. 1. 1883, der wahrscheinlich auf Gustavs Schwester verweist: Eheschließung von Levin Gittelsohn (31, geb. in Mitau, Sohn von Nekhmeje Gittelsohn) mit Julie Hackel (22, geb. in Mitau). Sie wäre somit ein Jahr älter als Gustav gewesen. Möglicherweise bestand mit der Familie des Bräutigams eine entfernte Verwandtschaft.

8 In Mitau ist für das 19. Jahrhundert kein Rabbiner mit Namen Gittelsohn nachweisbar. Eine Besonderheit von Kurland war, dass es dort keine Talmudschule (Jeshiva) gab. Deshalb besuchten angehende Rabbiner aus Kurland zur Ausbildung Jeshivot im nahe gelegenen Litauen oder der Ukraine. In US-amerikanischen Rabbinerverzeichnissen taucht der Name Gittelsohn nur einmal auf: Benjamin Gittelsohn, geboren 1853 in Russland und Sohn von Jehuda Gittelsohn. Er studierte an der Talmudschule in Kaunas, Litauen, und wanderte später nach Cleveland, Ohio aus. Nach Alter und o.g. Umständen könnte Jehuda möglicherweise der von Sonja erwähnte ältere Bruder von Gustavs Großvater Moses Gittelsohn aus Mitau sein.

Gustav Hackel, St. Petersburg, um 1910

seine Geschwister wuchsen jedenfalls bereits in einem Milieu auf, das stark von bürgerlich-weltlichen Einflüssen geprägt war. Seine drei jüngeren Brüder machten alle am Mitauer Gymnasium Abitur. Die beiden jüngeren, Ludwig und Arthur[9], besuchten jeweils für ein Jahr die Universität in Dorpat und eröffneten 1895 in St. Petersburg gemeinsam eine Apotheke.[V] Jeannot[VI], der zweitälteste, schloss in Dorpat ein Medizinstudium ab und wurde Arzt, ebenfalls in Petersburg.[10] Seine 1891 abgeschlossene Doktorarbeit ›Ein Beitrag zum Erhängungs- und Erstickungstode im engern Sinn‹ finde ich in der Staatsbibliothek Berlin. Die Universität Dorpat war die einzige deutschsprachige Universität im zaristischen Russland. Die Beibehaltung von Deutsch als Lehrsprache gehörte zu den Privilegien, die Russland den Provinzen Kurland und Livland gewährt hatte, als diese Teil des russischen Reiches wurden. In den 1880er-Jahren fand eine umfangreiche Russifizierung statt, von der die auf

9 Arthur Hackel, geb. 1864, Sterbedatum und -ort unbekannt, und Ludwig Hackel (Vater von Eva und Nora Hackel) geb. 1867, gestorben 1936 in Berlin, studierten beide je ein Jahr in Dorpat (ihre Berufsbezeichnung lautete ›Provisor‹) und führten seit 1895 gemeinsam in St. Petersburg die Puschkin-Apotheke. Sie befand sich in der Puschkinskaja 9, das Haus steht heute noch. Ludwigs Wohnung lag ein paar Häuser weiter in der Nr. 19. Er war unter anderem geschäftlich erfolgreich durch Herstellung und Vertrieb eines selbst entwickelten Mittels gegen Hämorrhoiden.

10 Jeannot Hackel, geb. 1862 in Mitau, Sterbedatum und -ort unbekannt.

Deutsch abgefasste Dissertation von Jeannot Hackel jedoch noch nicht betroffen gewesen zu sein scheint. Auf dem Vorblatt steht: ›Meinem Vetter Doctor Edward Lewiss aus Petersburg in Liebe und Dankbarkeit gewidmet.‹ Wahrscheinlich hatte dieser Verwandte mütterlicherseits ihn während seiner Ausbildung finanziell unterstützt. Offenbar beruhte dies auf einer umfassenderen Abmachung der Familien Lewiss und Hackel. Flora berichtet in ihren Erinnerungen, Gustav habe ihre Mitgift benötigt, um seinem Bruder Jeannot die ›Kaltwasserheilanstalt von Dr. Lewiss‹ zu kaufen.

Bei meiner Recherche finde ich einen weiteren Hinweis zur kulturellen Sonderrolle Kurlands. Aus den Privilegien, die der kurländischen Bevölkerung bei der Einverleibung ins Zarenreich zugestanden wurden, ergab sich auch innerhalb des Ostjudentums eine Sonderstellung: Ein ›Kurischer‹ war kulturell nach Deutschland ausgerichtet und hatte üblicherweise eine deutsche Schulbildung erhalten, der Gebrauch des Jiddischen war auf dem Rückzug. Zugleich fühlten sich die kurischen Juden Russland besonders verbunden, als Treuebezeugung für die relative Unabhängigkeit innerhalb Kurlands – oder als Schutzmechanismus, um angesichts des erstarkenden Nationalismus den Vorwurf des ›vaterlandslosen Gesellen‹ zu entkräften, der den Juden in Zeiten der Verfolgung immer wieder gemacht wurde.[VII]

Sonja charakterisiert ihren Vater so: seines kulturellen jüdischen Hintergrundes bewusst, dabei stark in der deutschen Sprache und Kultur verwurzelt, zugleich glühender russischer Patriot – vielleicht hätten seine Zeitgenossen Gustav als typisches Beispiel für einen ›Kurischen‹ angesehen.

Zum Schluss frage ich mich, was aus möglichen in Mitau verbliebenen Verwandten geworden sein mag. Im Mitauer Adressbuch finde ich den Eintrag: ›Hebräischer Friedhof, an der Ruhenthal-Bauska-Straße, 4 Werst von der Stadt, vis-à-vis der Strautneek-Buschwächterei‹. Es gibt in Lettland ein Projekt zur Abschrift jüdischer Grabsteine. Aber Jelgava/Mitau ist aus irgendeinem Grund nicht dabei. Schließlich finde ich eine Quelle, die Aufschluss gibt: Beim Einmarsch der Deutschen nach Lettland 1941 war Mitau einer der ersten Orte, an denen die jüdische Bevölkerung zusammengetrieben und an Ort und Stelle von Erschießungskommandos getötet wurde. Dies geschah unter anderem auf dem jüdischen Friedhof, der anschließend vernichtet wurde.[VIII] Die Welt der Mitauer Hackels und Gittelsohns existiert nicht mehr.

Einfacher als bei Gustav Hackel stellt sich die Quellenlage bei Sonjas Mutter dar. Hunderte von ihr verfasste Briefe finden sich in Sonjas Nachlass, ebenso ein langer Text, in dem sie für ihre Kinder und Enkel Erinnerungen an ihre Jugend in Berlin festhält. Sie erzählt darin auch von ihrer im Kindbett verstorbenen Mutter und dem Vater, der kurz danach die Familie verließ und der erst wieder-auftauchte, als sie erwachsen war:

> Meine Mutter war 1830 geboren, sie war 27 Jahre alt, als sie heiratete. Zart, feinknochig und feinnervig, mit wunderschönen Händen und einem hübschen Gesicht, welches durch das gescheitelte über die Ohren frisierte Haar noch schmaler erscheint, muss sie nach damaligen Ansprüchen »charmant« gewesen sein. Die Handschrift hatte absolut Sophiechen von ihr geerbt. Wir hatten als einziges Andenken von ihr ein Poesiealbum, in denen Goethesche und Heinesche Gedichte in der Mehrzahl waren.
>
> Es war nicht zu ihrem Glücke, dass sie den Schlossermeister Isidor Blumenthal heiratete. Zwar war er durchaus nicht das, was man sich unter einem Schlossermeister vorstellte. Doch war es durchaus charakteristisch für ihn, dass er gerade dieses Metier erwählt hatte. Als die Eltern (in Friedeberg in der Neumark) sich seinem glühenden Wunsch zu studieren, widersetzten und einen Kaufmann aus ihm machen wollten, erklärte er trotzig, er wolle Handwerker werden und zwar das schwerste Handwerk erlernen. Das war in damaliger Zeit für jüdische Begriffe ein Rückschritt in niedere Sphären! Er selbst erzählte aber später mit Freude und Humor von seinen Wanderjahren als sangesfroher Geselle, und wenn wir im Harz oder Thüringen waren, knüpfte er mit jedem Handwerksburschen teilnehmende Gespräche an.

An einer anderen Stelle ihrer Memoiren skizziert Flora das Umfeld in der Berliner Holzmarktstraße 61, wo sie gemeinsam mit ihrer Schwester Sophie im Haus ihrer Tante Bertha aufwuchs:

> Unsere Wohnung lag im Parterre, einige Stufen hoch, darunter ein an einen Sattler vermieteter Keller. Aus einem kleinen Entree kam man in ein zweifenstriges Wohnzimmer, ein Tritt am Fenster mit Stuhl und Nähtisch darauf, war Tantes Lieblingsplatz. Nach hinten war ein einfenstriges Schlafzimmer, wo Tante mit uns schlief, und dann eine geräumige Küche, wo auch das Mädchen [Hausmädchen] schlief. Unser liebster Aufenthalt waren der sehr große Hausflur

> und der geräumige Hof, und ich meine noch Tante Berthas, »Töni« genannt, – Stimme zu hören, wenn sie immer wieder zu den Mahlzeiten rief und wir uns doch von den Spielen nicht trennen konnten.
>
> Wir nahmen sowohl unter den Kindern des Vorderhauses wie unter den Handwerkskindern der Kleinwohnungen (24 Mieter waren es im Ganzen) als »Wirtskinder« eine besondere Stellung ein, alle – und wir mit – waren überzeugt, dass die Beutel mit harten Talern, das Ergebnis der Miete, zu unserem ureigensten Gebrauche da seien. Ich machte von unserer Vorzugsstellung wenig Gebrauch, Sophiechen aber war der »Führer« mit uneingeschränkter Macht und dem entsprechenden Despotismus. Ob Räuber und Prinzessin oder Theater gespielt wurde, wer die Hauptpersonen sein sollten, bestimmte nur sie, trotz freigiebig verteilter Ohrfeigen war sie aber beliebt, als »Emil« in der Straße bekannt, denn sie kletterte und sprang und war unternehmungslustig wie ein Junge. Ich war ihr zärtlich gehüteter Schützling, und vergalt's ihr mit Liebe, Bewunderung und dem durch lange Jahre anhaltenden Wunsche, ihr zu gleichen.

Auch der Alltag der Petersburger Jahre, sie dauerten für Flora von ihrer Heirat 1890 bis zur Flucht 1918, ist bis zum Beginn des Ersten Weltkrieges nahezu lückenlos durch das sogenannte Kindertagebuch (die Abschriften der Briefe, die sie an ihre Freundin Jenny Aron in Elbing schrieb) dokumentiert. Bemerkenswert ist ihr vollendeter Briefstil, aber auch ihre umfassende Bildung, ihr ausgeprägtes Selbstbewusstsein und ihre differenzierte Meinung zu den politischen Ereignissen der Zeit. Das Kindertagebuch beginnt damit, dass sie sich für eine verspätete Antwort entschuldigt und vage Andeutungen über ihre erste Schwangerschaft macht:

> den 28. April 1891
>
> Nicht böse sein bitte! Aber mir war nicht so recht in letzter Zeit.

Im nächsten Brief erzählt sie bereits ganz selbstverständlich, wie sie sich mit den Umständen arrangiert hat:

> Einen Doktor oder eine ›sage femme‹ habe ich bisher nicht zu Rat gezogen und rechne mittels eigener Kombination, dass ›dat Würmchen‹ Ende October in die Erscheinung treten wird.
>
> In Acht nehme ich mich nach Kräften, fahre so wenig wie möglich Iswostschik [Pferdedroschke, im Winter Schlitten], ängstige mich

Flora und Sophiechen als Kinder, Berlin, um 1868

in schwarzen Stunden und freue mich wiederum unsäglich, dass auch dies Glück uns zuteil werden soll.

In den darauffolgenden Jahren beschreibt Flora anschaulich den Alltag mit ihren größer werdenden drei Jungen:

November 1902

In der Schule [war] Tanzabend für die großen Schüler von sechs bis zehn Uhr, und Bobby hat so lange gebettelt, bis er mitgenommen wurde. Bruno [ältester Sohn von Benno und Sophie Becker] der Arrangeur und wir Alten alle dabei. Sehr hübsch. Bobby sehr tanzlustig, aber leider in all den Tänzen nicht bewandert. Paul und Fredy waren im Tanzsaal nicht sichtbar, zogen es vor, sich in den Korridoren Schlachten zu liefern.

März 1903

Die Babyfrage ist wieder einmal bei uns auf die Tagesordnung gesetzt, und alles, was du in diesem Augenblicke denkst, denke ich schon seit Wochen. Ich hab einen ordentlichen Hass auf die Leute, die mir immer zu einem Mädel so freundschaftlich zugeredet haben, obgleich die sozusagen ja nicht die Schuld tragen. Gustav ist noch mehr außer sich wie ich, wir hatten uns das Altwerden schon so bequem zurechtgelegt, und nun sollen wir wieder jung werden. Sophiechen findet das sehr hübsch; ich bin einerseits zu träge dazu, andererseits tut mir das Baby leid, das unfehlbar verzogen werden wird. Bitte davon niemandem etwas verlauten zu lassen, ich liebe es nicht, wenn acht Monate vor der Geburt des Kindes von ihm schon die Rede ist.

Sophiechen spielt im Schweiße ihres Angesichts Klavier, täglich 2 Stunden. Und ich? Lerne wieder Babys wickeln.

An dem Wohnungswechsel ist übrigens nicht Baby schuld, sondern in erster Linie Bobby, der uns im Schlafzimmer beschwerlich wird, obgleich er, wie aus dem Erfolg zu ersehen, das Eheleben nicht gestört hat.

Ich bin beeindruckt über die Offenheit, mit der Flora ihren Gefühlen hier freien Lauf lässt. Als Sonja dann glücklich auf der Welt ist, ist sie wieder mit dem Schicksal versöhnt:

Ihr glaubt gar nicht, wie einem zu Mute ist, wenn man den Berg hinter sich hat, und so ein kleines Wesen mit gesunden Gliedern vor

Paul, Fredy, Bobby, St. Petersburg, um 1900

Sonja, St. Petersburg, um 1912

sich. Das ist wirklich ein Wunder, so oft man es von neuem erlebt. Und wenn man dazu in guter Pflege ohne Zwischenfälle der Genesung entgegen geht, und der Gatte strahlend, wie er nur strahlen kann, sich mit Mutter und Kind freut, und wenn man die Tausend, vorläufig kleinen Sorgen und Mühen mit Feuereifer übernimmt, dann vergisst man schnell die ausgestandenen Beschwerden und wundert sich nur, dass man sich nicht schon neun Monate auf das Kind gefreut hat.

Floras Ansichten über Erziehung sind wahrscheinlich geprägt von ihrer eigenen Kindheit, in der sie – für die damalige Zeit und die Gesellschaftsschicht, der sie angehörte – ungewöhnlich viel Freiheit besaß:

Ich genieße die Kinder ordentlich und finde sie interessanter als meinen sonstigen Verkehr. Dein Lob, dass ich mit den Kindern in gesunden Tagen nicht ängstlich bin, verdiene ich nur bedingt. Im innersten Herzen bin ich's und zwar in der tollsten Weise, alle möglichen Ängste ausdenkend. Aber ich beschränke die Kinder deshalb nicht in ihrer Freiheit, wohl wissend, dass ihnen, wenn man sie an der Leine führt, auch alles Unglück zustoßen kann. Mit anderen Müttern aber herumzuunken, Krankheitsgeschichten auszutauschen et cetera, finde ich die größte der zahllosen Geschmacklosigkeiten, an denen unsere Gesellschaft so reich ist.

[…]

> Wir hatten kürzlich ein Schulerlebnis; gottlob nicht mit unseren Kindern, sondern mit Franks [einer befreundeten Familie] ältestem, 14-jährigen. Der Junge hat unanständige Bilder in die Schule gebracht und ist ausgeschlossen worden. Zu streng nach unser aller Urteil, da er nicht, wie der Direktor annimmt, den Knaben damit etwas Neues gezeigt hat, vielmehr etwas, von dem sie alle wussten. Als wir unsere Jungen ins Gebet nahmen, zeigten sie sich sehr wohl unterrichtet und behaupteten ›es‹ zu wissen, seit sie die Schule besuchen. Ich sagte, ich wolle gar nicht wissen, was auf den Bildern gewesen, ich könne mir denken, es hänge damit zusammen, wie die Kinder geboren werden. Ja, wie es anfängt, lautete Fredys klassische Antwort.
>
> […]
>
> Klavierunterricht der Kinder, [davor] graue ich mich umso mehr, als ich dabei gar nicht helfen kann, und die Lust meiner Söhne zum Spiel gewiss nicht größer sein wird als in anderen Häusern. Falls sich die Jungen als ganz talentlos oder ganz unlustig erweisen, gebe ich nach zweijähriger Probe das Spiel auf. Soviel Genuss die Musik bietet, hab ich doch nie verstanden, warum gerade sie zur Kunst für alle bestimmt sein soll, warum ein heranwachsender Mensch die wenigen freien Stunden, die ihm das Lernen lässt, gerade darauf verwenden muss.

Über eine Affäre, die Paul mit einer der Gouvernanten anfing, schreibt sie:

> Mademoiselle est de retour, aber ich nehme sie nicht mehr wieder, ich glaube, ich schrieb dir schon, dass Paul ihr im vorigen Jahr hinter unserem Rücken Besuche gemacht hat. Große Frage: A-t-il déjà quelque chose à déclarer?[11] Er sagt Nein.

Flora sieht die Verhältnisse in Russland kritisch. 1903 schreibt sie:

> Meine Jungen sind heute nicht in der Schule, und die Elektrizität brennt nicht, beides aus demselben Grund: Überschwemmung. Heute Morgen sah es schrecklich aus, die Straßen ganz überschwemmt. Seit mehr als 100 Jahren soll da Remedur geschaffen werden, aber der berühmte Schlendrian.

Und etwa um dieselbe Zeit:

---

11 Frz.: ›Gibt es da schon etwas mitzuteilen?‹

Mir tut es leid, dass die Jungen Russen geworden sind, sie sind selbst aber sehr zufrieden damit. Wo soll's auch herkommen? Bei jeder freien Meinungsäußerung heißt es von allen Seiten: um Gottes willen den Mund halten! Unsere Auslandsstudenten[12] sind ganz anders. Was wird aus meinen kleinen Russen werden? Ich bin wie die törichte Else im Grimmschen Märchen und gräme mich jetzt schon um alles, was *nicht* aus ihnen werden kann.

Den Russisch-Japanischen Krieg 1904 sieht Flora schon als Vorboten weit schlimmerer Ereignisse, sie schreibt an Jenny:

Wer weiß, zu wessen höherer Ehre ich dereinst meine Jungen totschießen lassen muss!

Im gleichen Jahr, als Gustav in einer Lotterie eine größere Summe gewinnt und davon ein Bankkonto für Sonjas spätere Aussteuer anlegt, ist Flora strikt dagegen – sie blickt skeptisch in die Zukunft:

Ich bin eine schlechte Mutter, denn wenn ich das Geld gewonnen hätte, so hätte ich nicht für Sonetschka weggelegt, sondern zunächst einmal eine feine Reise gemacht, die wieder eine goldene Erinnerung fürs Leben hätte werden können und uns allen somit bessere Zinsen tragen könnte, als Sonja das schnöde Geld. Muss denn in 20 Jahren das Mädel auch noch eine Mitgift haben? Und wenn in Russland alles drunter und drüber geht, wird dies Geld gerade festliegen? Und wenn man das Geld hat, kriegt man darum einen besseren Mann?

Die Ereignisse der Revolution von 1905 kommentiert sie so:

26. Oktober 1905

Eben kommt Bobby nach Hause; die Kinder sind aus der Schule entlassen. ›Goworjat bunt‹[13]. Es wird ernst. Möchtest du gern in einer historischen Zeit leben? Hätte ich die Kinder im Ausland, zum Beispiel bei dir, dann glaube ich, wäre ich bereit, die Sache als historisch interessant zu betrachten. Danke! Aber schicken kann ich sie dir nicht, denn erstens geht keine Eisenbahn und zweitens geht überhaupt nichts. Meine Kinder hätte ich auch lieber nach deutschen Prinzipien in Deutschland erzogen, da sie nun einmal Russen

12 Wahrscheinlich meinte sie damit Gaststudenten, die sie gelegentlich als Hauslehrer aufnahm.

13 Russisch: ›Jetzt wird's bunt‹, sinngemäß: ›Man sagt, dass es einen Aufstand geben wird.‹

sind, so heißt es doch damit fertig werden. Was aus dem Sturm der Bastille, des politischen Gefängnisses, das auf der Wyborger Seite[14] ist, geworden ist, die für Nachmittag geplant war, weiß ich nicht. Gus ist mit den Jungen hingegangen, sich die Demonstrationen ansehen, ich wäre auch mitgegangen, aber Bob ist bettlägerig, und das Stubenmädchen hat eine starke Angina. Dass wir totgeschlagen werden, kann uns allen passieren. Und geschieht es uns, und Sophiechen dazu, dann empfehle ich dir unsere Kinder. Gus glaubt immer noch nicht an eine Gefahr, und das ist gut, sonst wäre es um meinen Mut noch schlechter bestellt. Paulchen sagt, er möchte jetzt in keinem Falle von Petersburg weg; und ich muss sagen, wenn ich die Kinder im Ausland hätte, und unser Geld dazu, würde ich recht ruhig die Sache mit ansehen.

14. November 1905

Seit drei Tagen gehen die Jungen wieder nicht in die Schule, obgleich unsere nicht mitstreikt. In den anderen verlangen die Schüler Rauchzimmer, Versammlungsfreiheit und beratende Stimme in den Lehrerkonferenzen. – Blub! – Paul macht noch nicht mit, trotzdem er seit gestern lange Hosen trägt. Ob Dir die Eisenbahn oder ein deutsches Minenboot diese Briefe zuführen wird? Grüßt herzlich. Sonja quatscht herzerquickend neben mir.

4. Januar 1906

Und so kann ich nicht sagen, dass es schön bei uns wäre. Die Reaktion erhebt mächtig ihr Haupt, wir werden ganz nach altem Regime regiert[15], und den Freiheitskampf werden wohl meine Jungens noch mitkämpfen. Hoffentlich fangen sie's dann besser an wie die armen Verblendeten, die sich schon jetzt stark genug glaubten und im Herrn und Volk auf Beistand rechneten, der versagte. Schade um all die Jugend, die sich hinmorden ließ, schade um all unsere Hoffnungen, die wir nun wohl begraben müssen. Und doch können wir nur mit Freude die Wiederherstellung der Ordnung begrüßen.

22. Februar 1906

Genommen haben mir diese Zeiten etwas, nämlich das Vertrauen in die Zukunft. Wozu erziehe ich meine Söhne? Für die Lunte? Oder als Bombenopfer? An gedeihliche Entwicklung ist auf Jahre hinaus

14 Teil von St. Petersburg nordwestlich der Newa.

15 Nach der Niederschlagung der Unruhen versuchte das Zarenregime, die versprochenen Reformen wieder rückgängig zu machen.

> nicht zu denken. Und wie soll ich sie erziehen? Freiheitsdurstig, auf Menschenrecht gehend, oder mit dem Ideal der wohl bestallten Tschinowniks [Beamte] im Auge? Ja, erziehen wir denn überhaupt, erzieht sie nicht die Zeit, in der wir leben? Die allmächtige Zeit und das eherne Schicksal?

Als ich ihre Zeilen lese, bin ich beeindruckt von Floras scharfer Beobachtungsgabe. Nicht nur wegen der bevorstehenden Kriege, sondern auch mit Blick auf die Rolle, die der Antisemitismus im Leben ihrer Kinder noch spielen sollte. Bereits 1895, als Fredy, ihr Zweitgeborener, ein paar Monate alt ist, notiert sie:

> Der kleine schwarze Alfred scheint weniger gut getauft, das Näschen zeigt keine Neigung nach oben, und das ist bedenklich. Oder glaubt ihr, dass bis zu seiner Großjährigkeit der Unterschied zwischen Jud' und Christ vergessen sein wird?

Wenn man die späteren Erlebnisse der Familie Hackel bedenkt, kann man Flora fast hellseherische Fähigkeiten zusprechen!

Im Verlauf meiner Recherche fällt mir noch ein anderes Dokument aus Sonjas Nachlass in die Hände. Es sind Jugenderinnerungen von Sonjas Cousine Eva. Sie war die Tochter von Gustavs jüngerem Bruder, dem Apotheker Ludwig Hackel. Eva stand mit Sonja bis zu ihrem Lebensende in Briefkontakt. Sie schickte ihr die Aufzeichnungen in Erinnerung an die gemeinsame Kindheit. Eine Passage darin beschreibt die Sommerurlaube in Finnland, die Eva ganz ähnlich erlebt hat wie Sonja:

> In unseren Sommerferien zog die ganze Familie für drei Monate aus der Stadt hinaus nach Finnland, um dem sehr ungesunden feuchten Klima von St. Petersburg zu entgehen.
>
> Vater blieb zurück und kam nur an den Wochenenden, mit Ausnahme seiner drei Wochen Ferien. Wenn wir auf's Land zogen nahmen wir buchstäblich alles mit: Blumentöpfe, Spielsachen, kleine Möbelstücke, alles wurde eingepackt und auf einem großen Pferdewagen transportiert. Unsere Köchin und das Kindermädchen fuhren gewöhnlich mit dem Wagen, sie liebten es, langsam zu Pferd unterwegs zu sein.
>
> Die Familie inklusive der Haustiere fuhr mit dem Zug, wir nahmen Goldfische, Vögel und sogar Kaulquappen mit. Auf einer dieser

Reisen zerbrach das Glas mit den Kaulquappen, und wir hatten keine andere Wahl, als die Kaulquappen zur Rettung in das Glas mit den Goldfischen zu tun. Ich erinnere mich noch, wie erschüttert ich war, als wir bei unserer Ankunft zwei Stunden später feststellten, dass die Kaulquappen von den Goldfischen verspeist worden waren.

Unsere drei Monate in Finnland waren immer unbeschreiblich glücklich, und ich habe die herrlichsten Erinnerungen daran, mit meinem Vater in den Wald zum Blaubeer- oder Preiselbeerpflücken oder zum Pilzesammeln zu gehen.

Er war Experte für Pflanzen und lehrte uns eine Menge, in dem er jede Pflanze benannte, die wir Kinder pflückten. Er gibt in Finnland zahlreiche Arten essbarer Pilze, und Vater bestand darauf, uns jede einzelne zu zeigen. Auf diese Weise lernten wir schnell zu erkennen, welche giftig waren.

Gewöhnlich hatten wir einen großen Garten um das gemietete Haus, das meine Eltern bereits im April sorgfältig aussuchten.

Wenn irgendwo im Garten Birken standen, nahm Vater das Haus nicht, denn das war ein Anzeichen von Feuchtigkeit. Und dort spielten wir Indianer, Verstecken, oder wir gingen schon vor dem Frühstück Pilze suchen.

Ich erinnere mich besonders an einen Garten, denn er war groß genug, dass ich darin Fahrrad fahren lernte. Am Abend spielten wir unseren Eltern kleine Theaterstücke vor, die wir uns draußen überlegt und eingeübt hatten. Und in den Sommern, in denen wir unsere geliebte Lehrerin Shura bei uns hatten (sie wurde später zu meiner angeheirateten Cousine[16]) malten wir, modellierten mit Ton und machten Picknick am Meer. Baden und Sandburgen bauen waren unsere größten Vergnügungen.

Wie wunderbar war es, wenn am Freitag Abend Vater herauskam; gewöhnlich holten wir ihn an der Haltestelle der ›Diligence‹ ab (einem Pferdewagen, der ihn von der Bahnstation brachte).

Auf unserem Heimweg kamen wir an einem runden Platz vorbei, dort hingen Seilschlingen an einem langen Pfahl [eine Art Schaukel][17], und es war gleichgültig, wie müde Vater war, er blieb immer

16 Siehe Kapitel ›Fredy – Unter dem Radar‹.

17 In Finnland und Estland ist das Schaukeln eine Art Volkssport.

stehen, um uns einen festen Schwung zu geben, und wartete, bis wir wieder herunterkamen.

Unter den vielen Papieren aus Sonjas Nachlass finde ich schließlich noch ein paar Schreibmaschinenseiten, auf denen Alfred (Fredy), der zweitälteste Bruder, ein paar kleine Szenen aus seiner Kindheit festgehalten hat. Sie lassen den Alltag der Hackels um die Jahre 1906/1907 lebendig werden:

Szene eins

Grauer Morgen, Sonntag in Petersburg. Ich werde wach. Jemand gibt mir einen Kuss. Ich öffne die Augen, lächle im Halbschlaf. Gleich schneide ich eine Grimasse. Sie kichert fröhlich. ›Sie‹ ist Sonjetschka, meine Schwester; ihre Haare sind sorgfältig gekämmt, eine große Seidenschleife darin, sie trägt ein schwarzes Samtkleid, auf der Brust ein Medaillon. Ich strecke den Arm aus, packe zu und ziehe sie heran. Ich will sie schnappen, aber sie macht sich frei, mit Quieken und Geschrei. Eine Stimme aus dem Nebenzimmer: »Na warte, Dir werd' ich was erzählen!« Die Stimme bringt mich sofort zurück in die Wirklichkeit. Ich strecke mich. Tap-tap-tap den Flur entlang, jemand eilt zum ›Heiligen Örtchen‹, sagt dabei: »Kinder, aufstehen«. Das vertraute leichte Hüsteln, »ehem, ehem«, folgt Papa auf einen Platz, von dem jetzt für lange Zeit das Rascheln einer Zeitung zu hören ist. Denn das ist das ›Heilige Örtchen‹. Es ist der Ort, wo er sich die neuesten Nachrichten und die Theaterkritiken zu Gemüte führt. Mit einem Gefühl der Erleichterung einerseits, andererseits prall gefüllt mit den Berichten aus ›Das Wort‹[18] oder dem ›St. Petersburger Herold‹[19] [IX], kommt er erfrischt wieder heraus und geht geradewegs in die Wanne. Meine Aufgabe ist es, ihm den

18 Russisch: ›Das Wort‹ – gemeint ist mit Sicherheit ›Russkoje Slovo‹, die damals größte russischsprachige Tageszeitung, die seit 1895 in Moskau erschien und 1917 von den Bolschewiki verboten wurde.

19 Der ›St. Petersburger Herold‹ war eine von zwei deutschsprachigen Tageszeitungen und erschien von 1871 bis 1914, dann wurde er verboten, weil mit Kriegsbeginn aller deutsche Einfluss aus Russland verbannt werden sollte. Der Herold war die Konkurrenz der älteren ›Petersburger Zeitung‹, vertrat politisch einen liberalen Standpunkt und legte zu dieser Zeit vor allem Wert auf eine kritische Berichterstattung gegenüber der konservativen Zarenmacht. Er brachte täglich unter dem Motto *Unsere Presse* eine exklusive Presseschau über die Top-Nachrichten der damals größten russischen Tageszeitungen. Weitere Inhalte waren Stadtnachrichten, Wichtiges aus dem Deutschen Reich, Wirtschaftsnachrichten, Romane sowie monatliche Beilagen zu Mode und Landwirtschaft.

Rücken zu schrubben, bis er rot wird. Er beugt sich vor, seine weiche Haut und sein muskulöser Rücken glitzern, und ich reibe richtig fest mit einem harten Schwamm. Papa knurrt zufrieden. »Feste rubbeln, feste!« Ich gehorche. Dann eilt er, um sich anzuziehen. Gestern ist er spät nach Hause gekommen, ›in Geschäften‹, nach einem Besuch bei Boris [gemeint ist Benno Becker], zusammen mit Rudi, Felix, Gerson und dem anderen Boris … Gerade jetzt ist er jedenfalls munterer als wir.

Das Frühstück beginnt um 10 Uhr. Bloß nicht zu spät kommen! Die frische Unterwäsche kratzt. Ich bin durcheinander, die Manschettenknöpfe sind irgendwo abgeblieben. Der Hemdkragen lässt sich kaum biegen, so sehr ist er gestärkt. Natürlich bin ich wieder der Letzte. Ich gebe Papa einen Kuss auf die sauber rasierte, leicht duftende Wange. (Gerade gestern hat er bei Louis [einem Friseur] haltgemacht). Ich gebe Mamas Hand einen Kuss, Sonjas Mund. Nicht nötig Paul und Bobus [Bobby] zu begrüßen, wir schlafen alle im selben Zimmer. Bei Tisch geht es lebhaft zu. Der Kaffee duftet, es gibt Honig, Butter, Brötchen. Schmatzgeräusche … lecker und bedeutungsvoll – Essen und Kauen. Papa weiß schon alle Neuigkeiten von der Börse. Es macht ihm Spaß, uns mit Nachrichten aus Slowo [die Zeitung ›Das Wort‹] zu erschrecken. Ich esse schnell, weil ich noch in die Zeitung schauen muss, bevor es losgeht. Zusammen mit Papa gehen wir hinüber zum Museum, natürlich zur Eremitage. Früher war es so: wir machten einen Spaziergang zum Palast, gingen am Ufer spazieren, aber jetzt ist es die Eremitage. Er nimmt uns mit zu ›seinen Lieben‹. Wir gehen die Marmortreppe hinauf zu den ›Drei Grazien‹, zu ›Vol'ter‹[20]. Vol'ters Lächeln[X] – Satire, Spott. Zieht uns an und stößt uns ab. Aber Papa hat seinen Spaß. Dann geht es weiter zu ›Danaya‹[21] und ›Venus vor einem Spiegel‹ von Tizian. Für Papa ist sie die Offenbarung weiblicher Schönheit. Dann zum großen Saal der italienischen Kunst. Papa ist verzückt. Dann ein Porträt eines Fremden, der Papa erstaunlich ähnlich sieht. Dann müssen wir noch einen Moment zu den Franzosen, dann zwei Minuten Rembrandt, dann wieder nach Hause. Aus zwei Minuten wird eine Stunde. Es ist Mittag. Ich schaue mich um, höre noch den

20 Gemeint ist die Marmorskulptur von Voltaire von Jean-Antoine Houdon, noch heute eines der vielen Glanzstücke der Eremitage.

21 Danae von Tizian, 1930 von der Eremitage verkauft, seither National Gallery of Art, Washington DC.

Kanonenschuss, der 12 Uhr Mittag anzeigt. Er ist wie ein Zeichen für alle, auf die Uhr zu schauen. Die Fensterscheiben beben. Und jetzt die Musik, der Siegesmarsch. Wie in alten Zeiten möchte ich mitlaufen, den Gardisten folgen. Aber ich reiße mich zusammen, bin kein kleiner Junge mehr, ich bin gekommen, um Rembrandt anzuschauen! Aber mein Herz will nach unten rennen, und dann, anstelle von Rembrandt, anstatt der Gemälde, erscheint ein anderes Bild. Ich horche nach der Garde. Sie holen die Flagge ein, und so, zwischen Rembrandt und dem militärischen Spektakel, ist eine Kinderseele hin und hergerissen.

Schließlich gehen wir heim. Auf dem Nachhauseweg gehen wir mit Papa noch für ein paar Minuten in die französische Bäckerei. Papa will einen anständigen Laib Brot. Was ist ein sonntägliches Mittagessen ohne einen Laib Brot? Schließlich, Brot in der Hand, gehen wir triumphierend nach Hause. Viele vertraute Gesichter auf der Straße, sie kommen aus der Kirche zurück. Begrüßung, manchmal bleibt man stehen, manchmal nur ein Lächeln. Über die Brücke am Kanal, und wir sind zu Hause. Sonjetschka war draußen spazieren, sie hat rote Bäckchen von der Kälte. Es ist unwahrscheinlich weich, ihre leicht gefrorenen, samtigen Wangen zu küssen. Der Esszimmertisch ist schon gedeckt. Heute gibt es Blätterteig mit Kohl, ein wunderbares Gericht von Katja, der Köchin. Dann Eintopf und schließlich einen leichten Kuchen. Papa lässt es sich schmecken. Jeder Bissen ein Geschenk. Jeder Schluck Bier ein Genuss. Die Kunst, das Essen und ein gutes Schlückchen dazu, das ist die Sonntagssinfonie. Natürlich ist Kunst kein Fleisch, sie lässt sich mit Katjas Blätterteig nicht vergleichen, aber trotzdem ist sie seine allgegenwärtige Freude. Das lehrt er uns nicht mit Worten, sondern als Vorbild, durch sein eigenes, erfülltes Leben.

Szene zwei

Das Leben geht seinen Gang, geschmeidig wie Butter. Die Zeit vergeht, jeder Tag folgt einer bestimmten Routine. Im ruhigen Fluss der Zeit manchmal Pausen und Sprünge, Konzerte, Theater oder Partys zu Hause oder bei Freunden.

Abend: Ich lerne; die Prüfungen bringen mich noch um. Paul sitzt mir gegenüber und liest. Auf dem Tisch steht Schnaps, den wir in einem Bücherschrank verstecken. Der Schnaps steht hinter den französischen Büchern. ›Wie wär's mit etwas französischer

Dichtung?‹ In unserer Räubersprache bedeutet das ›Wie wär's mit einem kleinen Drink?‹. Mama ist im Bett, Papa im Theater, und Bobus ist ausgegangen, natürlich irgendwo zum Tanzen. Plötzlich das vertraute »ehem, ehem«, Papas Hüsteln. Er ist zurück. Wir laufen ins Wohnzimmer, aber er ist bei Mama. Laute Stimmen sind zu hören, Papa ist offenbar aufgebracht. Er spricht schnell und aufgeregt. Vielleicht ist er im Theater bestohlen worden? Wir kommen rein. Papa steht am Bett und spricht wie in Trance. Nein, er ist nicht ausgeraubt worden. Im Gegenteil, er ist überwältigt von dem, was er gesehen und erlebt hat. In seinen Augen leuchtet eine Spur von etwas, das ich nie bei ihm gesehen habe. Seine Nasenflügel beben wie bei einem Vollblutpferd. Er ist irgendwie verwirrt, überwältigt. Stockend spricht er darüber, über das Theater, über ewige Liebe und den Tod. Der Samowar auf dem Esszimmertisch zischt. Dort stehen ein kleiner Imbiss und Obst. Aber Papa redet weiter. Manchmal versagt seine Stimme. Er gestikuliert hilflos mit den Händen und lächelt schuldbewusst. Mama legt sich hin und strahlt. Es tut ihr nicht leid, dass sie nicht dabei war. Sie freut sich, dass er da war, und sie versteht und fühlt, dass seine Seele aufgewühlt ist.

Es ist wieder Abend. Wir sind um den Tisch versammelt. Mama und die Kinder. Wie immer unterhalten wir uns lange. Und es gibt Tee aus dem Samowar, dazu Marmelade. Papa ist nicht da. Er ist einen Ringkampf anschauen gegangen zwischen den beiden Welt-Champions. Das ist ein bisschen merkwürdig. Papa ist kein Ringer, und an solch einen Ort zu gehen, der nach Tabak und Schweiß riecht, ist schon etwas unangenehm. Aber Papa ist trotzdem hingegangen.

Da ist sein »ehem, ehem« im Flur. Er kommt rein, freudestrahlend. Und? Wer hat gewonnen? Papa verwandelt sich. Er beginnt zu erzählen. Über Zaikin, wie er Zbitko zu packen bekam. Nein, gar nicht leicht. »Fredy, komm her.« Ich gehe hin. Papa ist Zbitko und ich bin Zaikin.[22 XI]

Papa packt mich fest mit seinen Händen und hebt mich hoch. Meine Hose reißt. Die Knöpfe fallen ab. Aber Papa ist voll bei der Sache. Und dann lief es genau so … das tut weh, kein Witz. Papa setzt mich auf

22 Gemeint ist offenbar der polnische Ringkämpfer Stanislaus Zbyszko, der um 1905 in ganz Europa und später in den USA sehr erfolgreich wurde. 1906 gastierte er für eine Saison in St. Petersburg. Eine amerikanische Website listet alle Matches auf. Sie verzeichnet: Sieg über Alexander Saikin, am 2. August, am 7. und 14. August, und nochmals am 1. September. An einem dieser Tage muss Gustav dem Kampf zugeschaut haben.

dem Teppich ab. Er schnappt mich. Jetzt steigt auch bei mir die Spannung. Wir ringen. Mama und alle anderen lachen. Und so hat Zaikin ihn gepackt, aber Zbitko … Ich merke, wie meine Hosenknöpfe in den Kamin springen. Aber Papa ist voller Erregung. Er ist in Hochform, unter Volldampf. Und er steckt uns alle damit an.

Szene drei

›Weihnachtsbaum‹

Draußen liegt ein weißlicher Nebel. Die Fenster sind frostüberzogen. Es ist kalt. Die Stimmung ist hell und festlich. Mit meinen Zeugniszensuren ist es gut gelaufen. Vielleicht ist es wegen Weihnachten, aber die übliche Vier plus in Algebra ist raufgegangen zu einer Drei minus. Offensichtlich hat der Lehrer ein gutes Herz. Er versteht, dass sonst Papas Weihnachtslaune hin gewesen wäre. Besser nicht an die Schule denken – sinnlos!

[…] Das Arbeitszimmer ist außer Reichweite. Der Weihnachtsbaum steht darin. Er ist wunderschön. Wir haben ihn gestern zusammen mit Papa gekauft. Papa ist in dieser Hinsicht ein Profi. Der Baum muss der Beste sein, und billig dazu. Wenn er sieben Rubel kosten soll, feilscht Papa. Bis es dunkel wird. Aber er verliert nicht, er kriegt ihn für drei. Zwei kräftige Kerle tragen ihn auf den Schultern, wir gehen hinter ihnen nach Hause, während Papa zur Arbeit geht. Aber vielleicht verkaufen die beiden Typen ihn auch weiter, für eine Flasche Wodka?

Als wir gestern dort standen, war es so kalt, dass uns die Tränen in den Lammfellkragen rollten, aber Papa kümmerte das nicht. Sein Spazierstock hat eine Besonderheit: er hat am oberen Ende einen goldenen Knauf. Der Baum muss genau so groß sein, dass, wenn er den Arm mit dem Spazierstock hochstreckt, die Baumspitze über den Knauf hervorschaut. Wir fanden einen genau solchen Baum … das Gefeilsche dauerte eine ganze Weile. Es begann dunkel zu werden, die Straßenlaternen gingen an. Durch sie wurde es sogar ein bisschen wärmer und freundlicher. Die Bäume sahen aus wie mit Zucker überzogen, andere, als ob sie in Baumwolle gewickelt wären.

Wir kamen also zurück nach Hause. Die zwei Burschen schleppten den Baum vor uns her. Interessant, wie sie ihn die Treppe raufbrachten … der Teppich wurde ganz dreckig dabei … Kuprian [der Hausmeister] wurde wütend. Aber uns war's egal, der Baum ist prima! Auf keinen Fall wollten wir den durch die Hintertür reinholen.

Nur ein kleines Missverständnis gab es. Die Burschen gaben Mama ein Stück Papier. Papas Unterschrift, Papas Handschrift, sieht echt aus – aber teuer ... 13 Rubel!! »Nun, meine Dame, der Baum kommt aus Archangelsk.« Keine Chance, wir mussten zahlen ... Papa hatte so entschieden. Er hat manchmal leichtfertige Phasen. Die beiden Riesenkerle bedankten sich und kriegten obendrauf noch ein Trinkgeld. Weg waren sie, nur ein säuerlicher Geruch blieb zurück. Papa kam abends zurück und erfuhr von den 13 Rubeln. Er bebte. Es stellte sich heraus, dass die Kerle, die den Baum geschleppt hatten, am Rand eine eins vor die drei geschrieben hatten, mit Bleistift ... eigenmächtig, und so wurden 13 daraus. Papa hatte davon keine Ahnung, er hatte ihn für 3 gekauft. Aber schließlich ist es ihm egal, all das Gefeilsche, Geschrei und Gezänk. Er fühlt sich jetzt behaglich und zufrieden. [...]

Das Wohnzimmer ist hell erleuchtet. Bronzene Engel mit ausgestreckten Armen halten die Kerzen und stehen dabei auf einem Bein. Der gläserne Kronleuchter glitzert in allen Farben des Regenbogens. Alle sind versammelt. Die Wolle des neuen Matrosenanzugs kratzt. Das Haar ist mit viel Pomade gescheitelt. Paul und Bobka brillieren am Klavier, Sonjetschka trägt ihr schwarzes Samtkleid, ihre Haare werden von einer großen Seidenschleife auf dem Kopf zusammengehalten. Papa und Mama sind im Arbeitszimmer und zünden die Kerzen am Baum an. Endlich das lang ersehnte Glöckchen. Wir sind sehr aufgeregt, und schließlich gehen die Türen auf. Der funkelnde Baum blendet uns. Aus dem Esszimmer kommt der verführerisch köstliche Duft von Gänsebraten. »Alle zu Tisch bitte ...!«

Revolution

Nach acht, Bonn 1987

»Unser geruhsames Leben in Petersburg endete schlagartig mit Ausbruch des Ersten Weltkrieges. Meine Brüder, die inzwischen alle die Schule beendet hatten, die älteren beiden studierten bereits, mussten in den Krieg. Zum Glück nicht gleich, aber 1916 wurden alle drei eingezogen. Als Angehörige der ›Intelligenzija‹ wurden sie Nachwuchsoffiziere. Das machte die Sache für sie insofern besser, als sie nicht als Kanonenfutter verheizt wurden wie die Leute aus dem einfachen Volk, aber die Befürchtungen meiner Mutter, ihre Jungen ›zu irgendjemandes höherer Ehre‹ opfern zu müssen, rückten in den Bereich des Möglichen.

Russland war auf den Krieg miserabel vorbereitet, sowohl militärisch als auch im zivilen Leben. In den Geschäften gab es kaum noch etwas zu kaufen, für Lebensmittel zahlte man horrende Preise. Auf den Feldern und in den Fabriken fehlten die Arbeiter. Die meisten arbeitsfähigen Männer waren an der Front, wo sie wegen der schlechten Ausrüstung wie die Fliegen starben. Die Familien der Gefallenen stürzten oft in bodenloses Elend.

St. Petersburg wurde in Petrograd umbenannt – die Stimmung richtete sich zunehmend gegen alles Deutsche, und man tat besser daran, nicht in der Öffentlichkeit deutsch zu sprechen. Viele in Russland lebende Deutsche wurden ausgewiesen oder sagten sich, dass es besser sei, zu gehen. Wir waren davon nicht unmittelbar betroffen. Mein Vater hatte die russische Staatsbürgerschaft, meine Mutter war Deutsche, aber ihre Ehe mit einem Russen schützte sie vor der Ausweisung. Wir Kinder waren in Petersburg geboren und daher auch Russen. Aber selbst deutsch klingende Namen waren verdächtig. Zur Sicherheit setzte mein Vater seinem Vornamen damals ein e hinzu, Gustave, damit man es für Französisch halten konnte.

Schon lange war es bergab gegangen mit der Macht der Zaren. Nikolai II., der letzte Zar, interessierte sich kaum für die Regierungsgeschäfte. Er zog sich lieber in seine Sommerresidenz nach Zarskoje Selo zurück. Gelegentlich hatte er ein paar fähige Minister, die er aber beim nächsten Aufstand wieder davonjagte.

An seinem Hof gab es viele Günstlinge und andere finstere Gestalten, die auf die Politik Einfluss nahmen. Unter diesen war ein ganz Besonderer, das war Rasputin, ein sibirischer Wanderprediger und Wahrsager.

Mit der Zarenfamilie, den Romanows, war es ja so, dass sie an der Bluterkrankheit litten. Besonders der Thronfolger, der Zarewitsch. Er war noch ein Kind, für ihn war das lebensbedrohlich. Vor der Öffentlichkeit wurde die Sache geheim gehalten. Medizinisch gab es damals kaum Möglichkeiten, die Krankheit zu behandeln. Es hieß nun, dass Rasputin der Einzige gewesen sei, der mittels Hypnose die Blutungen des Jungen habe stoppen können. Dadurch gewann er großen Einfluss auf die Zarin Alexandra Fjodorowna. Es hieß, Rasputin hypnotisiere auch sie. Er muss unglaubliche Augen gehabt haben! Ihm wurden allerlei magische Kräfte zugeschrieben. Wahrscheinlich war das Hokuspokus, aber im damaligen Russland war Aberglaube sehr verbreitet. Weil er Macht über die Zarenfamilie hatte, machte Rasputin sich viele Feinde. Je schlechter die Lage wurde, umso mehr glaubte man, er habe die Zaren verhext. Eine Gruppe von Adligen überlegte sich, Rasputin zu beseitigen. Zum Jahresende 1916 organisierten sie eine Verschwörung, in einem Haus gleich in unserer Nachbarschaft. Man lud Rasputin dort zu einem Bankett ein, wo man ihn mit vergiftetem Nachtisch umbringen wollte. Der Plan schlug aber fehl[23] und Rasputin entkam ins Freie. Die Verschwörer liefen ihm hinterher, erschossen ihn schließlich auf der Straße – die Schießerei konnten wir zu Hause hören – und steckten ihn anschließend in ein Eisloch, um sicherzugehen, dass der Teufelskerl auch wirklich tot war.

Kurz nach der Sache mit Rasputin wurde in der Februarrevolution 1917 der Zar abgesetzt. Kerenski[24] von der Partei der gemäßigten Sozialrevolutionäre wurde Regierungschef. Aber Russland steckte da schon so tief im Schlamassel, dass er sich nicht lange halten konnte. Schuld daran war letztlich die deutsche Regierung. Sie hatte die Idee, Lenin nach Russland einzuschleusen, um das Chaos beim Kriegsgegner noch größer zu machen. Eigentlich war damals schon klar, dass Deutschland den Krieg verlieren würde. Um aber noch etwas herauszuschlagen, holten die Deutschen Lenin

---

23 Bei einer anschließenden Rekonstruktion des Falles fand man heraus, dass aufgrund einer chemischen Reaktion der Zucker im Nachtisch das Strychnin neutralisiert hatte.

24 Alexander Fjodorowitsch Kerenski (1881–1970) war seit Juli 1917 Chef der nach der Februarrevolution geschaffenen provisorischen Regierung, wurde von den Bolschewiki in der Oktoberrevolution abgesetzt und ging ins Exil.

aus seinem Exil in der Schweiz, setzten ihn in einen verplombten Eisenbahnwagen, fuhren ihn durch halb Europa über Finnland nach St. Petersburg – diese Geschichte ist ja bekannt. Damit begann dann die Oktoberrevolution. Die Schüsse, die vom Panzerkreuzer Aurora das Startsignal dazu gaben, konnten wir ebenfalls zu Hause hören.

Als die Bolschewiki die Macht übernahmen, hat kaum einer sie richtig ernst genommen. Mein Vater sagte immer: ›In ein paar Wochen ist der Spuk vorbei‹ – na ja, diese Erwartung hat sich bekanntlich nicht erfüllt. Die Lage war sowieso schon chaotisch, aber es wurde nur noch schlimmer. Es gab nichts mehr zu kaufen – höchstens auf dem Schwarzmarkt für astronomische Preise. Die Menschen hungerten, auf den Straßen ging es gewalttätig zu. Das waren die Vorboten des Bürgerkriegs, der im Sommer 1918 ausbrach. Irgendwann in dieser Zeit wurden dann sämtliche Geschäfte, Fabriken usw. enteignet. Alle Geschäftsleute, so auch mein Vater, verloren ihre Existenzgrundlage.

Ob dies den Anlass gab oder etwas anderes, weiß ich nicht – meine Eltern sprachen über solche Dinge nicht mit mir –, aber im Oktober 1918, ein Jahr nach der Revolution, beschlossen sie ziemlich plötzlich, dass wir jetzt fliehen müssten. Ich erinnere mich, dass das für mich überraschend kam. Meine Eltern hatten so gut es ging versucht, die Schrecken der Zeit von mir fernzuhalten. Auf einmal musste alles ganz schnell gehen. Wir packten eilig zusammen, was wir tragen konnten, und verließen die Wohnung. Es hieß, dass die Abriegelung der Grenze kurz bevorstehe. Meinem Vater war es gelungen, Fahrkarten für den letzten Zug zu ergattern, der noch die Grenze passieren durfte. Damit es nicht so sehr nach Flucht aussah, gaben wir die Reise als Fahrt zur Datscha unserer Verwandten aus. Das stimmte fürs Erste sogar. Unser Ziel war die Datscha von Beckers in Libau[25], südlich von Riga an der Ostseeküste. Viele Menschen fuhren damals aufs Land, um sich besser versorgen zu können. Es kann sein, dass meine Eltern zu diesem Zeitpunkt ahnten, dass wir vielleicht nicht mehr zurückkehren könnten, aber das hielten sie vor mir verborgen.

Die Fahrt mit dem Zug dauerte viele Stunden. Es war Krieg, und entsprechend waren die Verhältnisse. An irgendeiner Stelle war die Bahnlinie unterbrochen, dort lag die militärische Demarkationslinie. Wir mussten alle aus dem Zug aussteigen und in einen anderen, der auf der anderen Seite wartete, wieder hinein. Es war natürlich

25 Heute Liepaja, Lettland.

ein gewaltiges Durcheinander. Hunderte von Leuten liefen hin und her. Mein Vater ging mit mir und einem Teil der Koffer schon vor, suchte mir in dem wartenden Zug einen Platz, und befahl mir, gut auf das Gepäck aufzupassen. Dann ging er noch einmal los, um meine Mutter zu holen, die bei den restlichen Koffern geblieben war. Aber kaum, dass ich in diesem Zug saß, fuhr der plötzlich los. Ohne meine Eltern. Da saß ich nun mutterseelenallein in einem Zug, von dem ich nicht mal genau wusste, wo er hinfuhr. Ich war noch nie allein verreist und wusste nicht, was ich tun sollte. Nach dem ersten Schreck sagte ich mir: ›Na ja, heulen nützt ja nu nüscht!‹[26] Und ich begann, die Butterbrote aufzuessen. Die waren in einer der Taschen, die ich bewachen sollte. Irgendwann kam der Zug an der Endstation an. Ich stieg aus, setzte mich auf die Koffer und wartete.

Wer weiß, was aus mir geworden wäre. In Russland und halb Europa war Krieg. Massen von Flüchtlingen waren unterwegs, und es war keine Seltenheit, dass Familien auseinandergerissen wurden und schreckliche Flüchtlingsschicksale ihren Anfang nahmen.

So saß ich ganz allein auf einem fremden Bahnsteig auf den Koffern und wusste nicht, was als Nächstes geschehen würde. Nun – tatsächlich kamen nach einigen Stunden meine Eltern. Das war ein ziemliches Wunder, denn ich hatte ja eigentlich in dem Zug gesessen, der als letzter aus Russland herausgelassen werden sollte. Wie dem auch sei: da waren meine Eltern, auch das Gepäck hatten sie bei sich. Ich erwartete natürlich, dass sie als Erstes zu mir sagen würden: ›Kind, gut, dass du wohlbehalten hier bist‹ oder so etwas. Stattdessen sagten sie: ›Was hast du mit den Butterbroten gemacht?‹ Ich erwiderte schuldbewusst: ›Die habe ich aufgegessen‹, und dachte, das könnten sie mir ja wohl kaum vorwerfen, denn ich hatte lange warten müssen. Aber meine Eltern fragten eilig weiter: ›… und was hast du mit den Tüten gemacht, wo sind die Tüten?‹ Auch darüber wunderte ich mich, denn solcher Art Sparsamkeit war bisher nicht die Hauptsorge meiner Eltern gewesen. Ich weiß nicht warum: die Tüten hatte ich ordentlich glatt gestrichen und aufgehoben. Es hätte genauso gut sein können, dass ich sie weggeworfen hätte. Aber die Tüten waren da. ›Na, Gott sei Dank!‹ – meinen Eltern fiel hörbar ein Stein vom Herzen. In den doppelten Böden der Tüten hatten sie

26 Dass Sonja an dieser Stelle berlinerte, was sie sonst nicht tat, mag damit zusammenhängen, dass ihre Mutter – zumindest scherzhaft – gelegentlich so mit ihr sprach.

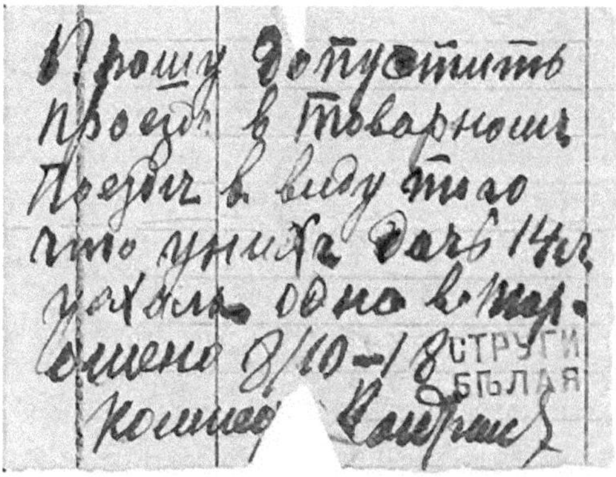

Der ›Propusk‹, ausgestellt am 8. Oktober 1918

Bargeld versteckt, das sie vor der Flucht noch hatten zusammenkratzen können. Man hätte es uns sonst an der Grenze abgenommen. Und als dieser Schreck vorbei war, wurde ich von ihnen richtig begrüßt, wie ich's am Anfang erwartet hatte.

Meinen Eltern war inzwischen Folgendes geschehen: Nachdem der Zug, in dem ich saß, weggefahren war, wandte sich mein Vater verzweifelt an die Soldaten, die die Bahnstation und die russische Grenze kontrollierten. Sie hatten den Befehl, niemanden mehr durchzulassen. Er lief überall hin und sagte, seine minderjährige Tochter sei allein in diesem Zug, und er müsse doch zu ihr. Nichts zu machen. Aber irgendwann gelang es meinem Vater, einen ranghöheren Befehlshaber[27] zu überzeugen, dass er unbedingt durchgelassen werden müsse. Der Mann hörte ihm widerwillig zu, dann riss er schließlich eine Seite aus seinem Notizbuch und kritzelte ein paar Sätze darauf.

Was er da schrieb, nannte man in Russland einen Propusk, das bedeutet Passierschein – das Wort hat aber eine viel weiter gefasste Bedeutung als auf Deutsch. Es heißt auch Genehmigung und vieles mehr. In Russland brauchte man für alles Mögliche einen Propusk, damals wie heute. Ohne diesen improvisierten Propusk hätte ich meine Eltern vielleicht nie wiedergesehen, und was dann aus mir geworden wäre, wissen die Götter. Ich habe große Hochachtung vor diesem Kommissar, denn er hat aus reiner Menschlichkeit gegen

27 Wahrscheinlich war dies ein sogenannter ›Politkommissar‹ – die Kommunistische Partei setzte solche Kommissare zur Kontrolle aller öffentlichen Institutionen ein, damit diese stets im Sinne der Partei entschieden.

seine Weisung gehandelt. Bestochen haben konnte mein Vater ihn nicht, das Geld war in den Butterbrottüten, und die hatte ich. Den Zettel habe ich noch heute – Heinz, gib mir doch mal das Fotoalbum! Hier siehst du, was für ein kleines Zettelchen das ist. Ich hüte es wie einen Talisman. Sinngemäß steht dort, dass man meine Eltern mit einem Güterzug noch durchfahren lassen soll, weil ich allein vorausgefahren bin.

Dieses kleine Stück Papier war wahrscheinlich lebensrettend für mich und meine Eltern. Das habe ich mir im Laufe der Jahre immer wieder gesagt. Aus dieser sehr persönlichen Erfahrung, wie wichtig es ist, dass es auf der Welt uneigennützige Helfer gibt, haben Heinz und ich beschlossen, Menschen in politisch bedingter Bedrängnis zu unterstützen. Deshalb kümmern wir uns heute um politische Gefangene bei Amnesty International.«

Strugi Bjelaja

Spurensuche, Berlin 2017

Warum entschloss sich Sonjas Vater gerade im Oktober 1918 zur Flucht? Was geschah in diesen Tagen genau in St. Petersburg? Wie verlief die Fluchtroute? Wo fuhr der Zug ab, wo war der Umsteigepunkt, an dem Sonja ihre Eltern verlor, und wo der Endbahnhof, an dem sie sie wieder traf?

Zunächst scheint es, als sei niemand mehr da, der mir diese Fragen beantworten könnte. Ich sende Stephanie meine Aufzeichnungen, aber weitere Details dazu kennt sie auch nicht. Aber sie schickt mir einen Scan des Propusk. Es handelt sich um ein winziges vergilbtes Zettelchen. Ich erinnere mich: Sonja bewahrte es in einem kleinen Pergamenttütchen in ihrem Fotoalbum auf. Es ist eine aus einem Notizbuch herausgetrennte Seite, fast quadratisch, mit vielleicht 3 x 3 cm Seitenlänge. Jemand hat mit Tinte nur ein paar Worte darauf geschrieben – übersetzt heißt es:

> »Ich bitte das Mitfahren mit dem Güterzug zu erlauben, da deren Tochter 14 J. alleine nach Toroschino weggefahren ist.
>
> 8/10-18 Stempel: Strugi-Bjelaja. Kommissar [unleserliche Unterschrift]«

Das genaue Datum der Ausreise kenne ich damit auch – der 8. Oktober 1918. Toroschino muss eine Bahnstation sein. Aber wo im Umkreis von St. Petersburg und in welcher Entfernung könnte sich ein solcher Ort befinden? Auf der Landkarte finde ich nichts Passendes – er ist wahrscheinlich zu klein. Heißt er überhaupt noch so, nach den Ortsumbenennungen der Revolution und der Sowjetzeit? Auch die richtige Umschrift aus dem Kyrillischen erschwert die Suche. Ich nehme mir den Propusk wieder vor. Auf dem kleinen Stempelabdruck steht ›Strugi Bjelaja‹. Bjelaja heißt weiß – was bedeutet Strugi? Meine paar Brocken Russisch reichen dafür nicht. In der Hoffnung auf eine Übersetzung gebe ich ›Strugi Bjelaja‹ in die Suchfunktion des Browsers ein. Zu meiner Überraschung erscheint eine Website mit einem estnischen Text. Dazu fehlt mir nun jeder sprachliche Zugang … Aber so viel erkenne ich: er handelt von einer für Estland bedeutsamen Persönlichkeit – es steht ein Geburtsdatum da, dahinter ›Strugi Bjelaja‹. Also auch ein Ortsname – offenbar an der damaligen Grenze. Außerdem steht auf der Website etwas über das Jahr 1919, und danach ›Strugi Krasnyje‹. Krasnyj bedeutet rot. Ohne Estnisch zu können, verstehe ich: Strugi Bjelaja wurde 1919 in Strugi Krasnyje umbenannt, von weiß zu rot, unter dem Eindruck der neuen Machtverhältnisse. Die Zaristen, die Weißen, waren von den Roten besiegt worden. Ich suche weiter, gebe Strugi Krasnyje ein. Zu meiner Überraschung öffnet sich die Homepage der Deutschen Bahn. Ein Auslandsfahrplan erscheint:

St. Petersburg Vitebski 18:44, …, Strugi Krasnyje 22:14, Toroshino 23:06, Pskow Pass 23:43.

Da habe ich den Zug! Er endet – nach etwa 90 Kilometern – am Zielbahnhof Pskow (Pleskau). Dort muss Sonja auf die Eltern gewartet haben. Ich schaue mir die Karte an. Von Pskow geht eine Bahnlinie nach Westen, mit Endpunkt Riga. Von dort kann man nach Libau weiterfahren. Mit Hilfe der Deutschen Bahn habe ich die Fluchtroute rekonstruiert. Die Fahrt ist wahrscheinlich auch damals am Witebsker Bahnhof in St. Petersburg losgegangen. Die Hauptstrecke nach Pskow verläuft heute anders, aber auf alten Karten sehe ich, dass die Züge damals alle die Strecke benutzten, an der Strugi Bjelaja liegt.

Beim Betrachten der Landkarte stellt sich mir die nächste Frage: Wieso war hier, nördlich von Pskow, eine Grenze? Welche Länder grenzten hier aneinander? Die baltischen Staaten existierten damals noch nicht, sie entstanden erst durch den Versailler Vertrag 1919. Ich schaue historische Karten mit damaligen Grenzverläufen an. 1918 galt der Friedensvertrag von Brest-Litowsk. Die darin festgelegte Grenze verläuft etwa 200 km weiter westlich, bei Riga, nicht bei Pskow.

Erst nach einigem Suchen finde ich den fehlenden Baustein[XII]: Etwa seit Mitte 1917 war die russische Armee faktisch kampfunfähig. Es kam zum Waffenstillstand mit Deutschland, dem es nicht ungelegen kam, keinen Zweifrontenkrieg mehr führen zu müssen. Die deutsche Regierung versuchte daraufhin, einen Separatfrieden mit Russland auszuhandeln – angesichts der schlechten Lage an der Westfront so schnell wie möglich. Die russische Regierung zögerte, denn die darin gestellten Konditionen waren denkbar schlecht. Um Russland zum Vertragsabschluss zu zwingen, rückten deutsche Truppen im Februar 1918 über die Waffenstillstandslinie vor. Die russische Seite war nicht in der Lage, Widerstand zu leisten. Um einen Vormarsch der Deutschen bis St. Petersburg zu verhindern, unterzeichnete die Sowjetregierung am 3. März 1918 hastig den

Friedensvertrag von Brest-Litowsk. Die deutschen Truppen befanden sich zu diesem Zeitpunkt schon gut 200 km östlich der Vertragsgrenze von Brest-Litowsk, Pskow war bereits besetzt. Nach dem Friedensschluss zog sich das deutsche Militär nicht etwa hinter die Waffenstillstandslinie zurück, sondern eine sogenannte ›Deutsche Polizeimacht‹ blieb in den besetzten russischen Gebieten. Die deutsche Regierung plante, sich diese Gebiete entweder nach Kriegsende einzuverleiben oder als Faustpfand gegen andere Forderungen einzusetzen.

Aus diesen in vielen Geschichtsbüchern nicht erwähnten Umständen des Friedens von Brest-Litowsk ergab sich die eigentümliche Demarkationslinie nördlich von Pskow, mit Strugi Bjelaja als Grenzbahnhof. Pskow, wohin der Zug weiterfuhr, war noch im Oktober 1918 von deutschen Truppen besetzt. Andererseits war zu dieser Zeit die totale Niederlage Deutschlands bereits absehbar, sodass es eine Frage der Zeit war, bis die sogenannte deutsche Polizeimacht abgezogen würde. Ich finde eine weitere wichtige Information: Am 27. August 1918 wurde im sogenannten Deutsch-Russischen Ergänzungsvertrag (zum Vertrag von Brest-Litowsk) die Räumung der von Deutschland besetzten Gebiete festgelegt. Die Ratifizierungsurkunden wurden am 6. September 1918 ausgetauscht, darin war ein sofortiges Inkrafttreten festgelegt. Die Bekanntmachung darüber erfolgte am 1. Oktober 1918. Tatsächlich wurden Pskow und die Gebiete östlich der Linie von Brest-Litowsk im November 1918 mit der deutschen Kapitulation geräumt.

Vielleicht hatten Sonjas Eltern von diesen Vorgängen Kenntnis erhalten. Vielleicht packten sie die Koffer aus der Überlegung heraus, dass es umso schwieriger würde, Russland zu verlassen, wenn diese Demarkationslinie zurückwich. Verbreitete sich diese Nachricht mündlich unter den verbliebenen deutschsprachigen Petersburgern, las Gustav möglicherweise in der Zeitung davon? Hätte eine solche Information damals noch in einem in der Stadt erhältlichen Blatt gestanden? Wohl eher nicht. Es lässt sich nicht mehr rekonstruieren, über welche Informationskanäle die Hackels verfügten, aber in irgendeiner Weise werden diese Vorgänge den Ausschlag zur Flucht gegeben haben.

Um mehr Hintergründe zu bekommen, wie sich die Lage für die Hackels zwischen der Oktoberrevolution 1917 und ihrer Flucht im Oktober 1918 darstellte, suche ich nach großen und kleinen Ereignissen, die schrittweise das Leben der Menschen in Russland veränderten. Ich lese über die Schüsse des Panzerkreuzers ›Aurora‹, die Besetzung der Bahnhöfe und Telegrafenstationen durch die Bolschewiki usw. – die großen politischen Linien. Aber wie erlebten die Menschen in ihrem Alltag die bolschewistische Machtübernahme? Es mag sein, dass sie die heute als Meilensteine der Revolution betrachteten Ereignisse in ihrem Kriegsalltag zunächst kaum zur Kenntnis nahmen.

Die Dekrete der Sowjetregierung entfalteten nur langsam eine Wirkung auf den Alltag der Menschen. Die Kommunalisierung des Wohnraums wurde im März 1918 begonnen. Zunächst geschah dies aber vereinzelt und unsystematisch in Form willkürlicher Einquartierungen. Wer kein Haus besaß, merkte vielleicht zunächst nichts von der grundlegenden Änderung der politischen Ordnung.

Anfang 1918 dürfte das Geschehen in Petrograd mehr von der Endphase des Ersten Weltkrieges (und damit auch dem Verlauf der baltischen Front) als von der noch ungefestigten bolschewistischen Herrschaft bestimmt worden sein. Der deutsche Vormarsch, mit dem die Unterzeichnung des Friedensvertrages erzwungen werden sollte, löste bei der Regierung Panik aus. Sie fürchtete, im Falle der Einnahme Petrograds von den Deutschen entmachtet zu werden. Noch vor der Unterzeichnung des Friedens von Brest-Litowsk wurden in einer Nacht-und-Nebel-Aktion alle Regierungsfunktionen nach Moskau verlagert.[XIII] Vor der Bevölkerung wurde die faktische Flucht der Regierung zunächst geheim gehalten, aber sie wurde bald spürbar, weil sie zur weiteren Verschärfung der wirtschaftlich katastrophalen Lage beitrug. Die Eisenbahnlinien nach Süden waren durch die deutsche Besatzung unterbrochen, damit gab es keine Möglichkeit mehr, Getreide aus der Ukraine in die Stadt zu bringen. Auf den noch befahrbaren Eisenbahnlinien in Richtung Osten waren alle Transportkapazitäten wochenlang blockiert durch den Umzug der Regierung nach Moskau. Die Industrie erhielt keine Lieferungen mehr, sodass reihenweise Fabriken schließen mussten. Zwischen Januar und April 1918 wurde fast die Hälfte aller Petrograder Fabrikarbeiter entlassen.[XIV] Die Stadt entvölkerte sich zusehends – wer konnte, floh aufs Land, um sich irgendwie versorgen zu können. Die städtische Verwaltung funktionierte nicht mehr, Müll und Tierkadaver bleiben auf den Straßen liegen, es kam zur schlimmsten Choleraepidemie in der Geschichte der Stadt. In einer zeitgenössischen Quelle beschrieb ein Epidemiologe die Situation so: »Ich habe China, Persien und ganz Asien bereist, aber Zustände wie jetzt in Petrograd habe ich noch nirgendwo erlebt.«[XV]

Seit April 1918 kam es zu Hungerrevolten der Arbeiter, im Mai ging die Stadtregierung dazu über, diese gewaltsam niederzuschlagen. Damit begann die Phase des sogenannten ›Roten Terrors‹. Zunächst waren dies einzelne Maßnahmen wie Streikverbot, Einschränkung der Pressefreiheit, Razzien der Geheimpolizei, Erschießungen. Während des Sommers wurde die Situation immer chaotischer, und Ende August 1918 gingen die Bolschewiki zu einer strategischen Großoffensive über, um sich durch brutale Gewalt und Einschüchterung an der Macht zu halten. Es begann eine regelrechte Hatz auf sogenannte ›Feinde der Revolution‹, begleitet durch eine Pressekampagne, in der die Arbeiter in allen Zeitungen zum Hass auf die Bourgeoisie angestachelt wurden. Am 31. August erschien in der ›Krasnaja Gaseta‹ ein Leitartikel unter dem Titel ›Blut gegen Blut‹, der mit den Worten endete: »Soll das Blut der Bourgeoisie und ihrer Diener fließen – mehr Blut!«.[XVI]

Die ›Krasnaja Gaseta‹ war ganz sicher keine Zeitung nach Gustav Hackels Geschmack. Vielleicht wird er sie aber trotzdem gelesen haben, nachdem seine beiden bevorzugten Blätter, ›Slowo‹ und der ›St. Petersburger Herold‹, verboten worden waren. Las er die Leitartikel, in denen zur Lynchjustiz am Bürgertum aufgerufen wurde? Tat er das – wie früher – morgens auf der Toilette, oder war ihm die Freude an diesem Ritual inzwischen verleidet?

So oder so muss er die politische Radikalisierung der Revolution wahrgenommen haben – wahrscheinlich wurde auch das Textilimportgeschäft, für das er arbeitete, in dieser Zeit geschlossen und enteignet.

Sinowjew, Chef des Petrograder Stadtsowjets und enger Weggefährte Lenins, sagte im September 1918 in einer öffentlichen Rede: »Die Arbeiterklasse muss endgültig eine stahlharte Diktatur errichten und mit all ihren Feinden schonungslos abrechnen!«[XVII]

Jeder, der als ›Bourgeois‹ oder sonstiger Feind der Revolution ausgemacht wurde – zum Beispiel durch Denunziation der Nachbarn –, war nach neuer Rechtslage praktisch vogelfrei und konnte jederzeit abgeführt und erschossen werden. Tausende wurden nach diesem Prinzip im Sommer 1918 verhaftet. Der deutsche Konsul setzte sich im September für die Freilassung derjenigen ein, die aus Polen oder dem Baltikum stammten, und organisierte Ausreisemöglichkeiten in das deutsch besetzte Gebiet. Auch dies geschah vor dem

Hintergrund, dass Deutschland beabsichtigte, in Friedensverhandlungen Ansprüche auf das Baltikum zu erheben. Diesem Schritt sah man sich näher, wenn man sich als eine Art Schutzmacht der dortigen Bevölkerung präsentierte. Eventuell bekam Gustav Hackel die Zugfahrkarten im Rahmen dieser Intervention des Konsuls. Soweit ich mich an Sonjas Erzählung erinnere, war ihr Vater nicht verhaftet worden. Er gehörte aber eindeutig zu einer Gruppe, der dies jederzeit widerfahren konnte. Er war im Baltikum geboren, seine Frau war Deutsche, das ließ die Hackels möglicherweise auf die Liste derjenigen rücken, denen die Deutsche Botschaft zu helfen bereit war.

Auch wenn sich all dies nicht mehr im Einzelnen klären lässt: den Entschluss zur Flucht trafen Hackels sowohl aus der Einschätzung ihrer faktischen Gefährdung als auch der präzisen Beobachtung der innen- und außenpolitischen Lage.

Lenin auf Briefmarken

Spurensuche, Berlin 2017

Gegen Ende meiner Recherchen stoße ich unverhofft auf die – oben bereits zitierten – Erinnerungen von Sonjas Cousine Eva Hackel. Als ich bei Stephanie in Kalifornien zu Besuch bin, um Sonjas Nachlass zu sichten, finde ich sie in einer der Kisten. Ich habe Jetlag, wache um zwei Uhr früh auf. Neben meinem Bett liegt für solche Fälle ein Stapel mit Dokumenten griffbereit. Mitten in der Nacht lese ich Evas Aufzeichnungen und finde dort eine sehr eindrückliche Passage über die Revolution und die Flucht aus St. Petersburg. Eva schreibt:

> Die Sorglosigkeit unserer Familie ging 1914 verloren, und endgültig 1918 durch die Revolution. Nie werde ich die Eindrücke jener Monate vergessen: Soldaten und Kosaken randalierten auf den Straßen, Leichen schwammen in der Newa, auf unserem Schulweg waren ständig Schießereien, und der Hunger war zum Verzweifeln.
>
> Vater verlor über Nacht alles, was er besaß – seine große Apotheke, sein Bankkonto, alles wurde verstaatlicht (d. h. konfisziert) und Vater hatte kein Recht mehr, auch nur den kleinsten Betrag abzuheben. Das war ein schwerer Schlag für meinen Vater, der sein ganzes Leben lang sehr hart gearbeitet und für die Zukunft gespart hatte, damit seine Familie abgesichert war. Er gönnte sich keine Extravaganzen, und wir lebten immer sehr bescheiden. Erst sehr viel später erfuhr ich, dass Vater in Russland ein ziemlich wohlhabender Mann gewesen war. […]
>
> Als die russische Revolution ausbrach, waren wir – zum ersten Mal in unserem Leben – mit Gewalt, Krieg, Hunger und Armut konfrontiert.
>
> Junge Offiziere, die aus dem Krieg heimkehrten, wurden grausam ermordet und in den Fluss geworfen, die Kosaken ritten die Hauptstraßen entlang und knallten mit den Peitschen, Soldaten plünderten und die Bevölkerung stand Schlange für ein Stückchen Trockenfisch oder matschiges Brot. An dieses Brot erinnere ich mich noch: man konnte das Wasser herausquetschen, und die Überreste waren Getreidespelzen und ein schwärzlicher Brei. Aber wir waren hungrig und aßen es. Mutter machte leckere Kartoffelpuffer aus Kartoffelschalen.

Nach einiger Zeit ergab sich die Gelegenheit, Russland zu verlassen, weil Vater in Lettland geboren war, das damals zu Deutschland gehörte. Das war im September 1918, und die Entscheidung zu gehen fiel meinen Eltern nicht leicht, weil wir nur persönliche Gegenstände mitnehmen durften, keinerlei Geld oder Wertsachen.

Aber auch die Ausreise aus Russland selbst war nicht einfach. Wir mussten uns am Bahnhof anstellen, nur zentimeterweise ging es voran, bis alle 1000 Leute durchsucht worden waren und durchgelassen wurden. Zum Glück war der September nicht sehr kalt, denn das Anstehen dauerte zwei Tage, und die Schlange begann schon draußen vor dem Bahnhof.

Als wir an der Reihe waren, wurden wir nach Bargeld, Schmuck und Lebensmitteln durchsucht. Wir durften nur so viel zu essen mitnehmen, wie wir für die Reise brauchten. Endlich wurden alle Reisenden in Viehwaggons geladen, 36 in jeden, mit kleinen Kindern, Hunden und Gepäck. Mutter war kurz vor einem Nervenzusammenbruch, denn sie hatte seit Tagen kaum etwas gegessen, damit wir Kinder ein bisschen mehr hätten. In diesem Zug verbrachten wir vier Tage und Nächte, wir wuschen uns draußen, immer wenn der Zug irgendwo im Nichts anhielt. Die kleineren Kinder und die alten Leute durften nicht aussteigen, denn man musste ziemlich weit herunterspringen, aber mein Vater und ich (meine Schwester Nora war auch krank) rannten nach vorne zur Lokomotive, um ein bisschen heißes Wasser für uns alle zum Waschen zu bekommen. Ich war damals 15, und obwohl ich all das Tragische um mich herum sah und hörte, genoss ich dieses Abenteuer sehr.

Bei der Ankunft in Pleskau wurden wir unter Quarantäne gestellt, um zu verhindern, dass wir Typhus oder irgendeine andere Krankheit nach Deutschland brächten. Zu dieser Zeit war Pleskau von den Deutschen besetzt. Wir wurden in Baracken gesteckt, die während des Krieges mehrfach zwischen Russen und Deutschen den Besitz gewechselt hatten und entsprechend verdreckt und voller Wanzen waren. Jedem von uns wurde ein Strohlager zugewiesen, je drei bis vier Familien zusammen in einem kleinen Raum. Am nächsten Morgen war Mutter überall am Körper und im Gesicht ganz geschwollen von Floh- und Wanzenbissen. Alle Beschwerden waren vergebens, bis Mutter nach 24 Stunden ernsthaft krank wurde. Danach durfte unsere Familie und noch eine weitere in einen kleinen Raum mit Pritschen umziehen.

Wir wurden alle geimpft gegen Typhus und in Gruppen von je 50 zur Entlausung geschickt. Von Soldaten bewacht mussten wir durch die Stadt zu einem öffentlichen Bad gehen, wo unsere Kleider desinfiziert werden sollten.

10 Tage dauerte dieser Albtraum, dann wurden wir herausgelassen, und mit dem wenigen Geld, das Vater herausgeschmuggelt hatte, fuhren wir nach Libau, um dort zu wohnen. Dort trafen wir Vaters Bruder [Gustav], seine Frau [Flora] und seine Tochter Sonja, die in meinem Alter war.

Alle zusammen lebten wir in vier möblierten Räumen, vier Erwachsene und vier Kinder. Die Erwachsenen waren sehr niedergeschlagen und unruhig, aber sie hofften immer noch darauf, dass die Bolschewiken sich nicht länger als drei oder vier Monate halten könnten.

Mutter war für's Einkaufen und Kochen zuständig, und meine Tante für unsere Erziehung, und sie versuchte, uns bei Laune zu halten. Mein Vater und sein Bruder waren die meiste Zeit des Tages unterwegs und versuchten, Arbeit zu finden, aber natürlich gab es keine Hoffnung darauf.

Unsere Tante unterrichtete uns, und nebenbei las sie uns deutsche Klassiker vor. Was uns davon am besten gefiel, war Reuter auf Plattdeutsch.

Die restliche Zeit genossen wir unsere Freiheit als Teenager. Wir fanden bald heraus, wie klein die Stadt war und wie schnell sich Klatsch und Gerüchte verbreiteten. Eines Tages beschlossen meine Cousine Sonja und ich, ein ganz und gar absurdes Gerücht in die Welt zu setzen, um zu sehen, wie schnell es zu uns zurückkäme. Nach angeregter Beratschlagung setzten wir die Geschichte in Umlauf, Russland habe Briefmarken mit Lenins Bild herausgebracht. Wir brauchten nicht lange zu warten, bis unsere Väter mit eben dieser Geschichte nach Hause kamen. Wir hatten große Mühe, ernst zu bleiben – aber sagten kein Wörtchen – und bis zum heutigen Tag weiß niemand, dass dies unser Werk war, aber ein Jahr später geschah es tatsächlich.

Obwohl wir entwurzelt waren und unsere Eltern in großer Sorge, genossen wir Kinder (16, 15 und 8 Jahre alt) das Leben, wo immer wir konnten, und unsere Eltern konnten oft nichts ausrichten gegen unser grundloses Gekicher.

Im Jahr 1919, sobald der Krieg vorbei war, zogen wir nach Berlin, zu einer Schwester meiner Mutter, die eine Arztpraxis hatte (unsere Tante Hanna) und in einer ziemlich großen Wohnung lebte. In ihrer Großzügigkeit und immerwährenden Hilfsbereitschaft bot sie an, uns alle bei sich aufzunehmen. Die erste Sorge, für Vater eine Arbeit zu finden, war bald gelöst, er machte Schichtarbeit in einer Apotheke, die viel kleiner war als die, die er besessen hatte.

Vater war damals 50 Jahre alt, und es war kein einfacher Schritt für ihn. Aber mit seinem üblichen Optimismus – er sagte in egal welcher Situation: ›Wahrscheinlich ist das zu irgendetwas gut‹ – kam er gut zurecht und war glücklich, wieder für seine Familie sorgen zu können.

Das nächste Problem war, für uns eine Schule zu finden, meine ältere Schwester Nora und ich verstanden und sprachen ein bisschen Deutsch, aber meine kleine Schwester Nina konnte es gar nicht. Meine Schwester und ich wurden in dieselbe Klasse einer Mädchenschule geschickt, um irgendeinen Abschluss zu bekommen. Mit unserem Wissen waren wir in unserer russischen Schule ziemlich weit fortgeschritten gewesen, aber die Sprachschwierigkeiten machten uns zu schaffen. Die Mädchen in unserer Klasse kriegten bald heraus, dass Algebra und Geometrie für uns kein Problem waren, weil wir das schon gehabt hatten, und schrieben von uns die Hausaufgaben ab, wenn sie sie alleine nicht konnten. Eines Tages fragte die Lehrerin die Klasse, warum auf einmal alle Mädchen ihre mustergültige Lösung der Aufgaben in fehlerhaftem Deutsch schrieben. Dieses Schuljahr mit meiner älteren Schwester in derselben Klasse war eine unglückliche Zeit, wir vermissten unsere alte, wunderbare Schule, hatten Heimweh und mussten uns die Schulbücher teilen, denn meine Eltern konnten sich zwei Exemplare nicht leisten. Unsere Art zu lernen war sehr unterschiedlich. Meine Schwester war sehr gewissenhaft. Ich lernte schnell, aber vergaß alles genau so schnell wieder. Die meiste Zeit zankten wir uns und gingen oft auf getrennten Wegen nach Hause, um uns nicht sehen zu müssen. Trotz dieser unglücklichen Schulzeit hatte ich in diesem ersten Jahr in Deutschland auch viel Spaß. Ich war 16 und tanzte für mein Leben gern – es war mein Glück, dass wir bei unserer Ankunft in Berlin eingeladen wurden, einmal in der Woche bei Freunden meiner Tante an Tanzstunden teilzunehmen. Das war die Familie Zuntz, und damit begann eine lebenslange Freundschaft.

> Ich machte begeistert mit und konnte es vom einen bis zum nächsten Mittwoch kaum aushalten [...].

Während ich Evas Geschichte lese, fällt mir ein, dass Sonja mir damals die Anekdote mit der Lenin-Briefmarke erzählte – das hatte ich ganz vergessen. Die trügerische Natur des Erinnerns wird mir hier bewusst: viele von Sonjas Formulierungen klingen mir noch wörtlich im Ohr. Aber auch Bilder im Kopf prägen meine Vorstellung. Die an den Anfang dieses Buches gestellte Filmsequenz, die immer wieder in meinem Kopf ablief – Sonja allein im Eisenbahnwaggon – drückt aus, wie ich mir die Flucht damals vorstellte. Angesichts der Diskrepanz zu Evas Schilderung überlege ich, ob Sonjas Flucht weniger beschwerlich abgelaufen sein kann. In gewissem Rahmen mag das sein: Aus dem Propusk geht hervor, dass die Ausreise am 8. Oktober war. Eva schreibt, dass ihre Familie St. Petersburg schon Ende September verließ, Sonjas Familie jedoch bereits in Libau war, als sie endlich dort eintrafen. Deren Reise ging also offenbar trotz späterer Abfahrt schneller. Dass der Zug rascher durchkam, ist nur mäßig wahrscheinlich. Vielleicht hatten sie aus irgendeinem Grund die Quarantäne in den Militärbaracken von Pskow vermeiden oder abkürzen können.

Aber hat Sonja mir die Flucht nicht so hart geschildert, wie sie gewesen sein muss? Oder habe ich die Dinge, die jenseits meiner damaligen Vorstellung lagen, schlicht vergessen? Vermutlich liegt die Wahrheit in der Mitte. Sonja genoss es, ihren abenteuerlichen Lebensweg spannend und für Zuhörer eher unbeschwert zu erzählen. Eigenes Leid in den Mittelpunkt zu rücken, lag ihr nicht. Die Fluchtgeschichte hörte ich gleich am ersten Abend. Heute denke ich, dass meine damalige Vorstellung der Revolution von romantisierten Darstellungen (etwa der Hollywood-Verfilmung von ›Doktor Schiwago‹) beeinflusst war. Sofern Sonja solche Umstände wie eine viertägige Reise im Viehwaggon, Krankheit, Entlausung, Quarantäne mir gegenüber erwähnt hat, fehlte mir wahrscheinlich damals die Vorstellungskraft, diese in das naturalistische Bild umzusetzen, das sich aus Evas Beschreibung ergibt.

Elbing

Nach acht, Bonn 1987

Sonja setzt ihre Geschichte fort: »Wir lebten provisorisch in der Datscha unserer Verwandten in Libau. Als meinen Eltern klar geworden war, dass an eine Rückkehr nach Petersburg nicht mehr zu denken war, warteten wir ab, bis der Krieg zu Ende war und die Verhältnisse sich etwas normalisierten. Der Plan der deutschen Regierung, Anspruch auf das Baltikum zu erheben, war gescheitert. Im November 1918 wurde der unabhängige Staat Lettland gegründet, zu dem Libau seither gehörte. Wir übersiedelten dann – sozusagen in Etappen – nach Deutschland. Meine Mutter hatte die deutsche Staatsangehörigkeit, mein Vater hatte das Glück, dass Deutschland den in Kurland geborenen Exilanten eine Aufenthalts- und Arbeitserlaubnis gab. Die vielen anderen Flüchtlinge aus Russland lebten in ständiger Angst, ausgewiesen zu werden, die meisten von ihnen wurden später staatenlos. Zunächst ging mein Vater allein nach Berlin. Er fand zum Glück eine – wenn auch schlecht bezahlte – Anstellung.

Ich fuhr mit meiner Mutter nach Elbing in Westpreußen zu Jenny Aron, der Jugendfreundin meiner Mutter. Sie und ihr Mann Paul freuten sich, als ich ins Haus kam, denn zu ihrem Kummer hatten sie selbst keine Kinder. Ich blieb gut zwei Jahre dort, bis 1921, um in Elbing meinen mittleren Schulabschluss zu machen. Meine Mutter reiste im Laufe des Jahres 1919 zu meinem Vater nach Berlin, kam mich aber ab und zu besuchen.

Unser Leben in Russland war vorbei, ein für alle Mal. Wir waren in Sicherheit, doch meine drei Brüder – sie waren Soldaten gewesen, als wir fortgingen – befanden sich noch dort, wir wussten nicht, ob sie noch lebten. Für meine Eltern war die Situation kein Zuckerschlecken, sie mussten fast bei Null wieder anfangen. Verloren waren die Wohnung, alle Möbel und sonstigen Habseligkeiten, die Korrespondenz meiner Mutter und viele andere Erinnerungsstücke, das Ersparte, die berufliche Stellung, die mein Vater sich aufgebaut hatte, unsere vertraute Umgebung und der Freundeskreis – alles weg … Besonders für meinen Vater war das schwer, in gewisser Weise ist er daran zerbrochen. Meine Mutter behielt den Kopf oben. Das Berlin, in das sie zurückkehrte, war ein völlig anderes als das ihrer Jugendzeit. Dennoch war es ihre Heimat, alte Freunde und Verwandte waren dort, sie fand sich sofort wieder hinein. Obwohl

Flora in Berlin, Anfang der 1920er-Jahre

meine Eltern wenig Geld hatten, ging meine Mutter, wann immer sie konnte, ins Theater und ins Konzert, traf sich mit Freunden, schloss neue Bekanntschaften. Klagen war nie ihre Sache – Zeitverschwendung, etwas für Langweiler. Sie war der ewige Optimist, anders als mein Vater oder ich. Ich war deshalb oft wütend auf meine Mutter.

Eine eigene Wohnung konnten meine Eltern sich nicht leisten. Sie wurden von Toni Wiener, einer Jugendfreundin meiner Mutter, aufgenommen, die eine große Wohnung hatte und ihnen zwei Zimmer untervermietete.[28] Benno Becker, der Mann meiner bereits vor dem Krieg in Petersburg verstorbenen Tante Sophie, half meinem Vater, einen Job zu finden. Später in den Zwanzigerjahren wurde er sein Geschäftspartner im Textilhandel, aber gemessen an vorher blieb das alles sehr bescheiden.[29] Drei seiner vier Kinder – Rudi, Gerta und Alice – lebten in Berlin, auch auf sie konnten wir uns verlassen, ebenso auf Felix Aron, einen Neffen von Onkel Paul aus Elbing. Und

28 Laut den Adressbüchern der 1920er-Jahre war die Adresse von Max Wiener, Tonis Mann, Augsburger Str. 7, Berlin W 50. In den Berliner Adressbüchern gibt es die gesamten 20er-Jahre hindurch keinen passenden Eintrag für Gustav Hackel. Das legt nahe, dass Hackels zwischen 1919 und 1928 immer zur Untermiete wohnten.

29 Benno Becker war irgendwann im Zeitraum zwischen Sophies Tod 1911 und dem Ausbruch des Ersten Weltkriegs aus St. Petersburg nach Berlin zurückgekehrt – möglicherweise um seiner kriegsbedingten Ausweisung zuvorzukommen – und lebte dort bis zu seinem Tod 1930. Zu ihm passt folgender Adressbucheintrag: B. Becker & Co., Kommanditgesellschaft Textilexport, Berlin, C2, Breite Straße 29.

nicht zu vergessen die Schwestern Maaß. Hedwig, die Frau meines Onkels Ludwig Hackel, mit denen wir die Zeit in Libau verbrachten, hatte drei Schwestern, zwei davon lebten in Berlin: Hanna und Elisabeth. Hanna praktizierte als Ärztin in Moabit, als eine der ersten Frauen in Deutschland hatte sie ein Medizinstudium mit Promotion abgeschlossen[30]. Sie hatte in der Levetzowstraße in Moabit eine große Wohnung, vorne war die Praxis, hinten die Wohnräume. Sie nahm Ludwigs Familie bei sich auf und war auch uns eine große Stütze.

Wir hatten großes Glück – für die meisten russischen Flüchtlinge war es ungleich schwerer. Aber dennoch: mein Vater musste mit beinahe 60 Jahren hart arbeiten, um uns über Wasser zu halten. Er war bemüht, sich die Anstrengung nicht anmerken zu lassen. Meine Mutter litt insgeheim auch an der Situation, vor allem sorgte sie sich schrecklich um meine Brüder, von denen wir keinerlei Nachricht hatten. Währenddessen versuchte ich in Elbing, mein Leben so normal wie möglich zu gestalten. Nach der ganzen Fluchtgeschichte sehnte ich mich nach einem Zuhause, das ich bei Tante Jenny und Onkel Paul fand. Innerlich hatte ich unsere dramatischen Erlebnisse noch nicht verarbeitet, aber nach außen gelang mir das ›normale Leben‹ ganz gut. Elbing war klein, schnell kannte man jeden. Ich war mitten in der Pubertät – ein Backfisch, wie man damals sagte. Ständig war ich in irgendwen verliebt – selbstverständlich unglücklich. In der Zeit um meinen 17. Geburtstag verliebte ich mich unsterblich in meinen Geschichtslehrer, einen Mann von 42. Ich tanzte bei einer Schulfeier einen russischen Tanz. Er ließ die Augen nicht von mir, weil seine erste Liebe eine russische Studentin gewesen war, aber gut 20 Jahre früher. Die ganze Zeit war ich ›himmelhoch jauchzend – zu Tode betrübt‹. Ich setzte bei Tante Jenny durch, dass ich bei ihm Privatstunden über den jungen Goethe bekam. Allerdings gab's da einen kleinen Haken: außer mir war das halbe Städtchen in Brenke – so hieß er – verknallt. Jennys Argusaugen registrierten das, und ich musste die Stunden wieder aufgeben, wofür ich sie fürchterlich hasste. Es gab mehrere solcher Konflikte. Ich war wohl nicht einfach damals.

---

30 Johanna Maaß, geboren 1873 in Königsberg, absolvierte in Berlin und Freiburg i. Br. ein Medizinstudium. 1904 schloss sie dieses mit einer Promotion an der Universität Freiburg i. Br. ab. Ab 1906 war sie als praktische Ärztin und Geburtshelferin in Berlin tätig.

Da half es mir sehr, dass Paul aus den Wirren des russischen Bürgerkriegs wiederauftauchte. Als Erster meiner drei Brüder gab er ein Lebenszeichen. Bevor er ein Visum für Deutschland bekam, lebte er eine Zeit lang in der Libauer Datscha unseres Onkels Benno Becker, wo auch wir untergekommen waren. Von dort kam sein erster Brief. Als er schließlich ausreisen durfte, machte er in Elbing Station, sodass ich die Erste von uns war, die ihn wiedersah, nach vier Jahren. Schon als ich klein war, hatte ich zu ihm eine enge Beziehung, und spätestens jetzt entwickelte er sich zu meinem Lieblingsbruder.

Tante Jenny, die schon so viel getan hatte, half auch Paul. Sie schrieb an ihren Schwager, Hans Kottow, der in Mannheim eine leitende Funktion bei einer Bank hatte. Er und seine Frau Marie nahmen ihn bei sich auf und er fand durch sie eine ganz gute Stelle – aber davon später.

Mit Paul hatte ich bis zur Emigration nach Südafrika einen regen Briefwechsel. Ich habe alle Briefe aufbewahrt, 55 an der Zahl. Sie vermitteln ein anschauliches Bild dieser Jahre. Ich lese sie von Zeit zu Zeit, wenn ich Sehnsucht habe, mit Paul etwas zu besprechen, wie wir es damals immer getan haben. Er fehlt mir manchmal sehr. Er ist schon lange tot, er starb in Südafrika, bevor ich nach Deutschland zurückkam. Paul war 12 Jahre älter als ich, und in dieser Eigenschaft glaubte er, mir allerhand weise Ratschläge geben zu sollen. Tatsächlich war er mir Freund und Berater in allen Lebenslagen, und zunehmend wurde ich das für ihn auch. Wir tauschten uns aus über Liebeskummer (bei mir damals ständig), Seelenkrisen (auch von denen hatte ich viele), unsere verlorene Heimat St. Petersburg. Wir entdeckten für uns, gewissermaßen als Ersatzheimat, die russische Sprache und Literatur. Wir schrieben uns auf Russisch, einerseits um die Sprache nicht zu vergessen, andererseits freuten wir uns an den vertrauten Redewendungen und Ausdrucksmöglichkeiten, die nur das Russische hat. Wir teilten uns mit, welche Bücher wir gerade lasen und was wir darüber dachten, und schickten uns gegenseitig russische – und mit der Zeit auch immer mehr deutsche – Literatur. Wenn russische Theater oder Kabaretts in Deutschland gastierten – und in den 20er-Jahren kamen noch viele: ›Die Grille‹ oder ›Der blaue Vogel‹ – versuchten wir, Karten zu bekommen. Paul – ich nannte ihn auch Pussja, Pusche oder Pawlitschek, das Russische hat unzählige Möglichkeiten, Kosenamen zu bilden – war für mich in vielfacher Hinsicht ein Anker. Er war sehr belesen, erfahren, und liebte mich von Herzen – Sofulka oder Sonjetschka hieß ich für ihn. Er ermahnte mich zu mehr Sorglosigkeit – ich war oft grüblerisch – und gab mir Ratschläge zu Ausbildung und Beruf. Später war ich es, die in diese Rolle für ihn schlüpfte.«

Spurensuche, Berlin, 2017

Die Elbinger Zeit lässt sich anhand von Sonjas Nachlass nachzeichnen als eine Phase, in der ihre Eltern und ihre Gastgeber, Jenny und Paul Aron, ihr ein möglichst unbeschwertes Erwachsenwerden nach der Revolutions- und Fluchterfahrung ermöglichen wollten. Ein Poesiealbum lässt darauf schließen, dass sie in dem neuen Umfeld gut aufgenommen wurde und viele Freundinnen fand. Klassenfotos und Bilder aus der Lehrküche der Hauswirtschaftsschule zeugen von einer einer friedlichen, kleinstädtischen Atmosphäre.

Wie ihre Eltern sich bemühten, Sonja einerseits ein Bewusstsein für die historischen Umwälzungen zu vermitteln, die sie gerade am eigenen Leib erfahren hatten, andererseits ein Gefühl emotionaler Sicherheit, spiegelt sich in den Briefen, die sie nach Elbing schickten.

Gustav schreibt auf Russisch. Er versucht, den schwierigen Neuanfang in Berlin möglichst unbeschwert zu schildern, Sonja als Heranwachsende ernst zu nehmen und mit ihr einen Gesprächsfaden über die Schule und die politische Lage anzuknüpfen.

> 28. Mai 1919, Mittwoch Abend
>
> […] Mach Dir keine Sorgen um mich, mein Liebling, ich bin zufrieden mit meiner Arbeit, und wenn ein Mann zufrieden ist, findet er Ruhe und Trost in der wundervollen Natur. Und hier in Charlottenburg blüht alles und erfreut meine Seele. Nur ein wenig laut ist es, aber daran kann man sich gewöhnen. Wenn wir nur von Musja, Fedja und Bobotschka [d. h. Paul, Alfred, Bobby] hörten – was bräuchten wir sonst? […]
>
> 24. Juni
>
> […] Dieser Friedensvertrag, so schmachvoll er für Deutschland ist, ist besser als eine Verlängerung des Krieges, da Deutschland den Krieg nicht weiterkämpfen kann und sollte. Dies ist beschämend, nicht nur für Deutschland, sondern für alle, die diesen Friedensvertrag unterstützt haben. Ich bete zu Gott, dass Deine junge Generation den Krieg nie kennenlernen muss.

> Ich bin sehr interessiert, wie Du deinen Aufsatz über ›Die russische Revolutionsbewegung im 19. Jahrhundert‹ schreiben willst. Beginnst Du mit den Dekabristen oder noch früher? Beschreibst Du, welchen Einfluss unsere Schriftsteller, Turgenjew, Dostojewski, nicht zu vergessen Herzen etc., darauf hatten? Nutze das Gedächtnis Deiner Mutter, die unendlich viel darüber weiß! […] Lass [Deine Zuhörer] etwas Gutes über die russische Lebensart wissen – nicht nur den Bolschewismus kann man von den Russen übernehmen! […]

Welche Arbeit Gustav Hackel in seiner ersten Berliner Zeit gefunden hatte, lässt sich indirekt erschließen. Ab 1. August 1919 benutzt er Briefpapier der ›Arbeitsgemeinschaft der bezugsberechtigten Verbände‹, Berlin W 50, Nürnberger Platz 1. Im Adressbuch von 1919 ist unter dieser Adresse die ›Reichs-Textil-Aktiengesellschaft‹ verzeichnet. Im Bundesarchiv[XVIII] finde ich dazu ein paar Hintergründe: im Juli 1919 hatte die Regierung eine umfassende staatliche Bewirtschaftung von Textilien beschlossen. Die Reichs-Textil-Aktiengesellschaft wurde beauftragt, in großem Maßstab Textilbestände bei den Herstellern zu staatlich regulierten Preisen aufzukaufen. Die ›bezugsberechtigten Verbände‹ waren Sozial- und Berufsverbände, die in der Notzeit direkt nach dem Ersten Weltkrieg staatliche Textilzuteilungen erhielten, die dann auf Bezugsschein an Bedürftige wie Kriegsheimkehrer und notleidende Familien abgegeben wurden. Flora erwähnt, dass Gustav beruflich ständig herumreisen muss. Sein Job ist wahrscheinlich, verschiedene Textilfabriken zu besuchen und mit den Unternehmern im Auftrag der Arbeitsgemeinschaft über die Lieferung von Textilien zu verhandeln bzw. diese aufzukaufen. Man kann sich vorstellen, dass das keine angenehme Aufgabe gewesen ist.

Während Gustav versucht, beruflich Fuß zu fassen, aktiviert Flora ihre alten Netzwerke aus Verwandten und Freunden, um den Neuanfang einfacher zu gestalten. Weil sie kaum materielle Möglichkeiten hat, Dankbarkeit zu zeigen, näht sie Kleidungsstücke für die vielen Helfer in ihrem Umfeld. Gustav scheint bei den Textilfabrikanten gelegentlich auch ein paar Meter Tuch für den eigenen Bedarf erwerben zu können.

Bei all dem gibt sich Flora als unerschütterliche Optimistin, die dem Leben auch unter den schwierigsten Umständen schöne Seiten abgewinnt. Im September 1919 schreibt sie an Sonja, auf einem noch aus St. Petersburg mitgebrachten Briefbogen mit aufgedrucktem Briefkopf:

Gustave Hackel
Petrograd.
Mojka, 84

Montag, 29. 9. 19
Morgen ist Fredys Geburtstag und Dein Namenstag

Mein geliebtes Kind!

Dein Vaterle ist heut früh um 6 Uhr nach Wolgast gereist. Dieses liegt in Pommern, dem Land der Würste, und er hofft, uns etwas von dort zu schicken. Aber Du siehst, er muss in steter Bewegung sein, um uns das Wohlleben zu ermöglichen, dessen wir uns erfreuen. Abends ist er meist sehr müde; ich bin glücklich, wenn ich ihn vor dem Ausgehen abends noch ein wenig hinlegen kann.

Aus sind wir alle Abende, und Tonichen [Toni Wiener, die Freundin, bei der die Hackels zur Untermiete wohnten] klagt schon sie sieht mich zu wenig und hat mich morgen zu Mittag! geladen – ich bin ja eigentlich alle Tage da – weil ich 2 Mittage hintereinander nicht bei ihr war. […]

Wie wollte ich danken, wenn mir meine drei Jungens erhalten geblieben! Wie bin ich dankbar, dass Vaterle uns ernähren kann u. wir nicht auf Freunde angewiesen sind! Wie dankbar, dass ich allen hier etwas schenken kann! Papa hat ein Stück weißen Batist billig erstanden, davon hab ich schon 5 Blusen verschenkt. Felix [Neffe von Jenny Aron] bekommt ein paar Meter für's Baby und Stickerei dazu, Du kriegst zum Kleide, vielleicht zur Einsegnung; und viele viele kriegen Batisttaschentücher u. Tante Jenny eine feine Decke. Nora, Eva, Nina haben Hemd und Hose bekommen (nicht aus Batist) und haben sich schrecklich gefreut […]. Und dieses Schenkenkönnen, das ist etwas Wundervolles!

Flora genießt es, in Berlin wieder ins Konzert, Theater oder die Museen gehen zu können – während der Revolutionszeit und der Flucht hatte sie jahrelang darauf verzichten müssen, insbesondere auf die Werke ihres erklärten Lieblingskomponisten Richard Wagner.

Berlin, 2. 10. 1919

Mein geliebtes Kind!

Vaterle ist gestern von einer kleinen Reise heimgekehrt und nun freuen wir uns wieder des Beisammenseins. Inzwischen war ich ohne ihn zu ›Siegfried‹ mit Tante Heta und Onkel Ludwig [Gustavs Bruder Ludwig Hackel und seine Frau, Eltern von Eva Hackel]. Es war sehr schön, die Dekoration unvergleichlich schöner als die Petersburger. […] Jedenfalls war's herrlich, einmal wieder Wagner, überhaupt Musik zu hören … Und im Kino waren wir auch. Madame Dubarry[XIX], ein historisch sein sollender Film, der aber die Historie insofern fälscht, als die Dubarry (Du weißt: Ludwigs XV Maitresse) noch jung im Jahre 1792 das Schafott besteigt. Die letzten Bilder und der Sturm auf die Bastille, die große Revolution[31]. –

Und gestern war ich mit Richards[32] in der Nationalgalerie, d. h. in einer Fortsetzung der Nationalgalerie, die im ehemalig kronprinzlichen Palais ihre Aufstellung gefunden. Herrliche alte Bekannte fand ich dort: die französischen Impressionisten und Segantini und Klinger etc. Dafür in der obersten Etage die Neuesten: Kubisten und Expressionisten. Nach meinem unmaßgeblichen Urteil eine traurige Verirrung talentvoller Kräfte; der Anblick ist z. K. Über ein Bild stritten Richard und ich. Er hielt's für die Geburt Christi, ich für einen Bahnhof der Hochbahn.

Neben dem brieflichen Zuspruch ihrer Eltern bekommt Sonja ab dem Sommer 1920 regelmäßig Post von Paul. Aus seiner Zwischenstation in Libau schreibt er an die wiedergefundene kleine Schwester:

10. 8. 1920

Meine allerliebste Sofulka!

Als Dein Brief ankam, war mein erster Gedanke: immer noch dieselbe kindliche Handschrift; ob Du wohl dasselbe kleine Kind geblieben bist, als das ich Dich in Petersburg zurückgelassen habe? Aber nachdem ich Deinen Brief zu Ende gelesen hatte, begriff ich, dass das Kind herangewachsen ist, sich geändert hat, dass es fast erwachsen ist. Meine Liebe, wie glücklich bin ich, dass ich ein kleines Schwesterchen habe, dass ich es bald wiedersehen werde und dass wir uns so vieles zu erzählen haben werden.

[…]

31 Deutscher Historienfilm (1919) von Ernst Lubitsch.

32 Eine befreundete Familie – Richard war vermutlich der Vorname, den Flora auch als Familienbezeichnung verwendete, wie in anderen Fällen anhand ihrer Briefe belegbar.

Später, als Paul in Mannheim als Bankangestellter arbeitet, entwickelt sich in den Briefen ein intensiver Gedankenaustausch, in dem die Geschwister sich über russische Literatur und Kunst austauschen und die Frage nach ihrer kulturellen Identität stellen.

16. 10. 1920

Liebe Sofulka!

Ich bin sehr froh, dass Du von ›Schuld und Sühne‹ etwas hast, dass es Dir nicht fremd und nicht ›zu schrecklich‹ ist. [...]

Du meinst, dass mein ›Russentum‹ darin besteht, dass ich durch und durch in Dostojewskij eingedrungen bin. [...] Ich spüre sehr wohl deutlich, dass ich mich von allen Deutschen unterscheide, eben durch meine Bindung an die ›russische Mentalität‹. Meiner Meinung besteht dieser Unterschied darin, dass die Seele eines Russen mehr und feinere Saiten hat als die Seele anderer. ›Die ewigen Fragen‹ empfindet er nicht als Probleme des Kopfes, sondern erfasst sie intuitiv, unbewusst, eher mit dem Gefühl. [...] Daher kommt es auch, dass er tiefer aber nicht klüger, weich und gleichzeitig stärker empfindet, aber seine Fähigkeit zu wollen schwächer ist. [...]

Brief aus Baden-Baden nach Elbing

29. 10. 1920

[...] So ist mein kleines Schwesterchen 17 Jahre alt geworden! Was könnte man Dir wohl wünschen? Ich wünsche Dir das, was in Deinem Alter am leichtesten zu machen ist: Leb', leb' mit ganzer Seele, mit allen Gedanken und Gefühlen, nimm Sonnenstrahlen, schöne Worte, tiefe Gedanken, die Natur, die Menschen und Gott in Dich auf. Die Zeit wird kommen, wo Du beginnst, Deine Eindrücke und Erlebnisse genauer zu besehen, zu kritisieren und zu sortieren, wo Du vielleicht die süßen Freuden und Kümmernisse bedauerst und lächelnd auf die Unwichtigkeit der Ereignisse herabsiehst, die Du mit 17 Jahren gehabt hast. Aber das wird später sein. Jetzt leb und genieße. [...]

Brief aus Mannheim nach Elbing

23. 1. 1921

Meine liebe Sofulka!

Vielen Dank für Deinen Brief – er hat mir viel Freude bereitet und mich ein bisschen nachdenklich gemacht – was Dich, deine Entwicklung und Ähnliches betrifft. Meine Liebe, mir scheint, Du wirst ein bisschen zu ernst; Du denkst zu viel nach, ohne dass es Dir Nutzen bringt, anstatt zu leben. Ich weiß, dass Du selbst nur teilweise daran schuld bist. Wenn Du jetzt in Piter [in der russischen Umgangssprache die Abkürzung für St. Petersburg] wärst, im Kreis deiner Freundinnen, mit denen Du aufgewachsen bist, würdest Du vermutlich mehr Spaß am Tanzen, Flirten und Sport haben, als am Lösen von Weltproblemen. Du sagst, dass man nie ernst genug sein kann, dass das Lösen von Lebensfragen und Weltproblemen wichtiger ist als Tanzen und Possenreißen. Nein, meine Liebe, das ist nicht wichtiger.

[…]

Brief aus Mannheim nach Elbing

27. 2. 1921

Bald macht auch ihr euch auf nach Berlin. Sofulka, ich mache mir ernstlich Sorgen, dass für Mama das Leben in zwei Zimmern ohne Haushaltshilfe und dann auch noch in Berlin nicht leicht sein wird. Du musst ihr mit aller Kraft helfen – einerseits im Haushalt, besonders in der Küche und bei den Einkäufen, und andererseits musst Du alle, die euch zu sehr auf die Nerven gehen, zum Teufel jagen. Das Wichtigste ist, dass Du, wenn Mama und Papa nervös sind, nicht alle möglichen Dummheiten machst – kaaapiert?

Es war eine verrückte Zeit

Nach acht, Bonn 1987

»Nachdem ich den mittleren Schulabschluss in Elbing gemacht hatte, kam ich im Juni 1921 nach Berlin. Damit begannen für mich die Zwanzigerjahre, die ›Roaring Twenties‹, es war eine verrückte Zeit!

Ich war wieder mit meinen Eltern vereint. Wir lebten bescheiden zur Untermiete, ein eigenes Zimmer hatte ich nicht, und es war in vieler Hinsicht eine Umstellung gegenüber unserem früheren Leben. Wir mussten uns alle sehr zusammennehmen, um nicht ständig zu streiten. Aber das Großstadtleben mit Kino, Theater, vielen Freunden und Bekannten, mit denen man ausging, genoss ich sehr. Gretchen Wiener, die Tochter von Toni Wiener, bei der wir wohnten, und ihr Mann Peter Hilb – beide waren ein paar Jahre älter als ich – kümmerten sich reizend um mich und machten meinen Eltern glaubhaft, sie würden gut auf mich aufpassen. Auch mein Cousin Rudi Becker, einer der Söhne von Benno und Sophie, trug dazu bei. Er arbeitete im Film-Business und verkehrte in Schauspieler- und Künstlerkreisen. Er führte mich dort ein und gab selbst oft rauschende Partys[33]. Mit einem jungen Schauspieler, den ich dort kennenlernte, Alexander Katz, hatte ich eine heftige, aber sehr unglückliche Romanze, die mich so fertigmachte, dass ich danach wegen Blutarmut zur Kur musste. Paul mokierte sich manchmal über das unsolide Berliner Nachtleben, wo man zwar tausend Leute traf, die am nächsten Tag aber wieder Fremde waren. Ich glaube, er war einfach neidisch, weil es in Mannheim weniger aufregend zuging.

In Berlin sollte ich zunächst weiter zur Schule gehen und Abitur machen. Ich wollte nicht auf ein öffentliches Gymnasium, denn ich wäre zwei Jahre älter gewesen als meine Mitschülerinnen, und obendrein schämte ich mich für meine Wissenslücken. Während der gefährlichen Zeit in Petersburg und unserer Flucht war ich nicht zur Schule gegangen und mir fehlte viel Stoff, den ich in Elbing nicht aufgeholt hatte – vor allem in Mathematik, davor hatte ich höllische Angst. Ich dachte, an einer öffentlichen Schule würde ich ganz sicher durchfallen.

33 Rudi Becker war später, beim Aufkommen des Tonfilms, einer der Mitbegründer des ›Tobis-Tonbild-Syndikats‹, später ›Tobis-Klangfilm‹, nach der UFA damals die größte Produktionsgesellschaft in Deutschland.

Ich ging also auf das ›Auerbachsche Privatgymnasium‹[34], wo man in einem Kurssystem in zwei bis drei Jahren das nötige Wissen für die Abiturprüfung lernen konnte. Dort unterrichteten mehrere Lehrer unseres alten Gymnasiums in Petersburg (der ›Reformierten Schule‹), die ebenfalls geflohen waren. Einer von ihnen war der Griechischlehrer Voss. Meine Brüder hatten bei ihm Unterricht gehabt und schätzten ihn sehr. Ich fing diese Kurse an und war fest entschlossen, sie in nur zwei Jahren zu schaffen. Was soll ich sagen – ich war natürlich nach zwei Jahren noch nicht fertig –, zum dritten Jahr kam es nicht mehr: Das Gymnasium geriet während der Inflation in finanzielle Schwierigkeiten und musste im Herbst 1923 schließen. Ich sah es als Schicksal an und erklärte meine Schulzeit für beendet. Meine Eltern waren nicht begeistert, sahen es aber ein. Nur: welchen Beruf sollte ich ergreifen? Ich hatte keine Ahnung!

Ich spielte mit dem Gedanken, Schreibmaschine zu lernen und Sekretärin zu werden. Das war damals ein neuer Beruf, den viele junge Frauen ergriffen. Es galt als etwas sehr Modernes. Aber ich schwankte. Paul meinte, alle ›höheren Töchter‹ würden früher oder später zur ›Privatsekretärin‹ ihres Direktors – da war sicher was dran. Ich solle mich hüten, so zu enden. Kurzum: Brüder und Freunde rieten mir ab, sodass ich es dann doch nicht machte – und bis heute kann ich nicht auf der Maschine schreiben!

Es war eine Zeit, in der ich viel mit mir selbst haderte. Einige nette Romanzen endeten mit heftigem Liebeskummer, den ich nur schlecht verkraftete. Paul gab mir brieflich gute Ratschläge. Das war nett gemeint, ging mir manchmal aber auf die Nerven. Einerseits amüsierte ich mich – dazu gab es eine Menge Gelegenheit, andererseits fand ich nicht richtig zu mir selbst.

---

34 Der Pädagoge Dr. Siegmund Auerbach (1860–1926) war Gründer einer humanistisch ausgerichteten Privatschule für Mädchen in Berlin. Das Angebot richtete sich zunächst vorwiegend an Schülerinnen aus dem assimiliert-jüdischen Milieu. Ein interessanter Zufall ist es, dass Sonjas spätere Schwiegermutter Vera Rosenberg, die Mutter von Peter, in den 1890er-Jahren auch diese Schule besucht hatte. Sie schreibt in ihren Memoiren, dass die Auerbachschen Gymnasialkurse eine der ersten Möglichkeiten für Mädchen waren, Abitur zu machen, nachdem sie die ›Höheren Töchter-Schulen‹ besucht hatten. Sie stehen in engem Zusammenhang mit den Bemühungen der Bildungsreformerin Helene Lange, der Begründerin der ›Realkurse für Mädchen‹. Lehrer, die tagsüber in Jungengymnasien unterrichteten, gaben abends von 17 bis 22 Uhr den Mädchen in kleinen Gruppen Unterricht. (Im Berliner Adressbuch findet sich dazu folgender Eintrag: Germanist Dr. Siegmund Auerbach, Berlin W., Grolmannstraße 63).

Die Zweifel bei der Berufswahl dauerten anderthalb Jahre. Ich verbrachte die Zeit damit, ein krankes Mädchen zu Hause zu unterrichten und verdiente damit ein wenig Geld. Schließlich entschied ich mich nach langem Hin und Her, Fotografin zu werden. Fotograf war damals auch so ein ›moderner‹ Beruf, in dem Frauen unterkommen konnten. In der Kaiserzeit hatten die Frauen ›gut heiraten‹ sollen – ohne Berufsausbildung, wie meine Mutter. Wenn wir in Petersburg geblieben wären, wäre das vielleicht auch mein Schicksal gewesen. Das hatte sich in der Weimarer Republik binnen weniger Jahre geändert, junge Frauen wurden berufstätig. Aber die Auswahl der für sie offenstehenden Berufe war begrenzt. 1925 begann ich die Ausbildung. Im Lette-Verein, einer Frauenbildungsanstalt mit verschiedenen Lehrberufen[35]. Das Lette-Haus existiert heute noch, ich war bei einem meiner Berlin-Besuche wieder dort. Drum herum ist im Krieg alles kaputtgegangen, aber das Haus und die Nachbarschaft, der Viktoria-Luise-Platz, alles sieht genauso aus wie damals, als wäre die Zeit stehen geblieben.

Es war eine solide Ausbildung. Wir lernten das Fotografieren sowohl in technischer wie künstlerischer Hinsicht. Bildkomposition, das Arbeiten mit den Schwarz-Weiß-Kontrasten – noch heute finde ich Schwarz-Weiß-Fotografie viel spannender als Farbaufnahmen. Dann das Entwickeln im Labor, wie man Abzüge macht, und alle technischen und chemischen Grundlagen dafür. Teil der Ausbildung waren auch Dinge, die einem heute unvorstellbar altmodisch vorkommen, zum Beispiel das Retuschieren mit Farbe und Pinsel oder wie man Aufnahmen nachträglich koloriert. Die Fotografie steckte noch in den Kinderschuhen. Die Kameras waren riesengroß, wie man sie aus alten Filmen kennt. Man konnte sie zum Transport zusammenklappen, vorne dran war ein schwarzes Ding, es sah aus wie ein Blasebalg, der sich zusammenfaltete. Oft hängte der Fotograf

---

35 Der Lette-Verein war eine der frühesten beruflichen Bildungseinrichtungen für junge Frauen. Gegründet 1866 von Wilhelm Adolf Lette als ›Verein zur Förderung der Erwerbsfähigkeit des weiblichen Geschlechts‹.
Unverheiratete Frauen aus dem Bürgertum hatten zur Zeit der Vereinsgründung nur wenige Möglichkeiten, ihren Lebensunterhalt angemessen zu verdienen, so zum Beispiel als Lehrerin oder Gouvernante. Der Verein unterstützte die Öffnung weiterer Berufsfelder für Frauen. Dazu förderte er Ausbildungsstätten und -institutionen sowie Absatzmöglichkeiten für von Frauen hergestellte Produkte. 1890 wurde im Rahmen des Bildungsprogramms die ›Photographische Lehranstalt‹ gegründet. Aus ihr gingen später viele bekannte, teils sogar international berühmte Fotografinnen hervor, z. B. Jeanne Mandello oder Marianne Breslauer. Quelle: Wikipedia

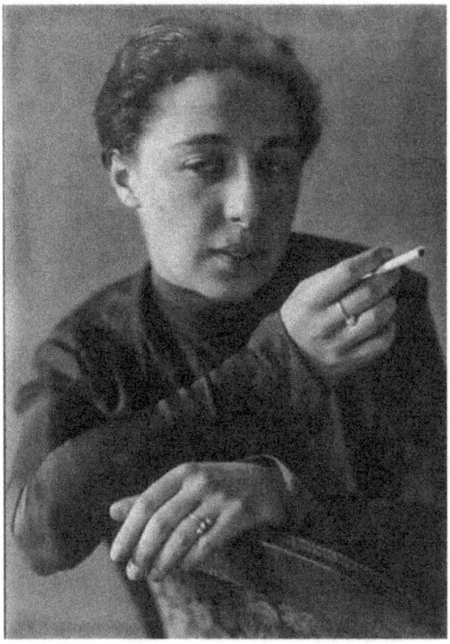

Sonja in Berlin, um 1928

sich ein Tuch über den Kopf. Heute lacht man drüber, aber nur so konnte man durch die primitiven Sucher richtig sehen. Wenn man einen Sucher mit Spiegel hatte, stand das Bild auf dem Kopf. Die Aufnahmen wurden auf beschichteten Glasplatten gemacht. Man musste sehr sparsam damit umgehen, denn die Dinger waren teuer! Wenn etwas nicht geworden war, wie es sollte, zum Beispiel das Bild verwackelt war, wurde auf der Glasplatte per Hand nachgebessert, indem der Fotograf mit einem feinen Pinsel unscharfe Konturen nachzog oder hinzumalte, was nicht gut rausgekommen war.

Nach Abschluss des ersten Lehrjahres schenkte mein Vater mir eine Kamera, Marke Bentzin – klingt heute etwas lustig, war aber damals eine angesehene deutsche Firma[XX]. Ich besitze sie noch. Es ist eine nach heutigen Maßstäben vorsintflutliche Plattenkamera, Format 13 x 18. Wenn man mehrere Aufnahmen machen wollte, musste man die Glasplatte wechseln, aber so, dass kein Licht drankam. Dazu gab es solche kleinen, flachen Kästchen. Drinnen lag die Platte, ein dünnes Brettchen war davorgeschoben, so war sie vor Licht geschützt. Man schob nun das geschlossene Kästchen in die Kamera, verriegelte das Fach und zog das Schutzbrettchen heraus, dann war die Platte bereit zur Belichtung. Wenn die Aufnahme gemacht war, schob man das Brettchen wieder rein, entriegelte, zog den verschlossenen Kasten heraus und ersetzte ihn durch einen anderen.

Ein paar Jahre später schon brauchte man all das nicht mehr. Anfang der 30er-Jahre löste der Rollfilm auf Zelluloid die Glasplatten ab. Das Filmmaterial hatte eine bessere Lichtempfindlichkeit, man benötigte nicht mehr für alles ein Stativ, hatte nicht mehr den Ärger mit den unhandlichen Platten, die dauernd zerbrachen. In ganz kurzer Zeit kamen kleine Handkameras auf den Markt, und vieles änderte sich. Ich habe alles noch so gelernt wie in den Anfangstagen der Fotografie. Gebraucht habe ich vieles davon nicht mehr, aber ich kann so immerhin ein paar Kuriositäten erzählen.

1928 im Sommer legte ich meine Abschlussprüfung ab. Meine Eltern waren sehr froh, dass aus mir auf diese Weise doch noch etwas wurde.

Meine praktische Examensarbeit, gewissermaßen mein Gesellenstück, war eine Komposition mit Licht und Schatten. Ich wählte ein Motiv in einer der benachbarten Straßen der Lette-Schule: ein halb geöffnetes, schmiedeeisernes Gartentor, mit einem interessanten Schattenwurf, der steinerne Pfosten daneben war mit Efeu umrankt und hatte ein diffuses Spiel von Licht und Schatten.

Über Freunde aus der Ausbildung bekam ich auch meine erste Anstellung: Im Haus des Lette-Vereins gab es einen Laden für Fotobedarf, Photokina genannt[36]. Die Leiterin der Verkaufsstelle war eine burschikose Frau, sie hieß Knubel mit Nachnamen. Das passte so gut zu ihr, dass ihr Vorname quasi nicht existierte. Knubel war ein paar Jahre älter als ich und gab auch Unterricht bei uns. Wir freundeten uns an. Als ich mit dem Examen fertig war, bot sie mir im Laden eine Stelle an. Das war ein tolles Angebot in dieser schwierigen Zeit. Die Arbeit wurde nicht gerade gut bezahlt, aber sie machte mir Spaß, und es war meine erste richtige Stelle. Endlich mussten meine Eltern mich nicht mehr finanziell unterstützen. Einen Haken an der Sache gab es: Knubel hatte auch erotisches Interesse an mir. Zunächst verstand ich nicht, was los war. Immer wenn ich in einen Mann verliebt war oder einer an mir Interesse zeigte, wurde Knubel unausstehlich, was die Zusammenarbeit zeitweilig sehr erschwerte. Aber man probierte so manches aus in den ›Roaring Twenties‹ …[37]

36 Noch heute befindet sich am Viktoria-Luise-Platz gleich rechts vom Eingang des Lette-Hauses ein Fotogeschäft.

37 Sonja äußerte sich dazu nicht eindeutig, aber Stephanie geht davon aus, dass Sonja zeitweilig mit Knubel ein Verhältnis hatte.

Das Jahr 1928, in dem ich endlich mein Examen machte, war für unsere Familie in vieler Hinsicht ein besonderes. Zehn Jahre waren seit unserer Flucht vergangen. Zehn schwierige Jahre für jeden Einzelnen von uns, in denen wir uns neu orientieren und unseren Weg finden mussten. Nun schien sich vieles endlich zu fügen. Ich hatte einen Beruf und verdiente eigenes Geld. Obendrein erhielt ich die deutsche Staatsbürgerschaft, was vieles einfacher machte. Wir Kinder waren ›Staatenlose‹, denn Russland hatte allen Emigranten die Staatsbürgerschaft aberkannt. Wir hatten sogenannte ›Nansen-Pässe‹[XXI], das waren Ersatzpapiere für russische Flüchtlinge, die aber dauernd abliefen und verlängert werden mussten und mit denen man nur mit vielen Schwierigkeiten reisen konnte[38]. Die deutsche Staatsangehörigkeit durfte man erst beantragen, wenn man 10 Jahre im Land war und ein eigenes Einkommen vorweisen konnte – diesen Punkt hatte ich endlich erreicht. Paul kommentierte das brieflich auf seine gewohnt ironische Art:

›Unsere östlich-barbarische Hülle legen wir hiermit ab. Fort mit dem mystischen Halbdunkel des Orients! Fort mit dem unseligen Gefühlsüberschwang, der unheilschwangeren Leidenschaft unseres slawischen Blutes.‹

Ein paar Jahre nach Paul war auch mein zweiter Bruder Fredy aus Russland herausgekommen – davon werde ich noch erzählen. Er studierte in Heidelberg und schloss 1928 seine Promotion als Kunsthistoriker ab. Damit hatte er die Chance, wirtschaftlich auf eigenen Füßen zu stehen.

Und eine große Sehnsucht meiner Eltern, die sich in diesem Sommer erfüllte, war die Wiedervereinigung unserer Familie, zumindest für kurze Zeit. Bobby, mein dritter Bruder, war nach der Revolution in Russland geblieben. Er war in St. Petersburg, das jetzt Leningrad hieß, Schauspieler und Regisseur geworden. Meine Eltern hatten zunächst gehofft, er werde ebenfalls nach Deutschland kommen. Doch allmählich wurde ihnen klar, dass er sich mit den Bolschewiki arrangiert hatte und wohl für immer dort bleiben würde. Aber

38 Der Schriftsteller Vladimir Nabokov schildert in seinen Memoiren (V. N.: Erinnerung, sprich. Wiedersehen mit einer Autobiographie. Reinbek 1991) die Erfahrungen mit dem Nansen-Pass als »einem höchst minderwertigen Dokument von kränklich grüner Farbe. Sein Inhaber war wenig mehr als ein auf Bewährung entlassener Verbrecher und hatte die größten Strapazen auf sich zu nehmen, wenn er etwa ins Ausland reisen wollte – je kleiner die Länder, desto mehr Umstände machten sie.«

besuchen wollte er uns gern. Nach jahrelangen Antragstellungen bekam er endlich die Genehmigung und verbrachte im Sommer 1928 ein paar Wochen bei uns in Deutschland. Es war alles in allem ein harmonisches Wiedersehen, auch wenn ich nur wenig von ihm hatte, weil er in Berlin nur einen einzigen Abend blieb. Die meiste Zeit wohnte er bei Paul in Mannheim.

Wir hofften, uns in Zukunft öfter sehen zu können. Deutschland und Russland hatten den ›Rapallo-Vertrag‹ geschlossen, der die Beziehungen normalisieren und auch das Reisen einfacher machen sollte. Nun, dazu kam es nicht, aber davon später.

Im August des gleichen Jahres wurde mein Neffe Alex geboren. Er war nicht das erste Enkelkind – Paul hatte bereits eine Tochter, Ruth. Aber – wie das in der Generation meiner Eltern so war – es war ein Junge! Darüber freute sich mein Vater besonders.

Nach diesem ereignisreichen und glücklichen Sommer ist mein Vater im Herbst 1928 in Berlin gestorben, mit 67 Jahren. Paul war zu Besuch gewesen und hatte ihm von dem neugeborenen Enkel erzählt, selbst kennenlernen konnte er ihn nicht mehr. Ich höre meinen Vater noch, wie er beim Abschied zu Paul sagte ›Und grüß mir den Stammhalter!‹ Es war ein schwerer Schlag für uns, dass er so plötzlich starb. Aber vielleicht war es so, dass der Sommer 1928 ihm das Gefühl gab, jetzt – wo aus uns allen ›etwas geworden war‹ – habe er seine Mission erfüllt.

Nach dem Tod meines Vaters veränderte sich unser Leben. Seine Arbeit hatte uns ernährt, aber er hinterließ keine Ersparnisse. Meine Mutter zog nach Mannheim, zu Paul und seiner Frau Maria. Es war eine ganz gute Lösung, denn dort konnte sie sich um ihre beiden Enkel kümmern, und mit Maria verstand sie sich hervorragend.

Mir tat es gut, auf eigenen Füßen zu stehen. Ich hatte im Fotogeschäft ein bescheidenes Einkommen und führte endlich ein selbstständiges Leben. Allerdings wurde die Situation mit Knubel als Chefin belastend für mich. Im Sommer 1929 machte der eigentliche Besitzer der Photokina, Herr Höppner, mir das Angebot, eigenständig eine neue Filiale zu leiten. Das war sehr aufregend, denn ich hatte erst ein Jahr Berufserfahrung. Es wurde brieflich Familienrat gehalten, und alle ermutigten mich zu diesem Schritt. Also: Ich nahm die Stelle an, es machte mir großen Spaß. Im Geschäft hatten wir alle Arten Filme, Fotopapiere und Chemikalien, wir entwickelten auch selbst. Es war viel Arbeit, sechs Tage die Woche, auch Samstag bis zum späten Nachmittag. Die

Filiale lag an der Potsdamer Straße, gegenüber dem Sportpalast. Die Kunden waren oft Sportler, auch viele Ausländer, die sich dort zu Wettkämpfen und zum Training aufhielten. Einmal kam ein Schwarzer in den Laden, ein Amerikaner – das war damals durchaus exotisch –, um Filme zu kaufen. Ich bediente ihn freundlich, ich sprach ganz passabel Englisch, und er kam regelmäßig wieder und kaufte jedes Mal etwas. Nach einiger Zeit machte er mir völlig unvermittelt einen Heiratsantrag. Wahrscheinlich war er es aus den USA nicht gewöhnt, in Geschäften nett behandelt zu werden, sodass er sich gleich in mich verliebte. Den Heiratsantrag habe ich bekanntlich nicht angenommen, aber der Sportler blieb ein guter Kunde. Trotz der vielen Filme, die er bei mir kaufte, und all der Arbeit, die ich in den Laden steckte, schloss Höppner die Filiale nach sechs Monaten wieder. Die Umsatzzahlen waren zu schlecht. Im Herbst 1929 hatte die Weltwirtschaftskrise zugeschlagen. Die Leute kauften nur noch das Nötigste, Filme gehörten nicht dazu. Danach arbeitete ich wieder mit Knubel im Laden, was – mal so, mal so – einigermaßen ging.

Meine knapp bemessene Freizeit verbrachte ich meistens mit Freunden. Wir unternahmen gern Wanderungen in die Mark Brandenburg. Diese karge Landschaft mit ihrem weiten Himmel und den Birken liebe ich noch heute sehr, weil sie mich an Russland und an Finnland erinnert. Der Verlust dieser Landschaft hat mich vielleicht mehr geschmerzt als der von Petersburg.

Manchmal hatte ich großes Heimweh. Russland war uns versperrt, aber ich erwog, mit meinem frisch erworbenen deutschen Pass nach Finnland zu fahren und die alten Plätze zu besuchen, an denen wir unsere Sommerurlaube verbracht hatten. Aus Angst vor dem seelischen Schmerz habe ich es aber nie getan. Wenn ich zurückdenke an diese Zeit, habe ich es mir an vielen Stellen nicht leicht gemacht, habe oft gezaudert und gezweifelt. Was sollte ich werden, wo war meine Heimat, sollte ich heiraten, und wenn ja, wen? Was ist richtig, was falsch? Mit so was schlug ich mich herum.

Paul fand mich und meinen Freundeskreis zu ernst: Ich solle lachen, das Leben genießen. Manche Freunde waren mir ähnlich in diesem Hang zur Melancholie. Zum Beispiel Rudi Laser, genannt Rudiche, mit dem ich mein ganzes Leben lang befreundet blieb. Er war etwa in meinem Alter, hoch sensibel und etwas lebensuntüchtig. Mit Rudi konnte man sich wunderbar unterhalten. Allerdings hatte er oft furchtbare Anwandlungen von Weltschmerz, dann musste ich ihn aufbauen. Er begeisterte sich unendlich für Theater und Tanz; Fritzi Massary, eine Kabarett- und Varietétänzerin war sein – natürlich unerreichbarer – Schwarm. In der Nazizeit emigrierte er auf abenteuerlichen Wegen nach Südamerika. Er landete schließlich in Santiago de Chile, wo er ein Restaurant eröffnete. 1973, nach dem Militärputsch gegen Allende, musste er aus Chile fliehen und kam Hals über Kopf zurück nach Deutschland. Er und seine Familie wohnten mehrere Monate bei uns in Bonn – immer noch war ständiges Drama um ihn. Er ging schließlich nach Baden-Baden, wo er ein Restaurant eröffnete, aber ein paar Jahre später viel zu früh verstarb.

Eine andere für mich sehr wichtige, lebenslange Freundin wurde Elisabeth Padel. Sie war meine Mitschülerin im Lette-Verein gewesen und arbeitete zuerst im Filmwerk bei Agfa, dann bei der UFA in Tempelhof. Paul nannte sie deshalb in seinen Briefen oft scherzhaft Elisabeth Ufowna, anspielend auf die russische Namensgebung. Seit ich nach dem Tod meines Vaters nicht mehr bei meinen Eltern wohnte, teilte ich mir mit Elisabeth ein Zimmer zur Untermiete. Wohngemeinschaften hatten wir damals schon. Wir zogen in dieser Konstellation mehrfach um, denn immer gab es irgendeinen Haken: zu teuer, zu klein, nörgelnde Wirtinnen …

Nach den vielen möblierten Zimmern brachten Elisabeth und ich es 1932 zu einer kleinen Wohnung, die wir uns teilten, in Schöneberg in der Martin-Luther-Straße.[39]

Im selben Haus wohnte ein junger Mann, der sich für uns beide ziemlich zu interessieren schien. Er kam oft zu uns, wir saßen dann zusammen auf dem Balkon und tranken Wein.

Eine Weile lang konnte er sich zwischen uns beiden nicht recht entscheiden. Wir hatten so etwas wie eine Ménage à trois. Erst dachte ich, er habe mehr Interesse an Elisabeth. Aber er entschied sich zu meiner Überraschung für mich. Im Herbst 1932 verlobte ich mich mit ihm. Er hieß Peter Rosenberg und wurde die Liebe meines Lebens. – Verzeih mir, Heinz, du weißt ja, wie ich das meine! –

Da Peter sich für mich entschieden hatte, machte ich mir Sorgen, ob die Freundschaft mit Elisabeth daran zerbrechen würde. Aber Elisabeth war großartig! Sie gönnte ihn mir von Herzen, kein Stäubchen trübte unsere Freundschaft, weder damals noch

---

39 Die Wohnung befand sich entweder in der Nr. 32 oder 42.

Sonja auf dem Balkon ihrer Berliner Wohnung, um 1932

irgendwann später.[40] Elisabeth hat nie geheiratet. Im Krieg blieb sie in Berlin, sie hatte keine jüdischen Vorfahren und blieb von den Nazis unbehelligt. Es gelang ihr, auch den Bombenkrieg zu überleben. Den ganzen Krieg hindurch und Jahrzehnte danach bis zur Rente arbeitete sie bei der UFA. Wir hielten immer engen Briefkontakt, heute telefonieren wir regelmäßig, und jedes Mal, wenn ich in Berlin bin, besuche ich sie.

Meine älteste Tochter habe ich Elizabeth genannt. Einerseits nach Elisabeth Padel, andererseits nach einer zweiten für mich sehr wichtigen Bezugsperson, Elisabeth Maaß. Zur Unterscheidung nannte ich sie auch ›Große Elisabeth‹, denn sie war deutlich älter als ich, gehörte eher der Generation meiner Mutter an. Sie war mir in Phasen meiner Grübeleien eine wichtige Ratgeberin und sehr liebe Freundin. Sie war eine Schwester meiner angeheirateten Tante Hedwig Maaß[41]. Sie war, im Gegensatz zu ihren Schwestern, praktizierende Jüdin. ›Große Elisabeth‹ überlebte den Naziterror nicht, sie wurde deportiert und kam in der Gaskammer um. Das erfuhren wir erst nach dem Krieg.

40 Stephanie kommentierte diese Freundschaft so: »Zwischen Elisabeth Padel und Sonja schien eine Art telepathischer Verbindung zu bestehen, falls es so was gibt. Sie waren etwa gleichaltrig. Elisabeth starb drei Wochen vor Sonja im Sommer 1995 in Berlin.«

41 Mutter von Eva Hackel, s. o. zur Familie Maaß.

Im Herbst 1932, als ich mich mit Peter verlobt hatte, war ich sehr glücklich, so sehr wie vielleicht seit meiner Kindheit in Petersburg nicht mehr. Aber die Zeit war keine glückliche, wir hatten in Berlin nicht viel Gelegenheit für ein ruhiges Leben zu zweit. Kurz darauf kam Hitler an die Macht. Die ganzen Zwanzigerjahre waren – gerade in Berlin – politisch unruhig gewesen, sodass wir zunächst dachten, diesen Schreihals müsse man nicht so ernst nehmen. Einer von vielen, die kommen und wieder gehen. Wie 1917 in Petersburg sagten viele: Warte ein paar Wochen, dann ist er wieder weg. Nun, damit war's bekanntlich nichts. Stattdessen gab es gleich im April das erste antisemitische Gesetz. Peter verlor seine Stelle als Bankkaufmann, kurz darauf auch mein Bruder Paul. Die Nazis hatten in Windeseile das sogenannte ›Gesetz zur Wiederherstellung des Berufsbeamtentums‹ in Kraft gesetzt. Danach wurden alle Beamten, die von ihnen als Juden eingestuft wurden, entlassen.

Peter stand unvermittelt ohne Arbeit und Einkommen da. Er war zwar nicht im Staatsdienst, aber die Dresdner Bank gehörte mehrheitlich dem Staat, darum wurde das Gesetz auch dort angewendet.[42] Es gab Ausnahmen für solche, die schon lange dort waren, und für diejenigen, die im Ersten Weltkrieg gekämpft hatten. Aber Peter war erst seit zwei Jahren dort. Er bekam ein Entlassungsschreiben, in dem stand sinngemäß als Begründung: ›weil Sie Jude sind‹. Im konfessionellen Sinne war Peter gar kein Jude, er war evangelisch getauft. Schon seine Großeltern waren konvertiert. Er fühlte sich auch nicht so, er hatte keine besondere Neigung zu irgendeiner Religion. Aber der völkische Antisemitismus der Nazis hielt sich mit so etwas nicht auf: Rosenberg – da wusste man doch schon am Namen, dass er Jude war, weitere Begründung unnötig. Wir dachten damals nicht daran, dass Hitler uns ernsthaft würde umbringen wollen. Aber die Lage war insofern ernst, als Peter ziemlich sicher in Deutschland auf absehbare Zeit keine neue Stelle finden würde.

Während seiner Ausbildung war Peter eine Weile bei Lloyds Bank in London gewesen und hoffte, dort unterzukommen. Er fuhr nach London und sprach mit seinem damaligen Vorgesetzten, der ihm jedoch keine Hoffnungen machte. England hatte schon damals kein Interesse, Juden aus Deutschland aufzunehmen. Man empfahl ihm

42 Im Zuge der Weltwirtschaftskrise hatte – bereits vor der Naziherrschaft – der Staat die Aktienmehrheit zahlreicher deutscher Großbanken erworben, um diese vor dem Zusammenbruch zu bewahren.

aber, es in Südafrika zu versuchen. Das Land war in wirtschaftlicher Hinsicht noch eine britische Kolonie, gut ausgebildete Leute wurden gebraucht. Das war ein gewaltiger Schritt, der gut überlegt sein wollte. Peter ging ins British Museum – um in Ruhe nachzudenken. Zwei volle Tage blieb er dort. Dann hatte er sich entschieden, es in Südafrika zu versuchen. Er kam nach Berlin zurück und erzählte mir seinen Plan. Ich war gar nicht begeistert, sah aber ein, dass wir irgendwas tun mussten.

Nun war es so, dass man für Südafrika nur ein Visum bekam, wenn man eine Arbeit nachweisen konnte, beziehungsweise binnen einer bestimmten Frist eine Stelle gefunden hatte. Peter hatte ein Empfehlungsschreiben seiner früheren Londoner Arbeitgeber, das genügte fürs Erste. Aber ich konnte nicht mit ihm gehen, denn wir waren noch nicht verheiratet, und mir wäre nur als seine Ehefrau die Einreise bewilligt worden. Wir erwogen, vorher in Deutschland zu heiraten, aber auch da hatten die Nazis bereits Hürden aufgebaut, die rassistische Ehegesetzgebung war in Vorbereitung. Wir mussten uns auf das Abenteuer einlassen, dass Peter vorausfahren sollte und mich nachholen würde, sobald er eine Stellung gefunden hatte und ein Einkommen nachweisen konnte.

Tatsächlich gelang ihm das! Peter reiste im Herbst 1933 nach Südafrika und ich folgte ihm im Sommer 1934. Im Rückblick ist alles gut gegangen, aber ich kann dir sagen: das war keine einfache Zeit für uns beide und unsere Familien. Alles war ungewiss: Würde er einen Job finden, würde der ihm ein ausreichendes Einkommen bieten, um den Behörden die nötige Summe für meinen Unterhalt nachweisen zu können? Obendrein die Reisekosten! Was, wenn die Gesetze in Deutschland oder Südafrika nochmals verschärft würden, und so weiter! Na ja, und dann die Auswanderung an sich: Wir mussten unsere Angehörigen und Freunde alle zurücklassen. Damals reiste man per Schiff, das war sehr teuer und dauerte seine Zeit, also würde man sich vielleicht nie mehr wiedersehen. Das machte mir seelisch sehr zu schaffen in diesen Monaten.

Peter war so gewissenhaft und tüchtig, dass er bei einer seinerzeit noch kleinen Warenhauskette eine Anstellung fand. ›OK Bazaar‹ hieß sie – es gibt sie heute noch – sie ist etwa vergleichbar mit Kaufhof. Seine Kenntnisse im Bankwesen kamen ihm sehr zupass: Er baute eine Kreditabteilung auf – sodass die Kunden auf Raten kaufen konnten.

Meine Einreise gestaltete sich sehr aufregend. Die südafrikanischen Gesetze schrieben vor, dass ich, um ein Dauervisum zu

Peter auf dem Auswanderungsschiff, 1933

Sonja in Berlin, 1933

bekommen, Peter binnen 24 Stunden nach Ankunft heiraten musste. Der Standesamtstermin mit allem Drumherum war bereits arrangiert, doch die Seereise dauerte länger als gedacht und die Ankunft des Schiffes verzögerte sich um einen Tag. Ich kam deshalb erst samstags an, und die Standesämter hatten sonntags geschlossen, wodurch wir die 24-Stunden-Frist nicht einhalten konnten. Aber wir standen montags morgens dort auf der Matte, und es wurde ein Auge zugedrückt. Na ja, damit begann dann unsere Zeit in Südafrika, ein Kapitel für sich. Wieder ein neues Leben, doch davon später.«

Spurensuche, Berlin, 2017

Die Situation der Hackels kann man anhand vieler Briefe aus diesen Jahren nachvollziehen. Einen guten Einblick in die Stimmungslage der Eltern gibt ein Geburtstagsbrief, den Flora an Gustav zu dessen 65. Geburtstag schrieb. Sie konnte nicht bei ihm sein, weil sie sich in Heidelberg um die erkrankte Marie Kottow kümmerte[43]. Ihr fühlte

43 Siehe auch Kapitel ›Paul – ein Briefroman‹.

sie sich zu großem Dank verpflichtet, weil sie nach Pauls Ankunft in Deutschland diesen bei sich aufgenommen hatte.

Mannheim, 27. 1. 26

Liebstes Vaterle!

So ists denn wieder wie die Sterne wollten – und zu Deinem Geburtstage bin ich nicht bei Dir. Du wirst mich an dem Tage nicht mehr vermissen als an den anderen, denn das Kind (Sonja) wird ihn Dir zu einem festlichen gestalten, und allerlei gute Gaben werden Dir Freude machen. [...] Dass ich so bescheiden in meinen Gaben bin, – ja, wer kennt besser als Du den Grund dazu! [...]

Zum neuen Lebensjahre wünsche ich Dir die alte Frische und ein wenig mehr Gelegenheit, das Leben zu genießen. Damit sah es in den letzten Jahren doch recht spärlich bei Dir aus! Wenn Du auch immer behauptest, ich hätte mehr die Gabe als Du zu genießen und mich zu freuen, so glaube ich, dass bei mir nur die Fähigkeit, die Freude zu äußern größer ist. Du bist ja in allen deinen Äußerungen stiller geworden, – ich aber – als unverbesserliche Optimistin, glaube noch immer an Deine Auferstehung, die allerdings von den Realitäten des Lebens abhängig ist. Möchten diese im neuen Jahre erfreuliche sein, sodass auch die neu erwachte Sehnsucht nach Bobby ihre Befriedigung findet. Aber auf das Wiedersehen dürfen wir nicht als auf ein Wiederfinden hoffen. Er ist ein Mann geworden, und ein anderer, als wir ihn uns wol [sic!] geträumt haben, da darf der eine nicht den Andern mäkeln, da muss der »Knorr den Knubben hübsch vertragen«, wenn wir uns wirklich aneinander freuen sollen. – Seine Ideen werden nicht die unsrigen sein, – uns bleibt aber die Freude, dass all unsre Kinder vollwertige Menschen sind, die ringen und streben! Aus Pauls Brief wird Dir hoffentlich auch etwas mehr Befriedigung entgegenklingen als aus denen des vorigen Jahres, – es ist die Doppelwirkung eines bessern Befindens und erfreulicherer Verhältnisse in der Bank ... Und Fredys [Sonjas mittlerer Bruder Alfred Hackel und seine Frau Shura] sollen nur beide gesund bleiben, dann ist mir für sie, trotz aller Geldnöte, nimmer bange. Bleibt unser Mädel, das sich den Aufstieg ja nicht leicht macht, das aber grad darum ein rechter Mensch wird ... Wenn sie eines Tages das Glück findet, dann darf es getrost so aussehen, wie Du in Deinen jungen Tagen, – innerlich und äußerlich, und dann können wir uns als glücklichste Eltern freuen. [...]

Von Dir, mein Vaterle, weiß ich gar nichts, als dass Du für mich dauernd auf den Beinen bist. Wie sieht's im Geschäft aus? [...]

Hast Du denn was zu lesen? Sonetschka könnte Dir doch von Hanna [Hanna Maaß, der Ärztin aus Moabit] etwas besorgen.

Für heut' sag ich Dir lebwohl; wünsche einen frohen Tag und ein gutes Jahr und umarme Dich in alter Liebe. Twoja. [russ.: die Deine]

Nach Gustavs Tod schreibt Flora einen Trauerbrief an die ehemalige und langjährige Petersburger Haushälterin Elena Adolfowna, die in Russland geblieben war, und mit der sie noch in brieflichem Kontakt stand. Wahrscheinlich handelt es sich um einen Briefentwurf auf Deutsch, den sie anschließend von ihren Kindern, die besser Russisch konnten, übersetzen ließ und dann zu ihren Papieren legte.

Meine liebe, liebe Elena Adolfowna,

Ein Brief an Sie war seit dem Sommer, mit Bobbys Besuch, geplant, – u. nun kommt er schwarzgerändert und aus tieftraurigem Herzen. Auch Sie haben meinen lieben Gus gerngehabt und er war Ihnen von Herzen ergeben u. bedauerte mit mir, dass wir einen Menschen wie Sie nicht in unserer Nähe behalten konnten.

U. nun ist er von uns gegangen, – wie er sichs wohl, wenn auch für Jahre später, gewünscht hätte – mitten aus der Arbeit heraus, zwei Tage vorher von der Krankheit nichts ahnend, u. dann von furchtbaren Herzkrämpfen gequält nach einem Aderlass ruhig eingeschlafen. 37 Jahre treuester Lebenskameradschaft haben wir hinter uns, u. doch scheint mir, es fehle das letzte Wort des Dankes, das ich ihm so gerne gesagt hätte. Er war ein seltener Gatte und Vater, ein Mann der Pflichttreue, der seine Arbeit liebte, u. neben ihr alles Schöne in Kunst und Natur. Unsere letzten guten Stunden waren abends, da er mir aus Tolstois Woina i Mir [Krieg und Frieden] mit Begeisterung vorlas. Dieser Sommer war so reich an Freuden für uns gewesen, dass ich meine stete und unruhige Sorge um Gustavs Augen fast vergessen hätte. Da war Sonjas wohlbestandenes Photographenexamen u. ihre erste Anstellung, da war bei Paul der Stammhalter geboren, auf den Vater u. Großvater nach Männerart besonders stolz waren, – u. da war Bobby! ... Der Vater war so stolz, dass der Junge aus eigener Kraft etwas geworden ist u. hörte gerne zu, wenn er begeistert von seiner Tätigkeit sprach oder wenn er uns mit dem durch großen Fleiß geschulten jetzt schönen Organ vorlas. [...]

> Ich hoffe, dass uns das Schicksal wieder einmal zusammenführt, dann sprechen wir von unseren lieben Toten. Aber auch von den Lebenden! […]
>
> Ihre Sie schätzende und liebende Flora Hackel
>
> Berlin, den 29. 11. 1928

Nach dem Umzug nach Mannheim genießt Flora es, nah bei ihren beiden Enkeln zu sein, vermisst aber, Sonja im Alltag um sich zu haben, und schreibt ihr daher mindestens einmal pro Woche. In Mannheim wird sie zur regen Besucherin der Kunsthalle und geht, wie in Berlin auch, häufig ins Theater und ins Konzert. 1933, nach Hitlers Machtantritt, ist sie vor allem entsetzt über die kulturelle Barbarei der Nazis, die sie in den zahlreichen Entlassungen im Kunst- und Kulturleben wahrnimmt. Sie verabscheut Hitler, sorgt sich um die berufliche Zukunft ihrer Kinder – interessanterweise schwankt die sonst so urteilssichere Flora aber, wie sie das Naziregime hinsichtlich seiner politischen Ziele einordnen soll. Sie meint, Parallelen zur Russischen Revolution zu erkennen, und geht sich mit ihrem Enkel die Aufmärsche anschauen. Sie schreibt an Sonja aus Mannheim:

> 31. 1. 33
>
> Liebes!
>
> Ich bin furchtbar verstimmt über Hitlers Kanzlerschaft […]. Die Frankfurter[44] schreibt ganz richtig, sie könne den Menschen nicht von dem Politiker trennen, und der Mensch habe noch nicht bewiesen, dass er für diesen hohen Posten geeignet sei. Schade, dass es Dir nach Plancks[45] Abgang nicht mehr beschieden sein wird, in Hindenburgs Garten zu spucken, sonst hättest Du gern Adolfs Kopf als Zielpunkt nehmen können. […]

---

44 Frankfurter Zeitung, eine bürgerlich-liberale Tageszeitung.

45 Es muss Erwin Planck (1893–1945) gemeint sein, Sohn von Max Planck und Staatssekretär in der Reichskanzlei in den Kabinetten Papen und Schleicher. Sofort nach dem Machtantritt der Nazis entlassen. Offenbar bestand eine Bekanntschaft zwischen ihm und den Hackels oder (wahrscheinlicher) den Rosenbergs, weitere Quellen dazu sind jedoch nicht bekannt.

21. 3. 1933

Mein liebes Kind!

Eine Freude ist das Briefeschreiben nun auch nicht mehr. Man will doch nur all seine schweren Gedanken zu Papier bringen, und grad wie Peters Mutter werde ich nicht einen Augenblick die Sorge um meine Kinder los.

[…] Man muss versuchen, Distanz zu den Vorgängen zu gewinnen. Was heute an schwerwiegendem Unrecht geschieht, ist eben Revolutionsgeschick, ist schließlich vorläufig nur eine minimale Einlösung der Versprechen, die (von) den Nazis gemacht worden. Hoffen wir, dass es bei dieser gesetzlich privilegierten Revolution gelingt, Ordnung aufrecht zu erhalten!

Hier in M. sieht man auch positive Seiten: […] Wenn, wie man hofft, der Verelendung ein Ende gesetzt wird, und wirtschaftlich ein Aufschwung kommt, nach dem wir bisher alle geseufzt – So geht's nicht weiter – dann müssten wir im Prinzip ja sagen zu dem Umschwung. Aber wie weit sind wir noch bis dahin, und wie unsagbar traurig ist's für die, welche sich im Kriege und nachher für das Land eingesetzt haben und nun verachtete Nichtbürger sind. Kultur?! Ne, wat denn min Herzenskinding[46]. Der Krieg wirkt grausig nach bis auf den heutigen Tag – und bis wir zu einem neuen rüsten!

Hier herrscht allgemeine Festesfreude[XXII] und ich hab natürlich mit Bübchen die schönen Militärmärsche auf mich wirken lassen und dicht neben der großen Pauke gestanden. Heut Abend großer Fackelzug. Das Bild des Friedrichsplatzes mit den schönen Fontainen und den bunten Fahnen (badisch gelb rot) ringsumher erinnerte mich an frühere Sedanfeiern. Aber sonst erinnert mich alles an Petersburger Tage 1917. […]

Sag, ist Peters Vater in seiner Stellung auch gefährdet? Sind sie noch Juden?[47] Wie steht Knubel zu den Vorgängen? […]

Miechen hatte mich zu Minna von Barnhelm eingeladen. Es war ein reizender Theaterabend … Den Nathan wird man zu Deinen Lebzeiten wohl nicht mehr spielen!

---

46 Wahrscheinlich ein Zitat aus den von Flora geschätzten Werken des mecklenburgischen Mundartdichters Fritz Reuter.

47 Rosenbergs waren konvertiert, danach fragte Flora hier.

Paul – ein Briefroman

Nach acht, Bonn 1987

»Ich muss dir jetzt von den Schicksalen meiner drei Brüder erzählen. Sie sind jedes für sich genommen wie eigene Romanhandlungen, sodass ich mich bemühen muss, nicht zu ausführlich zu werden. Aber ich sollte sie dir nicht vorenthalten, denn sie sind mit der Revolution und den anschließenden Ereignissen eng verbunden.

Wie bereits erwähnt: Der Erste, der nach unserer Flucht aus Russland ein Lebenszeichen von sich gab, war Paul, der Älteste von uns. Der Nächste, der sich meldete, war Bobby, mein jüngster Bruder. Von ihm kam 1920 ein Brief aus Moskau, wo er Schauspieler an einem Theater war. Zu guter Letzt tauchte Fredy, der Zweitälteste, wieder auf. Über viele Monate hinweg hatte er sich aus Russland auf abenteuerliche Weise bis zu uns durchgeschlagen. Zusammen mit seiner Frau traf er im Spätherbst 1922 in Berlin ein.

Paul war mein Lieblingsbruder. Die anderen beiden liebte ich, vor allem in meiner Kinderzeit, auch sehr. Später war der Kontakt nicht mehr so eng. Davon werde ich noch erzählen.

Zunächst zu Paul: Er hatte in Petersburg Jura studiert. Eigentlich war Kunstgeschichte sein Lieblingsfach, aber er hatte sich zugunsten der ›ökonomischen Vernunft‹ entschieden, wie er es nannte. Solche Überlegungen waren ganz nach dem Geschmack meines Vaters, der sagte, seinen Leidenschaften solle man besser außerhalb des Berufs nachgehen. 1916 hatte Paul sein Examen abgelegt und war zur Armee einberufen worden. Er kam an die südrussische Front, wo er eine Weile lang gemeinsam mit meinen beiden anderen Brüdern stationiert war. Die zaristische Armee war nach zwei Jahren Krieg in desolatem Zustand, viel gekämpft wurde nicht mehr. Wer weiß, ob sie sonst überlebt hätten.

Ab Sommer 1917 befanden sich die Truppen in ungeordneter Auflösung. Nach der Oktoberrevolution versuchten Teile der russischen Armee, den Bolschewiki die Macht wieder zu entreißen. Diese Freiwilligenverbände nannte man die ›Weiße Armee‹. Sie wurden von England und anderen Kriegsparteien durch verdeckte Waffenlieferungen unterstützt. Daraus entwickelte sich der russische Bürgerkrieg, der von 1918–1921 dauerte. Er hatte viel grausamere Auswirkungen als die Revolution selbst. Es kam zu einem jahrelangen militärischen Hin und Her zwischen ›Weißen‹ und ›Roten‹. Weil

Russland so unvorstellbar weit und unwegsam ist, ging es militärisch vor allem um die Besetzung von Häfen, Flussmündungen oder passierbaren Verbindungen in Gebirgen oder Sumpfgebieten. Der Bürgerkrieg wurde hauptsächlich per Eisenbahn geführt. Truppen wurden in gepanzerten Zügen zu strategischen Punkten geschickt. Wer diese verteidigte, kontrollierte oft das gesamte Hinterland. Der Verlust weniger Quadratkilometer konnte die vernichtende Niederlage ganzer Armeen bedeuten, etwa wenn der Nachschub abgeschnitten wurde.

Paul schloss sich um 1918 den ›Weißen‹ an und wurde Offizier unter Denikin[48], einem General, der im Süden Russlands und in der Ukraine eine Freiwilligenarmee befehligte. Zunächst war Denikin militärisch erfolgreich, aber dann wurde er von der Roten Armee zurückgedrängt und nach etwa zwei Jahren vernichtend geschlagen. Seine Armee löste sich auf, Paul geriet in polnische Kriegsgefangenschaft. Nach ein paar Wochen wurde er im Frühjahr 1920 nach Lettland entlassen. In Libau gab es ja noch die Datscha unseres Onkels Benno Becker, in der auch wir auf unserer Flucht ein paar Monate verbracht hatten. Paul konnte dort wohnen, bis er die Einreisegenehmigung nach Deutschland bekam.

Elbing lag auf seinem Weg nach Berlin, sodass ich im Juni 1920 die Erste war, die Paul wiedersah. Nach ein paar Tagen fuhr er weiter zu meinen Eltern nach Berlin.

Wenn ich heute darüber nachdenke, finde ich es erstaunlich, wie schnell es ihm gelang, gleich nach dem Bürgerkrieg wieder im ›normalen Leben‹ Fuß zu fassen. Er muss in den vier Jahren als Soldat so viel Schreckliches gesehen haben. Das kann nicht spurlos an ihm vorübergegangen sein. Ich weiß, dass er während des Krieges Phasen wilder Exzesse durchlebte, wahrscheinlich um den psychischen Druck, der auf ihm lastete, irgendwie loszuwerden. Er war einige Monate lang in Charkow stationiert. Es wurde in dieser Zeit nicht mehr gekämpft. Stattdessen nahmen Saufereien und Randale der Soldaten ungeheure Ausmaße an, wilde Spielhöllen und Bordelle entstanden überall. Paul verfiel dem Glücksspiel und probierte alle möglichen Drogen bis hin zu Heroin aus. Wenn er gelegentlich davon sprach, bemühte er sich, lakonisch und distanziert zu klingen, aber vieles davon war Schauspielerei.

48 Anton Iwanowitsch Denikin (1872–1947), Generalleutnant der kaiserlich-russischen Armee.

Von seiner großen Liebe aus Petersburger Tagen, Helen, mit der er sich vor dem Krieg verlobt hatte, besaß er keine Nachricht, sie hatten sich jahrelang nicht gesehen. Auch das muss ihn sehr mitgenommen haben.

Aber als ich Paul 1920 in Elbing wiedersah, erlebte ich ihn keineswegs als gebrochene Persönlichkeit, sondern voller Charme, Witz und Intelligenz. Sein Auftreten wie auch seine Briefe strahlten eine Sicherheit aus, die ich dringend brauchte. Lange Zeit war er mir eine große Stütze. Später drehte sich das Verhältnis um. Wenn man sein späteres Leben betrachtet, ist es wahrscheinlich – ja eigentlich muss es so sein –, dass seine Persönlichkeit seelische Verletzungen erfahren hatte, die unter der Oberfläche fortwirkten.«

Spurensuche, Berlin 2017

In einer Kiste aus Sonjas Nachlass befinden sich alte russische Zeitungen. Es sind die Ausgaben vom 31. Mai bis zum 10. Juni 1920 des ›Libawskoje Russkoje Slowo‹ (Libauer Russisches Wort), einer in Libau in russischer Sprache erschienenen Zeitung. Darin befindet sich, prominent platziert, eine Artikelserie von Paul Hackel über seine – damals ganz frischen – Erfahrungen im russischen Bürgerkrieg. Wahrscheinlich schrieb Paul sie in erster Linie aus der Not heraus, um sich etwas Geld zu verdienen, aber er beweist durchaus journalistisches Talent. Bemerkenswert ist die scharfsichtige Analyse der Gründe für die Niederlage der Weißen und seine kritische Distanz zu den sicherlich persönlich belastenden Erlebnissen.

Nr. 121, Libau, Dienstag, den 1. 6. 1920

»[…] Es beginnt […] eine Periode des Triumphes und des Aufschwungs.

Die Freiwilligenarmee ergießt sich in einem unaufhaltsamen Strom über die Ukraine. Ihre Hauptkräfte drängen nach Norden, über Charkow, Kursk[49], Orjol[50] dem verheißungsvollen Ziel, dem Moskau der weißen Mauern, entgegen. Gleichzeitig säubern andere Truppenteile die Ukraine von den Bolschewiken, nehmen Poltawa,

49 Stadt in Russland, etwa 500 km südlich von Moskau, nahe der ukrainischen Grenze.

50 Stadt in Zentralrussland, etwa 350 km südwestlich von Moskau.

Paul als Soldat, Russland, um 1916

Jekaterinoslaw, Cherson[51] und Odessa ein und dringen bis Kiew, dann noch weiter bis Tschernigow vor. Zur gleichen Zeit verjagen die Donkosaken die Roten aus ihrem Gebiet, nehmen Woronesch ein, und General Mamontow[52] schafft es, mit einem kühnen Kavalleriestreifzug immer weiter in das Hinterland der Bolschewiken vorzustoßen. […]

Jetzt hat die Freiwilligenarmee keinen Mangel an Leuten mehr, viele schließen sich ihr freiwillig an, in Dörfern und Städten wird mobilisiert. Auch die gefangen genommenen Rotarmisten werden in die Reihen der Truppen integriert und schlagen sich Seite an Seite mit den alten Freiwilligen.

An Mitteln für eine moderne Kriegführung fehlt es ebenfalls nicht mehr. Aus England rollen Transporte mit Panzern, Kanonen, Geschossen und Gewehren, Marschausrüstung und Uniformen an. In den Fabriken von Charkow, Jekaterinoslaw und anderen Städten werden eilig gepanzerte Züge und Kraftfahrzeuge produziert.

51 Städte in der Ukraine.

52 Konstantin Konstantinowitsch Mamontow (1869–1920), Kommandeur eines Donkosaken-Regiments und ›Weißer‹ General im Bürgerkrieg.

Und nichtsdestotrotz ... ebenso schnell und unaufhaltsam wie sich der Strom vorwärts gedrängt hatte, strömte er ab Mitte Oktober 1919 zurück. [...]

Die Armee kann die Verbindungen zwischen den einzelnen Gruppen nicht aufrechterhalten: ihre Hauptkräfte ziehen sich nach Rostow zurück, weichen aus hinter Donezk und den Manytsch[53].

Es folgt ein weiterer Versuch wieder Fuß zu fassen, die Bolschewiken nicht bis in den Kaukasus vordringen zu lassen. [...] Schließlich erfahren wir nach 2–3 Monaten aus der bolschewistischen Presse, dass die Reste der Kaukasusarmee irgendwo bei Sotschi kapituliert haben. [...]

Eine andere Gruppe zieht sich auf die Krim zurück. Dank günstiger Bedingungen vor Ort – die schmale Landenge erfordert nicht viele Kräfte für die Verteidigung – gelingt es ihr sich zusammenzuschließen und den nötigen Widerstand zu leisten. [...] Die dritte Gruppe schließlich, die Kiew und die Zugänge zu Odessa verteidigt hatte, zieht sich Richtung Westen zurück. [...] Die Armee schafft den Durchbruch zur rumänischen Grenze in der Hoffnung, dass die Rumänen wie im letzten Jahr die Geschlagenen gastfreundlich aufnehmen werden. Erschöpfendes dreitägiges Warten bei Tiraspol[54], – und dann: die kategorische Ablehnung der Rumänen, wen auch immer aufnehmen zu wollen.

Es bleibt nur ein Ausweg: in den Norden ziehen, nach Polen, vielleicht wird man dort barmherziger empfangen. Und so geschieht es am 30. Januar, dass sich eine Armee, die 30 000 Bajonette und Säbel zählt, auf den Weg macht, nachdem sie vorsichtshalber 23 Panzerzüge, die bei Tiraspol auf einem Abstellgleis standen, gesprengt hatte.

Trecks an Regimentern, Divisionen, Stäben ziehen in einer nicht enden wollenden Kette vorwärts. Gut zwei Drittel der Fuhrwerke sind mit Kranken belegt. Viele davon werden unterwegs in Dörfern und Kleinstädten ihrem Schicksal überlassen; der eine oder andere stirbt unterwegs.

[...] Mitte Februar passiert die aufgeriebene, kranke, todmüde und moralisch vernichtete Armee die Absperrungen der Polen bei

53 Fluss östlich von Donezk, mündet bei Manytschskaja in den Don.

54 Stadt in Transnistrien, nördlich der damaligen rumänischen Grenze.

Nowaja Uschiza[55]. Die Polen geben uns ein Gebiet an der Front, das wir 2–3 Wochen lang redlich zu halten schaffen. Danach Entwaffnung, Konzentrationslager – das Ende.

Der dritte Akt ist vollendet, die Freiwilligenarmee gibt es nicht mehr. […]

Was ist da passiert? Welcher Hexenmeister hat die Freiwilligenarmee mit fauligem Wasser besprengt, hat sie schwach und siech gemacht, – eine Armee, die noch eine Woche vor der ersten Schlacht unaufhaltsam Horden des Feindes vor sich hergetrieben hatte. […] Von den alten Freiwilligen war kaum noch einer in ihren Reihen zu finden, und jene, die geblieben waren, gehörten bei Weitem nicht zu ihren besten Vertretern. […]

Nr. 123, Libau, Donnerstag den 3. 6. 1920
Fortsetzung

Wenn ich jetzt das Erlebte überdenke, wird mir klar, dass kein Einziger von den ›alten Freiwilligen‹ […] ein gesunder Mensch war. Alle litten sie an dem, was die Engländer ›moral insanity‹ nennen, also an moralischem Schwachsinn.

Hierfür führe ich einige Beispiele an. Eines späten Abends wurden drei wegen irgendwas Festgenommene – wessen sie verdächtigt wurden, weiß ich schon nicht mehr – zu mir gebracht. Ich war damals Regimentskommandant.

Nachdem ich das Verhör auf den nächsten Morgen verschoben hatte, befahl ich, sie in den Arrestantenwaggon zu bringen. Eine Stunde später kommt einer meiner Soldaten zu mir gelaufen und verblüfft mich mit der Frage, ob einer der Festgenommenen etwa auf meinen Befehl hin erschossen worden wäre.

Da stellte sich heraus, dass Leutnant P. befohlen hatte, ihm einen der Arrestanten herauszugeben, den er dann einige Schritte vom Waggon wegführte, um ihn da mit einem Schuss zu töten. Als ich von ihm eine Erklärung forderte, wand sich Leutnant P. mit der üblichen Ausrede heraus, dass der Getötete ein bekannter Kommunist sei usw.

P. war ein wenig angetrunken, aber ganz und gar bei klarem Verstand. Der von ihm vollbrachte Mord verschaffte ihm offensichtlich

55 Nova Uzycia, Ort etwa 100 km südwestlich von Winniza/Ukraine, an der damaligen polnisch-ukrainischen Grenze gelegen.

nicht wenig Vergnügen. Er erzählte lachend und scherzend, wie er angelegt und geschossen hatte, wie der Schädel auseinanderflog usw. [...]

Und noch ein Beispiel: Ich fuhr mit dem Zug von einer Dienstreise an die Front zurück. Unterwegs wurde ich auf einen etwa 18-jährigen Jungen aufmerksam, offensichtlich ein Freiwilliger, einer von den Kadetten.

Helle, blaue Augen, ein unschuldiger Gesichtsausdruck, ein frohes Kinderlachen. Ich kam ins Gespräch mit dem Begleiter des Jungen, dem Rittmeister M., und gab meiner Begeisterung Ausdruck.

›Ja, was heißt da ein guter Junge‹, antwortete mir M., ›Sie sollten ihn mal im Kampf sehen. Wenn er Blut riecht, wird er verrückt. Seine Augen sind blutunterlaufen, er stürzt sich in das größte Gewühl mit Messer oder Säbel in der Hand. Wenn wir Gefangene machen, dann erfleht er sich mit Tränen in den Augen die Erlaubnis, ›die doch abschreiben zu lassen‹.

Dieses ›Abschreibenlassen von Gefangenen‹ war im ersten Jahr der Existenz der Freiwilligenarmee eine übliche Regel. ›Freiwillige zur Abrechnung‹ lautete das Kommando, und es fanden sich immer Freiwillige. Zunächst erfüllten sie ihre Henkersarbeit gleichsam ungern, mit einem schuldbewussten Lächeln, dann immer mutiger und lieber, bis es für sie schließlich zu einem direkten Bedürfnis wurde.

Nicht weniger verbrecherisch und leichtsinnig war der Umgang der Freiwilligenarmee mit dem Vermögen der Einwohner der von ihnen besetzten Gebiete. Die Regel lautete: ›Das Vermögen eines Kommunisten gehört dem, der ihn findet.‹

Und so begann bei der Besetzung eines jeden beliebigen Dorfs die Suche nach einem Kommunisten. Verständlicherweise fand man keinen, aber seine Ehefrau, seine Eltern, seine Schwester, seine Tante, irgendwer fiel den Suchenden immer in die Hände. Man machte Durchsuchungen, und alles bis zum letzten Fetzen wurde den ›Verdächtigen‹ weggenommen.
(Fortsetzung folgt)

Libau, den 29. Mai 1920
P. H.

Nr. 124, Libau, Freitag den 4.6.1920:
(Fortsetzung)

Die für Kommunisten geltende Regel wurde auf die Juden ausgedehnt. ›Ein Jude ist ein geborener Kommunist‹, und deshalb konnte man die ersten zwei Tage nach der Einnahme irgendeines Örtchens mit dem Vermögen der Juden machen, was einem in den Sinn kam. Am dritten Tag folgte gewöhnlich ein Befehl des Kommandanten, dass Leben und Vermögen der Zivilbevölkerung zu schützen und jeder Plünderungsversuch zu unterbinden sei.

Die Plünderungen hörten auf und das Leben kehrte in seine normalen Bahnen zurück.

Es versteht sich von selbst, dass in einer Zeit, in der die Lust am Töten als pathologische Erscheinung relativ selten und fast nur bei jenen anzutreffen war, die die schwere Schule des ersten Bürgerkriegsjahres hinter sich hatten, eine Plünderung, die eine leichte und straflose Beute versprach, nicht nur unter den Alten, sondern auch unter den Jungen viele Anhänger fand.

Aber die Schuld hieran trifft natürlich nicht die einzelnen Plünderer, sondern jene, die in ihrem grenzenlosen Hass auf den Bolschewismus und von dem Wunsch geleitet, den Kommunismus mit der Wurzel auszurotten, in der Armee stillschweigend eine grenzenlose Willkür duldeten und es bis zur Anarchie kommen ließen.

Die moralische Krankheit der Armee nahm zu, verbreitete sich im Laufe der Zeit immer weiter und zerfraß ihre Seele, während die physischen Krankheiten ihren Körper zerstörten.

Dies war der erste Grund der allgemeinen Katastrophe. Aber als die Freiwilligenarmee mit ihrem Rückzug begann, als das rote Gespenst erneut über das Land hereinzubrechen drohte, begannen viele auf eine Wiedergeburt, auf eine Gesundung zu hoffen. Sie hofften, dass die Armee, wenn sie sich auf die breite Bevölkerung stützen kann, erstarken, gesunden und siegen wird.

Das traf jedoch nicht ein. Ab dem Augenblick seiner ersten Niederlage fand sich Denikin in strahlender Einsamkeit wieder: Er fand weder beim Volk, noch bei gesellschaftlichen Kreisen, noch bei ausländischen Mächten Unterstützung. Schuld daran ist er selbst, seine ganze kurzsichtige Politik, sowohl die Innen- als auch die Außenpolitik, die niemanden zufriedenstellen konnte. […]

Nebelhaft und ungewiss waren die Weiten, denen entgegen Denikin seine Armee führte. In unklaren, allgemeinen Konturen zeichneten sich die Schicksale des künftigen Russland ab.

Volksversammlung oder Diktatur, Republik oder Zar, das Land dem Volk oder Rückkehr des Gutsbesitzers, Freiheit oder Rückkehr zum Alten – keiner wusste eine Antwort darauf, was Russland in Zukunft erwartet, wie und von wem all diese Fragen gelöst würden.«

Nach acht, Bonn 1987

»Nach Pauls Ankunft in Deutschland stellte sich sofort die Frage nach einer Arbeit für ihn, denn unsere Familie hatte nach der Flucht keine finanziellen Reserven. Tante Jenny brachte ihn bei ihren Verwandten unter, wie ich schon berichtet habe. Hans und Mie – so wurde sie von allen genannt – Kottow, ein älteres, kinderloses Ehepaar, waren rührend in ihrer Hilfsbereitschaft. Sie boten Paul an, er solle zu ihnen kommen, es werde sich dann alles Weitere finden. Und so fuhr Paul im Herbst 1920 in Begleitung meiner Mutter von Berlin nach Heidelberg, wo er ein paar Jahre bei den Kottows wohnte. Später zog er ins benachbarte Mannheim, wo er auch arbeitete. Wegen der weiten Entfernung sahen wir uns selten, unsere geschwisterliche Beziehung entspann sich in den folgenden Jahren gewissermaßen als Briefroman. Die Korrespondenz begann gleich nach seiner Ankunft:

13. Oktober 1920

Wir sind hier bei Kottow mit einer solchen Gastfreundschaft aufgenommen worden, dass es schon geradezu erstaunlich ist. […]

Hans Kottow war freundlicherweise damit einverstanden mich aufzunehmen und mir das Nötige beizubringen. Der Haken dabei ist, ob es mir gelingt, hier Wohnrecht zu bekommen, und ob sich hier Arbeit für mich findet, denn die Bank ist schrecklich überfüllt. Am Wichtigsten wäre das Erste; um das Zweite wird sich Kottow kümmern. Ich wäre sehr zufrieden, wenn es mir gelingen würde, hier unterzukommen. Die Zeitvorstellungen jagen mir einen Schreck ein: ›Wenn Sie tüchtig sind, können Sie es in zwei Jahren zu etwas bringen.‹ D. h. in zwei Jahren kann ich erst richtig anfangen. Sehr witzig! Na ja, Gott sei mit ihr, mit der Zukunft, irgendetwas werde ich mir schon ausdenken!

Hans Kottow gelang es, Paul als Lehrling bei der Rheinischen Kreditbank[56] in Mannheim unterzubringen. Weil er wenig verdiente und als staatenloser Flüchtling keinen Anspruch auf Zuteilung von Wohnraum hatte, blieb er Dauergast bei den Kottows und fuhr täglich mit der Bahn zur Arbeit. Trotz aller günstigen Fügungen fühlte Paul sich einsam. Die Trennung von seiner Freundin Helen bereitete ihm großen Kummer. Irgendwann kam von ihr ein Brief. Ihre Flucht aus Russland war eine wahre Odyssee: über die Krim hatte sie sich ans Schwarze Meer durchgeschlagen und war auf einem der letzten Schiffe in die Türkei entkommen. Von Istanbul war sie schließlich zu Verwandten nach England gelangt. Dort wurde sie schwer lungenkrank. In der Hoffnung auf Heilung fuhr sie längere Zeit nach Ägypten. Etwa zwei Jahre lang schrieben sie sich noch, aber sie waren einander entfremdet. Helen gab Paul schließlich frei und brach den Kontakt ab. Sie sahen sich nicht wieder. Später hörten wir, dass sie nie geheiratet hat.

Die Kottows hatten Paul in ihrem Haus aufgenommen wie einen Sohn. Die alte Villa am Schlossberg war sehr bequem, aber auch eine Art ›goldener Käfig‹. Mie Kottow kümmerte sich reizend um ihn. Sie war eine wunderbare Frau. Unsere Familie verdankt ihr sehr viel. Sie war gebildet, musisch und feinfühlig und suchte die Nähe von ebensolchen Menschen, mit denen sie sich über Kunst, Literatur oder Philosophisches austauschen konnte. Da war Paul natürlich der Richtige. Ich denke, ihre Ehe mit Hans Kottow war in dieser Beziehung nicht unbedingt erfüllt. Paul und sie verband bald eine innige Freundschaft. Mie Kottow litt allerdings an Depressionen und musste deshalb wiederholt in Behandlung. Auch wenn Mie Kottows Gesellschaft Paul half – wie er sich ausdrückte: ›nach meinem Hottentottenleben wieder Fuß zu fassen‹ –, fühlte er sich doch in Deutschland fremd. Sein Refugium waren Bücher, vor allem russische Literatur verschlang er, wann immer er sie bekommen konnte. Unser auf Russisch geführter Briefwechsel war ihm eine Art Ersatzheimat. Er schrieb mir im Oktober 1921:

56 Die Rheinische Kreditbank war die größte Bank in Baden und fusionierte 1929 mit der Deutschen Bank.

Mein Geburtstag war sehr schön. Ich bin reich beschenkt worden, und das Wichtigste war, dass ich mich wie früher richtig als ›Geburtstagskind‹ gefühlt habe, dass ich um mich herum, über, unter in und mit mir Liebe und Zärtlichkeit gespürt habe. [...]

Ich habe mich schon an ›Die toten Seelen‹ gemacht und kann mich kaum fassen vor lauter Begeisterung. Was ist das für ein bezauberndes Buch. [...] ›Die toten Seelen‹ sind mir fast das liebste Geschenk, weil sie mich am tiefsten an die Heimat erinnern.

Vor Kurzem habe ich eine russische Kunstzeitschrift abonniert: ›Der Feuervogel‹. Vielleicht kannst Du mal einen Blick drauf werfen, sie kommt in Berlin heraus. Das Äußere ist beeindruckend. Hervorragendes Papier, sehr schöne Reproduktionen von Bildern russischer Künstler, teilweise in Farbe. Unter den Malern habe ich alle alten Bekannten aus der Petersburger Kunstszene wiedergetroffen!

Anfang 1923 lernte Paul in seiner Bank eine nette, kluge Kollegin kennen, Maria. Sie wurde seine Freundin – Verlobte sagte man damals! Nach einer Weile beschlossen sie zu heiraten. Da Paul staatenlos war, musste die Hochzeit wegen bürokratischer Hindernisse mehrmals verschoben werden. Schwieriger als das war jedoch die Eifersucht von Mie Kottow. Mie betrachtete Paul inzwischen als eine Art jugendlichen Liebhaber. Ob das Einbildung war, die in Zusammenhang mit ihrer psychischen Erkrankung stand, oder ob Paul ihr Anlass dazu gab, ist schwer zu sagen. Paul behauptete, es handle sich beiderseits um eine rein platonische Freundschaft, aber es war eine Gratwanderung. Wegen ihres labilen Zustandes bemühte er sich um größte Rücksicht – er war von ihrem Wohlwollen abhängig. Nach schwierigen Diskussionen akzeptierte Mie Kottow, dass Paul Maria heiratete. Zur gleichen Zeit wurde auch Hans Kottow ernsthaft krank und brauchte Pflege. Paul, der nach wie vor bei ihnen wohnte, fühlte sich verantwortlich. Maria war gegenüber der schwierigen Konstellation sehr verständnisvoll. Paul und Maria heirateten schließlich im November 1923. Nach vielen Scherereien mit dem Wohnungsamt bekamen sie eine gemeinsame Wohnung und zogen nach Mannheim. Sie besuchten die Kottows fast jedes Wochenende. Im Herbst 1924 bekamen sie ein Töchterchen, meine Nichte Ruth. Ungefähr zur gleichen Zeit starb Hans Kottow. Paul führte nun, mit Frau und Kind, endlich ein geregeltes Dasein, er schien in seinem neuen Leben angekommen zu sein. Zu meinem Geburtstag 1924 schrieb er mir:

Es ist zurzeit nicht interessant, sich mit mir zu unterhalten. Ich war seit ewigen Zeiten nicht mehr im Theater, lese keine Bücher. In den letzten Wochen gab es keine anderen Themen als: Krankheit und Tod von Hans, Miechens Lage, die allgemeine Geldnot, Ruths Gesundheit – damit kommt man nicht weit. Aber ich gebe offen zu: Ich stimme das Geheule nur zum Schein an. Eigentlich bin ich zufrieden: mit meiner Frau, dem Kind, und der Wohnung.

Unsere Wohnung ist entzückend. Jedes Zimmer ist auf seine Art schön; überall ist es gemütlich und warm und – überall kann man noch viel, viel hinzufügen, verbessern, verschönern. Der Blick aus dem Fenster auf den Rhein ist eine Wonne. Der Rhein ist so prachtvoll und majestätisch – nun fast wie die Mojka.

Weil Paul beruflich und familiär eingespannt war, wurde unser Briefwechsel seltener. Manchmal vergingen viele Monate, bevor wir voneinander hörten. Aber immer kriegten wir die Kurve. Zu meinem nächsten Geburtstag schrieb er:

31. 10. 1925

Meine liebe Sofulka!

Es ist ein Unglück mit unserem Briefwechsel – er will und will nicht so richtig in Ordnung kommen. [...]

Ich habe eine neue Mode eingeführt: Ich lese im Gehen, während meiner täglichen Gänge zur Bank. Auf diese Weise habe ich schon einen ganzen Band Balzac-Novellen gelesen, zurzeit verschlinge ich Muratow (Die Welt der Kunst), und wenn ich ihn verschlungen habe, mache ich mich an Deinen van Gogh. Pour ce but [für diesen Zweck] sind Bücher mit kleinem Format gerade recht (Übrigens: Spengler, Untergang des Abendlandes kann man kaum unterwegs lesen), und deshalb war Dein Buch sehr nach meinem Geschmack. [...]

Im Jahr 1926 begann – nach fast 10 Jahren Unterbrechung – zaghaft eine Korrespondenz zwischen Paul und Bobby, unserem jüngsten Bruder. Sie waren einander fremd geworden. Paul nahm ihm übel, dass er im Bürgerkrieg für die Bolschewiken gekämpft hatte und in Russland geblieben war. Doch als Bobby 1928 zu Besuch nach Deutschland kam, verstanden sie sich blendend, entdeckten alte Gemeinsamkeiten. Er verbrachte fast die ganze Zeit bei Paul und Maria in Mannheim. Sie diskutierten sich die Köpfe heiß, spielten Tennis oder Schach, tranken Wodka und Whisky und zelebrierten ihre kulturelle Liebe zu Russland aller politischen Trennlinien zum Trotz.

Nach Bobbys Besuch begann Paul, sich intensiver mit dem ›Neuen Russland‹, also der Sowjetunion, auseinanderzusetzen. Nicht dass er seine politische Meinung grundlegend geändert hätte, aber angeregt durch Bobbys Besuch versuchte er unvoreingenommen zu verstehen, was dort vor sich ging. Er las in den nächsten Jahren alles, was ihm dazu in die Hände fiel. Ein Buch, das Bobby geschickt hatte, beeindruckte ihn besonders: ›Neid‹, von Juri Oleschа[XXIII] erschien 1927 in der Sowjetunion und wurde als sensationell aufgenommen, denn es beschrieb zum ersten Mal das Menschenbild der Bolschewiki, den ›Neuen Menschen‹, den sie formen wollten. Paul schrieb mir:

> ›Neid‹ von Oljescha, das mir (auf meine Bitte hin) Bobka geschickt hat, ist beispielhaft für die heutige RSFSR. […] Dort ist ein neuer Held dargestellt. Ein starker, vor Energie sprühender Mensch, ein völlig dem Irdischen zugewandter Mensch, der Probleme der Seele nicht kennt, weder Behaglichkeit, noch geistige Genüsse sucht, für den das ganze Leben sich in seiner *Aufgabe* konzentriert. Er ist großartig durch seine Gesundheit und sein totales Fehlen von Problembewusstsein (entschuldige das komische Wort!). Dargestellt ist auch sein Antipode – ein Parasit der Gesellschaft, ein Säufer, belastet mit Gefühlen und Gedanken, der von der Revolution der Gefühle gegen die Planmäßigkeit, gegen die Zweckgerichtetheit des jetzigen Systems träumt, in seinen Träumen ist er der Sieger und Triumphator, in Wirklichkeit aber besiegt und vernichtet! Das Buch ist bemerkenswert und sehr interessant.
>
> […] Sehr interessant ist [auch] das Buch von Siebert [richtig: Seibert[XXIV]] ›Das rote Russland‹. Siebert hat vier Jahre lang als Journalist in Russland gelebt und von allem genug gesehen. Er schreibt ohne Bosheit, mit Sachverstand, und das Bild, was entsteht, ist sehr bedrückend. Ich habe vor, Dir das Buch zu schicken, sobald es frei geworden ist, gib es dann an Fredy weiter. Ihre [gemeint ist die Sowjetregierung] Vorhaben und Pläne sind riesig, aber sie sind auf totaler Versklavung, totaler Ablehnung menschlicher Freiheit in all ihren Erscheinungen aufgebaut, und das, was letzten Endes dabei herauskommen wird, ist eine einzige Katastrophe. Irgendwann wird sich der russische Muschik[57] bewegen und dann bleibt von den Bolschewiki nur ein feuchter Fleck. […]

57 Metapher für das russische Volk. Der Ausdruck ist das Pendant zum ›Deutschen Michel‹.

Während wir 1928 – neben unserem privaten Glück und Leid – auch die Hoffnung hatten, dass sich endlich die wirtschaftliche und politische Lage dauerhaft bessern würde, begann 1929 die Weltwirtschaftskrise. Wir alle spürten die Folgen sofort: Massenarbeitslosigkeit, damit verbundene materielle Schwierigkeiten, Kürzung aller staatlichen Leistungen. Die Witwenrente meiner Mutter reichte nicht mehr für das Nötigste, sie fürchtete, Paul und Maria auf der Tasche zu liegen. Auch Pauls Stellung in der Bank wurde zunehmend unsicher:

30. 10. 1930

Mein lieber, kleiner Sofuljenok!

[…] Heute war in der Bank ein verfluchter Tag – mehr als 30 Leute haben ihre ›Entlassungsurkunde‹ bekommen. Der blaue Brief geht um. Überall Tränen, Flüche, Beschwörungen, bleiche Gesichter, erloschene Augen – wahrscheinlich rührt meine Stimmung daher.

Wir Oberbeamte haben aus der Chefetage den zarten Hinweis erhalten, dass unsere Gehälter vom kommenden Jahr an um 5–15 Prozent gekürzt werden. Das ist noch auszuhalten, ich schätze, dass das bei mir etwa 50 M ausmacht. Das persönliche Schicksal erschreckt mich nicht, letzten Endes muss man eben hoffen, dass auch die Lebenshaltungskosten wenigstens ein bisschen niedriger werden.

1. 11. 1931

Mein liebes Schwesterchen Sofulka!

Wie du weißt, bahnen sich bei uns radikale Maßnahmen zur Kürzung des Budgets an. Am 1. Januar steht wieder eine Gehaltskürzung bevor, und deshalb haben wir ein solches Maximalprogramm ausgearbeitet: Abschaffung des Telefons, Verzicht auf Zigaretten, Entlassung der Haushaltshilfe, Vermietung der Mansarde für 15 M; außerdem sollen die Einkünfte durch Russischstunden vermehrt werden […]. Die Sache ist die, dass eigentlich weniger die Gehaltskürzung erschreckend ist, als die Notwendigkeit sehr sparsam leben zu müssen […]. Sonst reicht bei uns das Geld nicht mehr für einige Nebenauslagen wie Arzt, Auffrischung der Garderobe, Geschenke etc. Aber wenn es uns gelingt, das genannte Programm durchzuführen, dann reicht es wohl doch.

In dieser Zeit begann es, dass Paul nach irgendetwas zu suchen schien. Er floh vor dem ungeliebten, immer belastenderen Alltag in der Bank. Als Zusatzeinkunft, aber wohl auch um sich abzulenken, begann er,

Paul in Mannheim, um 1932

Russischkurse an der Volkshochschule zu geben, was er sehr ernst nahm. Aber der Wunsch nach Veränderung trieb ihn innerlich um und wurde mit der Zeit mächtiger. Brieflich machte er Andeutungen:

> Und überhaupt möchte ich gerne mein Leben erneuern. […] Auch meinen Bekanntenkreis möchte ich auffrischen. Aber das ist wohl noch schwerer. Zwar treffen wir uns mit den alten Bekannten der Bank kaum noch. Alle haben solche Barrieren um sich, dass keiner den anderen einlädt. Das ist nicht schlimm, eher umgekehrt. […] Man kann schon einen neuen Kreis finden. Hier gibt es einen interessanten Regisseur mit einer interessanten Frau, es gibt einen interessanten Architekten mit einer bezaubernden Frau, und es wird sich schon noch jemand finden.

Auch die politische Lage wurde bedrückender. Anfang 1932 schrieb er mir:

> Gestern war ich mit Marusja [Maria] im Kino, wir haben ›Stürme der Leidenschaften‹[58] gesehen mit Jannings[59] und Anna Stern[60] […].

58 Kriminalfilm (1931) von Robert Siodmak.

59 Der Schauspieler Emil Jannings (1884–1950).

60 Hier falsch geschrieben: die russisch-amerikanische Schauspielerin Anna Sten (1908–1993), eine Schülerin Stanislawskis.

Zuerst kam die übliche Ufa-Woche, die ich immer mit besonderem Vergnügen sehe. Dieses Mal hat mich die feine politische Ironie des Inhalts berührt: Zuerst wird die Abrüstungskonferenz gezeigt, ernste Männer, darunter auch Henderson, murmelte irgendetwas über Abrüstung. Das nächste Bild: die amerikanische Luftflotte, danach der Krieg in der Mandschurei, danach eine Parade englischer Militärs in Indien, danach eine lärmende Menge von Indern, die von der Polizei auseinandergetrieben wird. Dadurch entsteht ohne überflüssige Worte ein ulkiges Bild von den Versöhnungsbestrebungen in aller Welt …

Nachdem ich bei Paul schon seit geraumer Zeit diese innere Unruhe und Unzufriedenheit gespürt hatte, nahmen die Dinge auf einmal immer schneller ihren Lauf …

6. 3. 1932

Meine liebe Sofulitschka!

[…] Schwesterchen, ehrlich gesagt, mir kratzen Katzen an der Seele. Irgendein Umbruch geht vor sich, aber was für einer, weiß ich nicht. Politik interessiert mich nicht – nun, natürlich ist es gut, dass man den alten Hindenburg gewählt hat, aber den Arbeitslosen wird es schließlich dadurch nicht leichter!

In der Bank herrscht ein ständiger Wechsel, der eine wird dahin, der andere dorthin gesteckt, mich lässt man bisher in Ruhe – na gut. Ich lese ein bisschen, schreibe ein bisschen, lebe, aber alles irgendwie an der Oberfläche. Wie wär's, wenn ich mich mal wieder richtig verlieben würde? Was meinst Du dazu?

Warum verliebst Du Dich nicht? Um Dich herum ist zu viel weibliches Geschlecht, ja, und um mich herum auch. Jetzt bin ich schon über 40, und auch bei Dir klopft bald das 30. an. Nehmen wir uns bei der Hand, und verlieben wir uns, ja? Ich bin blöd, Schwesterlein, aber lieb' mich trotzdem. Blöd, aber lieb. Und je blöder, desto lieber. Über meine Dummheiten erzähl bitte niemandem etwas, sonst stehen alle kopf. Besonders Mama nicht, z. B. Schreib bei Gelegenheit.

Sei geküsst von Deinem P.

11. 7. 1932

Meine liebe Sofuljetschka!

[…] Du wünschst mir, dass ich mich bis über beide Ohren verliebe, und fragst, wahrscheinlich unter dem Einfluss der Anspielungen

> und Gerüchte, die auch nach Berlin durchgesickert sind, ob Dein Rat nicht schon zu spät kommt. Er ist zu spät gekommen, Sofulka, er ist wirklich zu spät gekommen. Ich habe mich nicht verliebt, ich habe angefangen zu lieben, und so tief und endgültig, dass es nicht zum Aushalten ist. [...] Was daraus wird, und welcher Art der Ausweg sein wird, lässt sich nicht vorhersagen. Bis jetzt sehen wir uns einmal im Monat, manchmal auch seltener.

Woran es lag, war für mich schwer zu sagen. Pauls Ehe mit Maria war – zumindest dem äußeren Anschein nach – harmonisch gewesen. Sie verstanden sich hervorragend, unternahmen viel zusammen. Maria war eine emanzipierte, intelligente und aufgeschlossene Frau, mit der Paul viele Interessen teilte. Wir alle mochten sie gern. Sie hatten zwei reizende und kluge Kinder, eigentlich fehlte nichts am familiären Glück. Und nun begann er Hals über Kopf eine Affäre mit Martha, einer verheirateten Frau, die ebenfalls einen kleinen Sohn hatte und deren Mann nichts ahnte. Dieser war obendrein ein bekannter Regisseur und Hochschullehrer. Paul war sich bewusst, dass er da etwas tat, dessen Folgen kaum abzusehen waren, aber er ließ es geschehen, irgendwie konnte er nicht mehr anders. Maria hatte er ins Bild gesetzt, sie ging bewundernswert damit um, aber es nahm sie entsetzlich mit. Vor unserer Mutter, die ja bei ihnen lebte, versuchte er die Sache noch geheim zu halten, aber natürlich ahnte sie etwas.

Paul suchte meinen Rat. Er verbrachte die Sommerferien mit seiner Familie im Odenwald und bat mich, ihn dort zu besuchen. Ich fuhr hin, ließ mir alles berichten und versuchte zu vermitteln, aber die Sache war bereits total verfahren. Paul traf Martha nur alle paar Wochen einmal in totaler Heimlichkeit, es war völlig unklar, welche Perspektive das Ganze je haben könnte. Aber er war fest überzeugt, diese Liebe nicht mehr aufgeben zu können.

Pauls Affäre war nicht nur für Maria und die Kinder belastend, sondern, als sie davon erfuhr, auch für meine Mutter, die Maria sehr ins Herz geschlossen hatte. Obendrein war eine solche Affäre in der damaligen Zeit ein handfester Skandal. Es gab immer das Risiko, dass so eine Sache größere Wellen schlug. Paul und Martha mussten ihre Beziehung gegenüber Außenstehenden geheim halten. Entsprechend quälte Paul sich herum. Aber es führte kein Weg zurück. Es war, als sei irgendein Damm bei ihm gebrochen. Er hatte sich immer bemüht, vernünftig zu sein, wurde Jurist anstatt Kunsthistoriker, steckte die Kriegsjahre einfach so weg, machte eine langweilige, aber solide Arbeit bei einer Bank, verdiente Geld … Jetzt wollte er plötzlich seine bisherige Rolle nicht mehr spielen. Vielleicht war es nur eine Midlife-Crisis, aber ich glaube, es steckte mehr dahinter. Er musste Verdrängtes aus seiner Vergangenheit verarbeiten. Jetzt musste ich mich um ihn kümmern. Nach meinem Besuch im Odenwald schrieb er mir, dass er gegenüber Maria entsetzliche Schuldgefühle habe und er, der Kinder wegen, zunächst bei der Familie bleiben werde. Erst ein knappes Jahr später zog er aus:

> 30. 5. 1933
>
> Meine liebe Sofulka!
>
> Vielen Dank für die Nachricht. Heute ist der vorletzte Tag, den ich ›im Schoß der Familie‹ verbringe. Übermorgen fährt Maria für einige Zeit weg, und ich ziehe um in ein möbliertes Zimmer. […] Das Zimmer ist klein, hat aber alles, was ich brauche: Schreibtisch, Chaiselongue. Ich nehme nur Bücher mit und den kleinen Tisch mit der Stehlampe. Alles Übrige bleibt in der alten Wohnung. Mir ist jetzt natürlich schwer ums Herz, aber bemitleide mich nicht allzu sehr. Schließlich ist die Bürde meines Lebens nur ein Abklatsch dessen, was Maria durchmacht. Sie erträgt alles ungeheuer tapfer, versucht das seelische Gleichgewicht zu wahren, und das gelingt ihr. Dank ihres Verhaltens vergehen die Tage unseres gemeinsamen Lebens ruhig, ohne Tränen und Szenen. Abends spielen wir Schach, und ich lese ihr Ausschnitte aus den Karamasows vor. Letzte Woche haben wir sogar gewagt, ein Abschiedsessen im Restaurant mit ausgesuchtem Menü und Wein zu genießen. Es war sehr gut, ohne Krampf, ohne Sentimentalität. Wir haben einen Strauß von Erinnerungen an glückliche Stunden, die wir zusammen verbracht haben, gesammelt und uns zusammen gefreut, dass uns das gegeben war.
>
> Mein Schuldbewusstsein vor ihr und den Kindern verlässt mich nicht, Sofulik, damit muss ich allein fertig werden. Aber wenn mich auch das Schuldgefühl nicht verlassen wird bis zu meinem Lebensende, kann ich den Kurs meines Lebens doch nicht ändern.

In der darauffolgenden Zeit geriet Pauls ganzes Leben völlig ins Wanken. Es war gespenstisch, eine Spirale, die sich immer schneller zu drehen schien. Paul verließ seine Familie. Damit stellte sich auch die Frage, was mit meiner Mutter geschehen sollte. Sie liebte Maria und die Enkelkinder, fühlte sich in der Situation aber dort fehl am

Platz. Peter und ich – wir waren nicht mal ein Jahr zusammen – entschlossen uns daher, sie zu uns nach Berlin zu nehmen.[61]

Kurz nachdem Paul aus der gemeinsamen Wohnung ausgezogen war, verlor er die Arbeit in der Bank. Bisher war er verschont geblieben, aber inzwischen waren die Nazis an die Macht gekommen. Durch das ›Gesetz zur Wiederherstellung des Berufsbeamtentums‹ wurde er als Jude eingestuft und entlassen, genau wie Peter. Im gleichen Sommer wurde bei Pauls Tochter Ruth, sie war neun Jahre alt, Kinderlähmung diagnostiziert. Ihr Leben hing wochenlang an einem seidenen Faden. Paul und Maria, gerade erst getrennt, hielten Tag und Nacht abwechselnd am Krankenhausbett Wache. Ruths Leben konnte gerettet werden, aber sie blieb zeitlebens an den Rollstuhl gefesselt. Paul machte sich unendliche Vorwürfe, gab sich die Schuld an der Krankheit. Im Herbst 1933 wurde seine Ehe mit Maria geschieden. Marthas Scheidung zog sich länger hin und war eine delikatere Angelegenheit: Es hätte die Karriere ihres Mannes beschädigen können, wenn der ›Ehebruch‹ öffentlich geworden wäre. Immer noch musste also die Beziehung zwischen Paul und Martha vollkommen im Verborgenen stattfinden.

Paul war nun ohne Einkommen und wusste, dass er in Deutschland keine Chance auf Arbeit hatte. In seiner Not ging er Ende 1933 nach Paris, wo ihm Scharnowskij, ein alter Schulfreund aus Petersburg, half, der inzwischen dort als Kunsthändler lebte. Aber wegen der auch in Frankreich hohen Arbeitslosigkeit bekamen Ausländer dort keine Arbeitserlaubnis. Und so konnte auch Scharnowskij Paul keine dauerhafte Arbeit besorgen, die ihm ein ausreichendes Einkommen gesichert hätte. Sein Wunsch wäre gewesen, Martha zu sich zu holen, aber er konnte in Paris kaum für sich selbst sorgen. Er versuchte ein Visum für England zu bekommen, aber das war in seiner Lage aussichtslos. So hielt er sich mit Gelegenheitsarbeiten über Wasser, pendelte zwischen Paris und Deutschland hin und her, und wusste nicht, wie es weitergehen sollte. Er tat mir unendlich leid – und nun, in dieser Situation, verließ ich ihn auch noch und ging mit Peter nach Südafrika.

61 Als Sonja und Peter ein Jahr später auswanderten, zog Flora zu Hanna Maaß, der Ärztin, nach Berlin-Moabit, Levetzowstraße 12. Ihre Schwester war Elisabeth Maaß, Sonjas mütterliche Freundin ›Große Elisabeth‹.

Brief aus Paris nach Berlin

20. 5. 1934

Geliebtes Schwesterlein, lieber Sofuljenok!

›So ist nun die Stunde der Trennung gekommen‹, wie Schaljapin[62] singt. Ach, wenn ich bloß ein bisschen übriges Geld hätte, wie gern würde ich nach Genua fahren, um Dich auf das Schiff zu bringen!

Obwohl, wenn ich eben dieses Geld hätte, würde ich wahrscheinlich zu Mama fahren. Aber da kein Geld da ist, lassen wir diese unsinnigen Träumereien lieber. [...]

Ich war jetzt einige Tage in Heidelberg und in Mannheim und kehrte hierher nicht nur deprimiert, sondern auch völlig zermürbt zurück. [...] Mit den Kindern lief alles gut, obgleich auch das traurig war. Ich habe Ruth in einem Brief gebeten, mir ausführlich über ihren Kummer zu schreiben, und sie verspricht mir, das zu tun ›wenn Du Dein Ehrenwort gibst, dass Du es keinem sagst‹. Sie ist ein wundervolles Kind, obwohl natürlich die Krankheit und der Schmerz über das Drama der Familie, den sie tief empfunden hat, das rein Kindliche von ihr genommen haben. Saschok [abgel. von Sascha. Sascha für Alexander] ist ein Lausbub, aber ein guter. Er quält sich Gott sei Dank mit nichts herum. [...]

So ging es Paul drei Jahre lang, bis 1936. Zu unser aller Glück gab es Peter. Zuerst, im Sommer 1934, holte er mich nach Südafrika – und zwei Jahre später dann auch meine Mutter, Paul – und Martha. Ihre Scheidung hatte stattgefunden, und sie – als Nichtjüdin – entschloss sich, Paul ins Exil zu folgen. Martha ließ ihren kleinen Sohn, Oliver, bei ihrem Mann zurück. Und Paul seine beiden Kinder, Ruth und Alex. Paul, Martha und meine Mutter traten die Reise zusammen an. Sie wurden von den zurückbleibenden Verwandten und Freunden verabschiedet und zum Teil sogar ein Stück begleitet. Diese Emigrantenabschiede liefen immer so ab, herzzerreißend, man wusste nicht, ob man sich je wiedersehen würde. Vor ihrer Abreise aus Europa schrieb meine Mutter mir:

62 Fjodor Iwanowitsch Schaljapin (1873–1938), ein berühmter russischer Opernsänger (Stimmlage: Bass).

Brief aus Genua nach Südafrika

27. 5. 1936

Ihr Lieben!

Euer Brief erwartete uns hier. Inzwischen habt ihr die Nachricht doch wohl, dass wir in *Durban* an Land gehen und informiert dort den immigration officer. Das Schiff haben wir noch nicht gesehen; haben allerhand zu erledigen, und das ist gut, da braucht man nicht zu denken. Martha fuhr mit uns 3 Stunden von Berlin; an der Bahn waren Heta [Hedwig Hackel], Eva [Hackel], Käthe [Tante von Peter Rosenberg], Fredy, Gerta [Becker]. Von Fredy und Lis [Elisabeth Maaß] war's am schwersten, auch von Hanna [Maaß], die sehr besorgt ist. Mit Jenny [Aron] waren wir zuletzt bei Felixens [Felix Aron und Familie] zusammen, versprachen, uns nochmal zu sehen und vermieden es. – Hier erwartete und betreut uns Alice [Becker], sie ist ein großartiger Kerl[63]! Rudi [Becker] telefonierte und schickte uns noch 100 Lire; umso angenehmer als unsere mit Erlaubnis ausgeführten je zehn Mark nicht eingewechselt werden. Ja – Deutschland hoch in Ehren in Valuta!

Mit Paul in Nervi[64]

Ein Märchen aus vergangenen Tagen, aber viel mehr Kurort als ehemals. Jedenfalls Meer, Küste, Palmen – wie einst im Mai! – Dass man so etwas wieder sieht.

Paul und Martha halten sich famos; Paul ist auch ein feiner bâton de vielleisse [frz.: Stütze im Alter]. Vor der Reise habe ich Angst. Bin in eine Vier-Personen-Kabine verstaut worden, Außenkabine. Drei Plätze belegt. Halb Deutschland scheint auf dem Weg nach Afrika. Unsre Leut, die nicht unsre Leut sind. Mit Pelz und Decken wohl versehen; dutzendweise Tempotaschentücher; ca. 300 Lire haben wir. Gott sei mit uns und mit euch,

Mutterle

63 Alice, Gerta, Rudi und Bruno waren die Kinder von Sophie und Benno Becker. Zu ihnen bestanden freundschaftlich-herzliche Beziehungen. Benno war 1931 in Berlin gestorben, Sophie bereits 1911 in St. Petersburg. Rudi Becker war in Berlin Filmproduzent beim ›Tobis-Tonbild-Syndikat‹ (nicht identisch mit der heutigen Tobis Film). Er ging 1939 nach England. Auch Gerta und Alice überlebten die Nazizeit im Exil. Bruno war 1922 aus der Sowjetunion nach Amsterdam gegangen, wo er Geschichtsprofessor wurde. Er überlebte dort die Nazizeit. Er stand vor allem mit Fredy Kontakt und half ihm später.

64 Kurort bei Genua. Anfang des Jahrhunderts hatte Flora Gustav dorthin begleitet, als er eine Kehlkopfkrankheit auskurieren musste.

Und Paul fügte dem Brief hinzu:

> Es geht los, Sofulka, es geht los! Wir sind im Großen und Ganzen froh und munter gestimmt.
>
> Das Schiff geht zwei Tage später ab, als es nach dem Fahrplan abgehen sollte. Also am 28. Mai, ist in Durban am 17. Juni. Warum wir bis Durban fahren, hat Mutterle schon 2–3 Mal geschrieben. Das Geld – ca. 300 Lire – reicht fürs Schiff und fürs immigration fee von einem Pfund, das ich wohl zu zahlen haben werde. Für die Fahrt Durban – Johannesburg reicht es leider nicht. (Armer Peter!) Die Verstärkung rückt aber von verschiedenen Seiten an, so dass wir hoffen, dass Peter nicht für lange auszulegen haben wird. Jedenfalls erwarten wir Nachricht in Durban. Das Gepäck ist bis Johannesburg verfrachtet, geht am 2. Juni mit *Ubena* von Hamburg. Die ab Durban bis Johannesburg entstehenden Kosten sind geschätzt und mit 70 Mark bezahlt. Falls es mehr werden sollten, muss die Differenz dort draufgelegt werden. Die Sendung kommt nach uns an. Lebt wohl, ihr Lieben. Hoffentlich machen wir es euch nicht zu schwer. Mit herzlichen Grüßen
>
> Euer Paul
>
> Unser Gepäck besteht aus vier Koffern und drei kleinen Köfferchen. Etwas davon, (ein bis zwei Koffer) wird wohl in Durban aufgegeben werden müssen. Ich werde versuchen, möglichst viel in den Pullmanwagen hinein zu bekommen.

Für Paul und Martha ging die Sache schließlich doch noch gut aus, sie konnten in Südafrika zusammen neu anfangen. Aber der Preis war hoch: beide trugen schwer daran, ihre Kinder zurückzulassen. Bei Pauls Kindern kam die Bedrohung durch die Nazis dazu. Maria war zwar Nichtjüdin, aber die Kinder galten bei den Nazis als Halbjuden, das konnte böse ausgehen. Paul war sich dessen bewusst, aber er konnte nichts tun. Ich glaube, deshalb schämte er sich vor sich selbst.«

Spurensuche, 2017

Bei meinem Besuch in den USA erzählte mir Stephanie: »Paul starb in Südafrika, als ich noch ein Kind war. Ich erinnere mich noch gut an ihn, er war oft bei uns. Er hatte so einen schwermütigen Ausdruck. Insgeheim nannte ich ihn deshalb immer ›den traurigen Onkel‹.«

Fredy – Unter dem Radar

Nach acht, Bonn 1987

»Mein zweitältester Bruder Alfred, genannt Fredy, kam erst zweieinhalb Jahre nach Paul aus Russland heraus. Im Spätherbst 1922 traf er bei uns in Berlin ein, zusammen mit seiner Frau Alexandra, genannt Shura. Wir hatten ihn 1916 zuletzt gesehen. Nun saß er da auf einmal in der Küche, abgemagert und gezeichnet von seiner jahrelangen Flucht.

Ganz anders als Paul war mir Fredy fremd geworden. Er hatte sich schon immer für die russische Kultur begeistert und bestimmte Vorstellungen entwickelt, was Russen und ›das Russentum‹ ausmache, das wurde zu einer Art Lebensthema für ihn. Als Fredy und Shura in Berlin eintrafen, war so ziemlich das Erste, was sie taten: sie konvertierten zum russisch-orthodoxen Glauben. Fredy nannte sich fortan ›Alexej Hackel‹, allerdings nannten wir ihn weiterhin Fredy, er benutzte den Namen Alexej als Pseudonym für seine Veröffentlichungen und Vorträge. Seine Hinwendung zur Orthodoxie wirkte auf sein familiäres Umfeld schon reichlich merkwürdig. Die orthodoxe Kirche war über Jahrhunderte hinweg eine Stütze der Zarenherrschaft gewesen und hatte zum Judentum oft eine feindselige Position bezogen.

Shura war Fredys wichtigste Gesprächspartnerin zur russischen Kulturgeschichte und der russisch-orthodoxen Religion. Sie war eine bemerkenswerte Frau, intelligent und gebildet, aber auch exzentrisch. Sie beherrschte meisterhaft das alte, vorrevolutionäre Russisch und bewahrte es sich ihr ganzes Leben hindurch. Deutsch lernte sie nie so richtig, ihre Ausdrucksweise war oft ziemlich abenteuerlich. Aber das störte sie nicht besonders, und sie erwarb sich viele Sympathien durch ihre sehr durchsetzungsfähige, dabei aber freundliche Art. Ein interessanter Zufall war es, dass die Familie meiner Cousine Eva Hackel sie aus Petersburg kannte, denn Shura hatte als junge Frau, bevor sie Fredy kannte, bei ihnen in den Sommermonaten öfters als Hauslehrerin gearbeitet.

Als ich Shura in Berlin kennenlernte, konnte ich mit ihr erst mal wenig anfangen. Shura und Fredy (oder Shu-Fre, wie die Familie sie nannte) diskutierten pausenlos über irgendwelche russischen Heiligen, die Rolle der Dreifaltigkeit in der Orthodoxie und ähnliche Dinge – das war damals nichts für mich! Ich war 19 und versuchte, mich im Berliner Großstadtleben selbst zu finden. Auf mich wirkten die beiden weltfremd und etwas entrückt. Paul kritisierte mich scharf dafür, er verstand Fredys Hinwendung zu allem Russischen und begeisterte sich dafür.

Russen, das wollten sie jetzt mehr sein denn je! Shura wurde später russisch-orthodoxe Nonne – das war aber erst nach dem Zweiten Weltkrieg. Dabei entstammte sie einer durch und durch jüdischen Familie, die – viel stärker als unsere es je gewesen war – vom religiösen Judentum geprägt war. Ihre Eltern waren Juden und obendrein politisch missliebige Sozialrevolutionäre – Parteien waren in der Zarenzeit verboten. Sie waren nach Sibirien verbannt worden, wo Shura zur Welt kam. Vielleicht war es diese Biografie, die sie dazu gebracht hat, später nichts mehr mit dem Judentum zu tun haben zu wollen. Sie betrachtete es als Bürde, die ihr und ihrer Familie nur Schwierigkeiten und Unglück gebracht hatte, sodass sie alles Jüdische vollständig von sich abschütteln und vergessen wollte. Sie verheimlichte ihre jüdische Abstammung sogar vor ihrem schon erwachsenen Sohn – doch davon später.

Zurück zu Fredy: er war Ende 1915 eingezogen worden. Wie Paul und Bobby war er zunächst einige Monate lang an der südrussischen Front stationiert, wo sie regelmäßig in Kontakt gestanden, sich dann aber aus den Augen verloren hatten. Fredy gelangte nach Odessa, wo er Shura kennenlernte, die dort als Krankenschwester arbeitete. Sie heirateten um 1917. Fredy kämpfte im Bürgerkrieg auch in der ›Weißen Armee‹, wurde aber in den Revolutionswirren nach Sibirien verbannt, wohin Shura ihm folgte. Ich glaube, der Anlass war ein erster Fluchtversuch aus Russland, das damals niemanden mehr hinausließ.

Fredy und Shura gelang es, vom Ort der Verbannung zu entkommen. Im Laufe der folgenden Jahre schlugen sie sich in Richtung Westen durch. Sie blieben oft mehrere Monate an einem Ort, um dann weiterzuwandern. Shura war ausgebildete Lehrerin und kümmerte sich auf den Etappen ihrer Flucht um ›Besprisornij‹, das waren verwahrloste Kinder – ein typisches Phänomen der Russischen Revolution und ihrer unvorstellbaren Umwälzungen. Die meisten dieser Kinder hatten durch Krieg und Revolution ihre Eltern und ihre Heimat verloren, oft wussten sie gar nicht, wo sie herkamen oder wie sie hießen. Sie waren meistens in Banden unterwegs und ernährten sich durch Stehlen und Betteln – es war ein einziges Elend. Um diese Kinder kümmerte sich in dieser chaotischen Zeit niemand, sodass viele von ihnen auch nicht lesen oder schreiben konnten. Shura und Fredy nahmen sich an den Orten, wo sie sich eine Weile aufhielten, dieser Kinder an und unterrichteten sie. Wenn sie eine Weile an einem Ort gelebt hatten, zogen sie weiter, immer darauf bedacht, keinen Verdacht zu erregen, dass sie aus Russland fliehen wollten. Sie erfanden gegenüber den lokalen Behörden einen Vorwand, weshalb sie fortmüssten: ein Verwandter sei krank geworden, um den sie sich kümmern müssten oder dergleichen. Schließlich hatten sie sich auf diese Weise bis zu einem Ort an der polnischen Grenze vorgearbeitet. Allerdings waren die russischen Außengrenzen abgeriegelt und wurden vom Militär bewacht. Um sich nicht verdächtig zu machen, taten Shura und Fredy so, als wollten sie sich dort niederlassen. Sie meldeten sich bei den lokalen Behörden und arbeiteten als Lehrer. Irgendwann schien ihnen die Gelegenheit günstig, und sie überquerten nachts heimlich die Grenze nach Polen – man musste über einen Fluss, und die Brücke war bewacht. Wenn die Patrouillen sie entdeckt hätten, wären sie vermutlich erschossen worden. Aber es ging gut – quer durch ganz Polen wanderten sie weiter und gelangten schließlich zu uns nach Berlin.

Fredy galt in unserer Familie als der Denker und Philosoph, und damit auch als etwas lebensuntüchtig. Das war sicher nicht fair, er hat später in seinem Leben viel erreicht und wurde schließlich ein anerkannter Gelehrter. Fredy hatte in Petersburg begonnen, Geschichte und Kunstgeschichte zu studieren, ›brotlose Kunst‹, wie mein Vater sagte, obwohl er ihm ebendiese Liebe zur Kunst bei den Besuchen in der Eremitage vermittelt hatte. Als Fredy zu uns nach Deutschland kam, schien sich das zunächst zu bewahrheiten. Er setzte sein unterbrochenes Studium in Heidelberg fort (wieder halfen Marie und Hans Kottow) und promovierte. Zuvor verdiente er nur unregelmäßig und musste von meinem Vater finanziell unterstützt werden. Zeitlebens blieb er gesundheitlich angegriffen – eine Spätfolge von Hunger und Strapazen der Flucht. Wir machten uns deshalb oft Sorgen um ihn.

Zunächst hielt Fredy sich mit russischen Volkshochschulkursen und kulturhistorischen Vorträgen über St. Petersburg über Wasser – die Manuskripte sind übrigens heute noch lesenswert. Fredy begann, in Privathäusern vor interessierten Freunden und Bekannten zu sprechen. Weil dies gut ankam, konnte er bald gegen Honorar Vorträge halten und wurde in verschiedene Städte eingeladen, auch ins Ausland, nach Riga, Amsterdam oder Prag. Gegen Ende der 20er-Jahre hatte er sich mit viel Fleiß und intellektueller Brillanz einen wissenschaftlichen Ruf und außerdem den Rang eines Experten für russische Kunst erarbeitet. Ikonenmalerei war sein Spezialgebiet, er schrieb später mehrere Bücher darüber. Weil es sehr schwierig war, an einer Universität dauerhaft unterzukommen, begutachtete er für Kunsthändler und -käufer Werke, die ihnen zum Kauf angeboten wurden. Es wurde damals viel mit russischer Kunst gehandelt. Manch russischer Flüchtling hatte Bilder außer Landes gebracht und musste sie im Exil aus Geldmangel verkaufen. In Deutschland gab es nicht viele Leute, die deren Wert beurteilen konnten. Diese Expertisen ermöglichten ihm ein Auskommen.

Durch die freiberufliche Arbeit führten Fredy und Shura lange Zeit ein unstetes Leben. Sie zogen oft um, lebten mal in Heidelberg bei Marie Kottow, mal in Berlin, auch eine Zeitlang in Amsterdam. In Holland baute Fredy sich durch Vermittlung meines Cousins Bruno Becker (dem Sohn von Benno Becker, der in Amsterdam Professor für russische Geschichte geworden war) Kontakte auf und hatte ab und zu Lehraufträge.

1932 bekamen Shura und Fredy einen Sohn, Sergej, auch Serjoscha genannt. Er wurde später orthodoxer Geistlicher in England und war ebenfalls ein bemerkenswerter Mann, aber davon später.

Als die Nazigesetze kamen, sah sich Fredy als Freiberufler zunächst nicht beeinträchtigt. Als wir – und später Paul und meine Mutter – auswanderten, machte er keine Anstalten, über Emigration nachzudenken. Erst kurz vor dem Krieg änderte er seine Meinung, aber da war es zu spät. Immerhin gelang es ihm, Shura und Serjoscha mit Hilfe von Bekannten nach Holland zu bringen, von wo sie im Mai 1940, wenige Tage vor der deutschen Invasion[65], nach England entkamen.

Fredy konnte selbst nicht mitkommen, sein Geld reichte nicht. Er versuchte fortan, in Berlin ›unter dem Radar zu fliegen‹, wie er sich ausdrückte – also möglichst unauffällig zu leben. Das ging eine Weile lang gut. Er hatte ein Netzwerk russischer Exilanten – Bekannte und Freunde, die sich gegenseitig halfen. Durch Aufträge von Privatleuten konnte er als Sachverständiger für russische Kunst einigermaßen über die Runden kommen.

65 10. Mai 1940 Einmarsch deutscher Truppen, 14. Mai Kapitulation der niederländischen Streitkräfte.

Eines Tages, es war schon nach der Niederlage von Stalingrad[66] geschah Folgendes: Fredy hatte von einer Telefonzelle aus einen Anruf gemacht. Er verließ die Zelle, bemerkte aber nach einigen Minuten, dass er sein Adressbuch dort vergessen hatte. Er kehrte rasch zur Telefonzelle zurück – aber das Adressbuch war verschwunden! Fredy geriet in ziemliche Aufregung, denn in dem Buch standen alle seine russischen Kontakte verzeichnet, in kyrillischer Schrift. Deutschland führte Krieg gegen die Sowjetunion. Wenn jemand das Buch fand, konnte leicht die Vermutung aufkommen, er sei ein russischer Spion. In den folgenden Tagen warnte Fredy alle seine Bekannten, hoffte aber immer, das Buch werde wiederauftauchen. Doch er wurde mit jedem Tag sicherer, dass die Gestapo auf ihn aufmerksam geworden war.

Tatsächlich kamen sie ihn bald holen. Männer in Ledermänteln setzten ihn in ein Auto und fuhren mit ihm in die Prinz-Albrecht-Straße 8, ins berüchtigte Berliner Gestapo-Hauptquartier. Kaltenbrunner[67] persönlich verhörte ihn. ›Was sind das für Namen mit Russland?‹, wollte er wissen. Fredy erzählte alles wahrheitsgemäß. Da er auf einem Ohr schlecht hörte und dies beim Verhör glaubhaft machen konnte, antwortete er immer – absichtlich – mit Verzögerung. Das gab ihm einen Moment Zeit, in dem er jedes Wort sorgfältig abwog. Einen ganzen Tag und eine Nacht wurde Fredy verhört. Er war sich sicher, dass man ihn als Spion verhaften und aburteilen würde. Auf einmal sagte Kaltenbrunner zu ihm: ›Na gut, Sie können gehen.‹ Fredy, der damit überhaupt nicht gerechnet hatte, stand auf und sagte verdattert: ›Na, dann auf Wiedersehen.‹ Kaltenbrunner antwortete: ›Um Ihretwillen hoffe ich, nicht.‹

Nach dieser Episode, im Spätsommer oder Herbst 1943, tauchte Fredy unter. Freunde halfen ihm: zwei Schwestern aus einer alten Adelsfamilie, beide unverheiratet und sehr katholisch. Sie versteckten ihn in ihrem Familienstammsitz, einem Wasserschloss im Münsterland. Das war riskant, es wohnte dort auch ein Bruder, der war Nazi und durfte nichts merken – andererseits bot gerade dies

66 2. Februar 1943 Kapitulation der letzten deutschen Truppen nach der Schlacht bei Stalingrad.

67 Ernst Kaltenbrunner (1903–1946), hochrangiger SS-Funktionär und seit 1943 Leiter des Reichssicherheits-Hauptamts (RSHA, u. a. Zentrale der Gestapo) in der Berliner Prinz-Albrecht-Straße 8 (heutiges Gelände der ›Topographie des Terrors‹). Er wurde in den Nürnberger Prozessen als Kriegsverbrecher verurteilt und hingerichtet.

einen gewissen Schutz, denn in seinem Haus würde man nicht zuerst suchen. Gegen Ende des Krieges wurde Fredy ernsthaft krank und brauchte medizinische Versorgung. Das war in seinem Versteck viel zu gefährlich. Die beiden Schwestern schafften ihn über Kontakte im Widerstand in ein Krankenhaus in den Niederlanden, wo er von Nonnen gepflegt wurde. Dort wurde Fredy verraten – eines Abends erschien die SS und wollte ihn holen. Sein Gesundheitszustand war sehr schlecht, er hatte hohes Fieber. Eine der Nonnen sagte: ›Wenn Sie bis morgen früh warten, können Sie sich die Umstände sparen – er wird die Nacht nicht überleben.‹ Das überzeugte die SS und sie zog ab. Die Umstände konnte sie sich tatsächlich sparen: Fredy überlebte die Nacht, aber wer am nächsten Morgen kam, war nicht die SS, sondern die Amerikaner. Die Alliierten hatten in einem Überraschungsangriff die Deutschen zurückgedrängt und befreiten die Stadt und das Krankenhaus.[68]

Nach dieser Befreiung in letzter Minute wurde Fredy allmählich wieder gesund. Er konnte das Krankenhaus nach einiger Zeit verlassen, war allerdings völlig mittellos. Monatelang schlug er sich in den von den Amerikanern befreiten Gebieten irgendwie durch. Nach Kriegsende nahm er seine wissenschaftlichen Studien wieder auf und versuchte, beruflich auf die Beine zu kommen. Da er einen ausgezeichneten Ruf genoss und an Kontakte aus der Vorkriegszeit anknüpfen konnte, wurde er 1946 Professor[69] für russische Kunst- und Literaturgeschichte an der Universität Leiden.

Dort haben wir Fredy 1948 auf unserer ersten Europareise nach dem Krieg besucht, und er hat uns seine Geschichte erzählt.

Tragischerweise gelang es ihm immer noch nicht, ein Visum für England zu bekommen, wo Shura mit Serjoscha lebte. Als ›Staatenlose‹ war es für sie alle auch nach dem Krieg kaum möglich, Visa zu bekommen. Vielleicht hatte Fredy nach den vielen Jahren der Trennung auch Angst vor dem Wiedersehen, vor den damit verbundenen Emotionen, möglicherweise auch einer gewissen Entfremdung – und hat deswegen nicht alle Hebel in Bewegung gesetzt. Fredy hat Shura und Serjoscha nicht wiedergesehen. Er starb 1951 unerwartet an einem Herzinfarkt.

---

68 Wahrscheinlich handelt es sich hier um die alliierte Luftlande-Operation ›Market Garden‹ Ende September 1944 beim Nijmegen, bei dem die Stadt sowie große Teile der an das Münsterland angrenzenden Provinz Gelderland befreit wurden, die Überquerung des Rheins bei Arnheim jedoch scheiterte.

69 Als Privatdozent, d. h. er hatte keinen Lehrstuhl.

Shura und Serjoscha waren nach ihrer Flucht 1940 in der Nähe von Oxford gelandet. Shura hatte kein Geld, wollte Serjoscha aber unbedingt auf einer guten Schule unterbringen. Sie war eine resolute Frau mit einem eigenwilligen Charme. Sie nahm eine Stelle als Haushälterin in einer katholischen Privatschule, der Bloxham School, an. Dabei stellte sie die Bedingung, dass ihr Sohn dort zur Schule gehen dürfe – und kam damit durch. Man könnte sie eine Lebenskünstlerin nennen. Später, als Serjoscha dort seinen Abschluss gemacht hatte und aufs College ging, unterrichtete sie Russisch an der Joint Services School in Cambridge. Das war eine Schule, die im Kalten Krieg englische Militärangehörige und – vor allem – Geheimdienstmitarbeiter mit soliden Russischkenntnissen ausstattete. Shura lebte später in Oxford, wo sie orthodoxe Nonne wurde. Wir haben sie dort ein paarmal besucht, als wir wieder in Europa lebten.«

Spurensuche, Berlin, 2017

Als ich beginne, Sonjas Erzählung aus dem Gedächtnis aufzuschreiben, kommen mir Zweifel, ob meine Erinnerung trügt. Fredys Fluchtgeschichte hat eine erstaunliche Parallele zu einer Episode in den Revolutionserinnerungen des russischen Schriftstellers Konstantin Paustowskij, die ich auf Sonjas Empfehlung las. Habe ich das Ganze möglicherweise dort gelesen und mit ihrer Erzählung vermischt?

Der Zufall kommt mir zu Hilfe: Ich stoße im Internet auf die Memoiren des niederländischen Verlegers Wim Schouten. Er hatte Alfred Hackel kurz nach dem Zweiten Weltkrieg kennengelernt und eine Zeitlang bei sich beherbergt. Schouten erinnert sich[XXV]:

> Abends erzählte [Hackel] uns bei einem Glas Altem Klaren, anstelle von Wodka, über seine Erfahrungen zur Zeit der Revolution, die für ihn in Odessa begann, wo er und seine Frau Lehrer waren. Beim Lesen von Paustowskij kamen mir seine Geschichten wieder in Erinnerung. Wunderbar konnte er davon erzählen, wie er und seine Frau auf dem Weg zur polnischen Grenze durch Sowjetkommissare gezwungen worden waren, ein leerstehendes Schloss zu verwalten. Dessen Bewohner waren alle zu Beginn der Revolution verjagt oder ermordet worden.

Es begann Frühling zu werden, und im Winter dieses Jahres hatte im Wolgagebiet eine fürchterliche Hungersnot geherrscht. Viele hundert stark unterernährte Kinder wurden in bessere Regionen in den Westen gebracht. In dem leeren Gutshaus sollten sie Obdach finden. Hackel und seine Frau wurden eine Art Jugendherbergsvater und -mutter für die kleinen Kinder.

Mit der Ankunft des Frühlings begannen die Wiesen zu blühen. Zuerst waren noch viele der Kinder gestorben, aber langsam war es dann besser geworden. Der eigentlich unpraktisch veranlagte Hackel hatte eine Möglichkeit aufgetan, mit den Grenzbeamten eine Art Schmuggelorganisation aufzuziehen. Nachts wurde mit den Polen Tabak getauscht gegen Betten, Decken und für die Kinder bestimmtes Essen. Das war verboten, aber die Sowjets drückten ein Auge zu und ließen es geschehen. Tränen liefen über seine Wangen, wenn er beschrieb, wie seine Frau Geige spielend auf der blühenden Frühlingswiese die kleinen mageren Kinder, die wahrscheinlich keinen Vater und keine Mutter mehr hatten, tanzen gelehrt hatte.

Später sind sie dann bei Nacht, Stück für Stück auf dem Bogen einer hohen Flussbrücke vorwärts kriechend, nach Polen hinübergekommen.

Meine Erinnerung hat mich zum Glück nicht getäuscht – und die erstaunliche Ähnlichkeit mit der Geschichte Paustowskijs ist auch Wim Schouten aufgefallen.

In Sonjas Familiendokumenten finde ich einen Nachruf auf Fredy. Ein auf der Maschine getippter Text. Offenbar hat jemand für Sonja oder Flora – etwas holprig – einen Zeitungsartikel übersetzt. Er stammt aus dem ›Nieuwe Rotterdamsche Courant‹, einer großen niederländischen Tageszeitung, für die Fredy in der 1930er-Jahren kulturhistorische Beiträge verfasst hatte.

Nieuwe Rotterdamsche Courant v. 9/II/1951

Man schreibt uns aus Leidener Universitätskreisen:

Dr. Hackel war ein geborener Russe und studierte Kunstgeschichte an der Universität Petrograd bei Ainalow und Rostowzew. Durch die Revolution aus Russland verjagt, baute er sich eine neue Existenz in Deutschland auf, wo Gelehrte wie Neumann, Schrader, Wulff und A. Goldschmidt seine Arbeit förderten. Damals entstand seine Studie über die heilige Trinität in der Kunst (1931), während er durch Vorlesungen und Artikel für die *Nieuwe Rotterd.*

> *Courant* über die Kunst der Ikonen auch hierzulande bald als einer der besten Specialisten auf diesem Gebiet bekannt wurde. Nach den mit Mühe durchstandenen Jahren 1933–45 – als Russe musste er sich schließlich in Hitler-Deutschland verbergen – hatte er an der Leidener Universiteit einen neuen Arbeitskreis gefunden. [...] Während es schien, dass dieser sanfte und liebenswürdige Mann, den das Leben nie geschont hatte, jetzt einer ruhigen Zukunft entgegenging, und während er sich mit zunehmender Konzentration und Begeisterung seinen geliebten Thema's widmen konnte, ist er plötzlich dahingegangen.

Ich stutze: ›als Russe musste er sich verbergen‹? Interessanterweise enthält weder der Nachruf einen Hinweis auf den jüdischen Ursprung der Familie Hackel noch der Wikipedia-Artikel[XXVI], der sich vermutlich auf seinen ›offiziellen‹ Lebenslauf als Professor in Leiden stützt. Der nur fünf Zeilen umfassende Text beginnt mit dem Satz: ›Hackel entstammte einer lutherischen Familie‹. Dass als erste Information die Religion so explizit genannt wird, kann kaum Zufall sein. Ob dies wohl von Fredy selbst so kolportiert wurde? Vor und vor allem während der Naziherrschaft gab es auch in den Niederlanden heftigen Antisemitismus, aber nach der Befreiung hätte er eigentlich keine Angst mehr vor solcherart Benachteiligung haben müssen.

Einige Fragen zu Fredys Leben interessieren mich: Warum ist er nicht emigriert? Warum fühlte er sich so sicher? Warum blieb er von der Deportation verschont? Warum ließ Kaltenbrunner ihn laufen? Welche Geschichte erzählte er ihm?

Ich suche nach Anhaltspunkten in den Briefen, die er seiner Mutter nach Südafrika schrieb. Daraus geht hervor, dass er im Oktober 1936 mit Frau und Kind aus Heidelberg nach Berlin umzog. Im Adressbuch steht: Hackel, Alfred, Schriftsteller; Zehlendorf, Riemeisterstraße 77. Eine Nebenstraße mit bescheidenen Reihenhäusern und schmalen Gärtchen davor und dahinter, ein Teil der Siedlung ›Onkel Toms Hütte‹ in Dahlem. Offenbar konnte Fredy jetzt aus seinen Vortrags- und Autorenhonoraren diese Art eines bequemen Familienlebens bestreiten. Sie schienen sich sicher und geborgen zu fühlen, waren in der Nachbarschaft gut integriert, Freunde kamen zu Besuch, der vierjährige Serjoscha besuchte den Kindergarten, Fredy schrieb und Shura versuchte sich als Hausfrau. Sie waren Mitglieder der russisch-orthodoxen Kirchengemeinde und besuchten Gottesdienste und Gemeindefeste.

Bereits seit 1928 schrieb Fredy freiberuflich für den ›Nieuwe Rotterdamsche Courant‹, eine der größten niederländischen Tageszeitungen. Nach 1933 waren ›russische‹ Themen in Deutschland unerwünscht, sodass Fredy offenbar Schwierigkeiten bekam, seine Studien zu russischer Kunst- und Religionsgeschichte zu publizieren. Er begann, sich beruflich stärker auf die Niederlande auszurichten und reiste immer wieder dorthin.

An der Universität Nijmegen hatte sich ein Professor Baader, ein Deutscher, seiner angenommen. Er versprach ihm, eines seiner Bücher herauszugeben. Fredy schrieb darüber im September 1936 an Flora:

> Gerade in Holland hatte ich das Gefühl, dass man mich wirklich schätzt. Besonders während der 1½ Monate Zusammenarbeit mit Prof. Baader. Vor ihr grauste es mir zunächst. Denn wir sind so verschieden – nicht nur unserer Spezialität nach. (Er ist Germanist u. Sprachwissenschaftler). Und nun geschah das Wunderbare: völliges Verstehen und Zusammengehen. […] Nie ein Zerwürfnis, eine unliebsame Kritik. […] Er ist außerordentlich musikalisch – seine ganze freie Zeit verbringt er auf dem Sofa liegend und Symphonien komponierend – so hatte er auch volles Verständnis für die Teile meines Buches, wo ich gew. ›musikalische‹ Sätze bildete, um z. B. das Kultische hervorzuheben, ja manches fügte er in diesem Sinne selbst hinzu. Der Satz, meinte er, müsste nicht nur einwandfrei vom Standpunkte der Syntax sein, er muss irgendwie ein musikalisches Gesetz verwirklichen. So war ihm m. Einstellung geistesverwandt […]

Über diesen Professor Baader, Fredys akademischen Förderer in diesen Jahren, finde ich bei weiteren Recherchen einige interessante Anhaltspunkte.[XXVII] Theodor Baader, deutscher Staatsangehöriger, war seit 1923 an der Universität Nijmegen (Nimwegen) Professor für deutsche Sprachwissenschaft. Baader sympathisierte wohl bereits 1933 mit den Nazis, musste sich aber als in den Niederlanden verbeamteter Hochschullehrer neutral verhalten. 1936/37 wurde er Rektor der Universität Nijmegen – es mag sein, dass dies in Zusammenhang mit verdeckten Germanisierungsbestrebungen der Niederlande stand.[70] Nach dem deutschen Einmarsch im Mai 1940 bekannte Baa-

70 Seit ca. Mitte der 1930er-Jahre gab es seitens der Naziregierung Bestrebungen, die Niederlande kulturell zu unterwandern, in der Absicht, deren sprachliche und kulturelle Eigenständigkeit in Frage zu stellen und eine spätere Eingliederung nach Großdeutschland hierdurch zu legitimieren.

der sich offen zum Nationalsozialismus. 1945 wurde er deshalb aus dem niederländischen Hochschuldienst entlassen und kehrte nach Deutschland zurück.[XXVIII]

Während seiner Zeit in Nijmegen gab Baader die Publikationsreihe ›Disquisitiones Carolinae‹ heraus, in der ein breites Spektrum philologischer Themen behandelt wurde. Dort sollte Fredys Buch nach mehreren Verzögerungen um die Jahreswende 1936/37 erscheinen.

Baaders politische Einstellung, aber auch seine Haltung gegenüber Fredy und der Ikonenmalerei, erschließt sich aus dem von ihm verfassten Vorwort:

> Wem von uns, der die Schönheit der altrussischen Heiligenbilder jemals auf sich hat wirken lassen können, ist nicht die Schau in eine altchristliche Welt, in die von demütiger Frömmigkeit durchzitterten Künstlerseelen des alten Russland zu einem unvergesslichen Erlebnis geworden? […]
>
> All ihr von Mühsal und Elend beladenen, von Hunger und Tod aus der Heimat gehetzten russischen Flüchtlinge, ihr habt nicht vergeblich das menschenwidrigste Los gezogen! Auch ihr habt eine Mission erfüllt, ihr habt uns Westeuropäern […] die Sinnbilder altrussischer Religiosität zugebracht […], indem ihr viele dieser alten Bilder gleichsam als mächtige Schutzengel zu Begleitern Euerer Flucht aus dem Euch feindlich gewordenen Vaterlande wähltet. […] Aber damit ist der Kreis Euerer weltgeschichtlichen Bestimmung noch nicht geschlossen. […]
>
> Wie oft habe ich auch im Kreis holländischer Freunde Ihren Worten, lieber Hackel, lauschen dürfen, wenn Sie uns über Kunst und Weltanschauung der alten Ikonenmaler sprachen oder wenn Sie uns gebannt lauschen ließen nach den mächtigen Akkorden, die aus der vielmanualigen Orgel aufstiegen, zu der das zwei Welten umschließende, westliche und östliche Weltanschauung vermischende Russland geworden war.
>
> Lieber Freund, auch Sie dürfen sich glücklich preisen, denn erst die Not, die Sie und Ihre Familie auf der Flucht aus der alten Heimat begleitet hat, hat Ihnen Ihre wahre Mission vorgezeichnet! […]
>
> Aber wir dürfen dabei nicht vergessen, dass diese göttliche Schönheit sich der Welt nur unter Blitz und Donner offenbart; durch Leiden und Qualen muss die Menschheit erst geläutert und alles

> Philiströse in uns vernichtet werden – wer bei den Zeichen unserer Zeit Augen hat zu sehen, der sehe, und Ohren zu hören, der höre – dann erst können wir zu der Fähigkeit heranreifen uns hinaufzuschwingen […] zu der Erkenntnis und tieferen Erschauung des durch Gott geschaffenen Dualismus und Polarismus zwischen Geist und Materie, des Gegensatzes von Geist und Stoff, von Gut und Böse, von Freude und Leid, mystischem Jubel und irdischer Öde, von himmlischem Paradies und irdischer Hölle, sonnenhafter Auferstehung und sündiger Vernichtung, des Gegensatzes zwischen geistesgeschichtlich erwachsener Schöpferfreude und philiströs gesättigter Blasiertheit des der Gemeinschaftsidee entflohenen Individuums. Wer Augen hat zu sehen und Ohren hat zu hören, der hat hören und sehen können, wie die Vorsehung, die göttliche Weltleitung, durch die Weltschicksalsschläge der letzten Jahrzehnte die Völker zur Besinnung auf ihre transzendentale Bestimmung bringt. Die Feueresse, auf der die Menschheit geläutert, Hammer und Amboss, auf denen sie geschmiedet wird, sind nur Werkzeuge, nur Mittel zum Zweck, die die Geschichte in die Rumpelkammer der Völker wirft, während das Geschmiedete seine teleologische Bestimmung im Ablauf der Menschheitsgeschichte weiter erfüllen wird. Wir dürfen uns glücklich preisen, wenn uns die Geschichte der letzten Jahrzehnte wieder gereift hat, sodass wir jene Welt der geistigen Schönheit erfassen können, die in der Darstellung der altrussischen Ikonen ihren Abglanz gefunden.[XXIX]

Die ›Feueresse‹ läutert die Menschheit, erst dann kann diese die wahre Schönheit der Ikonen erkennen … In Baaders schwülstiger Metaphorik, vordergründig aus dem ›Gleichnis vom Sämann‹ (Matth. 13, 6–9) entlehnt, waren – zumal für seine Zeitgenossen – klare Bezüge auf ›Führerreden‹ erkennbar, in denen Hitler das deutsche Volk schmieden wollte – das Individuum sollte im ›Volkskörper‹ ganz verschmelzen – erst dann könne es seiner Bestimmung zu Höherem entgegengeführt werden. Aus heutiger Sicht wirkt Baaders Text befremdlich, zumal Fredys Ikonenbuch inhaltlich und stilistisch keinerlei Anknüpfungspunkt für Nazi-Rhetorik bietet. Aus Baaders Vorwort kann man Rückschlüsse ziehen, was ihn antrieb: einerseits kann man seinen ideologischen Standpunkt erkennen, andererseits seine ausgeprägte Fähigkeit zu zeitgemäßem Opportunismus. Für die Nazis waren russische Ikonen ein abseitiges, wenn nicht gar verdächtiges Thema – aber Baader verstand es, dies in den gängigen Nazi-Duktus zu übersetzen und dadurch salonfähig zu machen. Vermutlich war es so, dass Baader, als universal interessierter Hochschullehrer, Ikonenmalerei einfach schön fand, ebenso wie die Art, in der Fredy darüber erzählen konnte. Er bot ihm vielleicht auch eine willkommene Abwechslung von dem – für einen musisch veranlagten Menschen eventuell etwas spröden – eigenen Fachgebiet (deutsche Sprachwissenschaften), und eine Gelegenheit, sich als Förderer zu profilieren.

Als das Buch erschienen war, unternahm Fredy im Februar 1937 eine längere Vortragsreise in die Niederlande, wo er sein Werk vorstellte und mit Baader sogar über ein weiteres Buch, diesmal über St. Petersburg, sprach. Von dort schrieb er an Flora:

> 3 Vorträge liegen hinter mir. Ich bin sehr zufrieden u. sehr müde. Nicht d. Vorträge wegen sondern d. ständigen Menschenandranges wegen. Komisch, wie [sich] die Menschen hier auf einen stürzen, als ob sie ausgehungert wären. Vielleicht aber liegt es darin, dass ich ihnen irgendwie exotisch vorkomme, jedenfalls anders. Alle sind rührend zu mir, von e. Gastfreundschaft, die in Deutschland nicht mehr zu finden ist – aus wirtsch. Gründen. Ich fuhr zunächst nach Gronau[71] […]. Dann kamen 2 sehr schöne Tage in Hengelo (Holland) im Haus unserer Freunde Müllers. Er ist Dipl. Ingenieur in einer großen Stahlmaschinenfabrik (Artillerie für die Marine!), einst Deutscher, jetzt überzeugter Holländer. Sie eine bildschöne Frau, Tochter des Reederkönigs Hollands, der man aber den märchenhaften Reichtum ihres Vaters gar nicht anmerkt.[72] Eine schöne Villa, Auto, herrlicher Weinkeller, gemütliche Stimmung […].
>
> Sonderbar das Gefühl, das man sofort beim Übertritt [aus] Deutschland empfängt – ein tiefes Aufatmen, wie Seeluft wirkt es. Erst dann spürt man, in welchem ›Gefängnis‹ unsereins in Deutschland lebt. Ein unmerklicher furchtbarer Druck, an den man sich so gewöhnt hat, dass man ihn nicht mehr zu spüren meint. Dann plötzlich – sobald

---

71 Fredy war von der Familie van Delden eingeladen worden, den Besitzern eines bedeutenden Gronauer Textilunternehmens. Gegründet 1875 war es bis zur Insolvenz 1982 größter Arbeitgeber am Ort. Das Unternehmen erwarb sich in der Zwischenkriegszeit überregional einen Ruf der Modernität u. a. als Hersteller der in den Bauhaus-Werkstätten entwickelten Textil-Tapeten.

72 Es handelt sich hier sehr wahrscheinlich um einen Zweig der Familie Kröller-Müller, die eine große Kunstsammlung besaß und später dem niederländischen Staat schenkte, und auf die das weltberühmte ›Rijksmuseum Kröller-Müller‹ in Otterlo bei Arnheim zurückgeht. Allerdings scheint es sich bei Fredys Freunden nicht um die Gründer des Museums selbst zu handeln, denn die Bildersammlung hätte gewiss in seinem Brief Erwähnung gefunden.

man die Grenze überschreitet – ein Aufatmen, ein Gefühl d. großen Ruhe u Geborgenheit. Wir haben die Grenze im Auto passiert. Gosch, Studienrat in Gronau, verdanke ich, dass man mich durchließ ohne m. Koffer (2) aufzumachen oder nach Geld etc. zu fragen.

[…] 6 Bücher besprochen in 2 Tagen – eine ganz nette Leistung. Ich muss hier soviel russ. Bücher lesen, um überhaupt für die Rott. C. [Nieuwe Rotterdamsche Courant] zu arbeiten, da sie nach Deutschland nicht hereingelassen werden. Ein Buch/Zeitschrift sind in Heidelberg beschlagnahmt u. der Gestapo abgeliefert worden. Gott sei Dank – kein Nachspiel. Ich habe den Herrn im Zollamt erklärt, dass ich Mitarbeiter des N. Rott. C. bin, einer Zeitung, die noch nach Deutschland eingeführt werden kann. Jetzt fahre ich nach Nimwegen, wo ich mit Baader etc. über Band II (Petersburg) eine große Aussprache haben werde. Dann nach Hengelo zu dem reizenden Ehepaar Müller, wo ich 2 Tage verbringen werde um von da per Auto über die Grenze geschafft zu werden. In Gronau soll ich 2 Wochen mich ausruhen. Dann geht es nach Leipzig. […]

Vom Prälaten Musch bin ich nach Köln eingeladen & von Frau Holm nach München. Aber das alles werde ich später verwirklichen. Durch die Erfolge – ich war sehr gut in Form – bin ich moralisch gestärkt. So sehe ich zuversichtlicher der Zukunft entgegen.

Gewiss, Fredy beschreibt die beklemmende Stimmung in Nazideutschland. Aber dennoch merkwürdig, wie sicher er sich trotz allem in Berlin noch gefühlt haben muss. In einem späteren Brief an Flora erzählt Fredy ihr von einem Besuch im Zirkus mit seinem kleinen Sohn:

[Der schönste Eindruck waren nicht] die jonglierenden Seelöwen oder die 36 Pferde, die plötzlich alle stillstehen & sich auf die Hinterbeine erheben, sondern Serjoscha, der das alles verschlang, stumm in sich gekehrt, strahlend u. glücklich. Leider war Shura nicht dabei; für 2 ½ hat es nicht gelangt, nur für 1 ½, ›Nachmittagsvorstellung‹! Von diesem Erlebnis zehrt Serjoscha wochenlang. Immerzu erzählt er Shura, wie es gewesen ist. Besonders haben ihm die Clowns gefallen. Er lachte von Herzen über ihre Streiche, so ansteckend, dass unsere Nachbarn mitlachen mussten. Nicht weit von uns entfernt saß in einer Loge der Propagandaminister Herr Dr. Goebbels mit Frau und Kindern u. schien großes Gefallen an der Vorstellung zu nehmen. Aber Serjoscha hat ihn nicht bemerkt […].

Und Fredy? Hat er die heraufziehende Gefahr nicht bemerkt? Irgendwann wohl doch. 1939 beginnt er sich ernsthaft über eine Emigration Gedanken zu machen. In einem undatierten Brief, den er wohl im April 1939 schrieb, teilt er mit:

> Nun, Mutterle, kann ich Dir eine freudige Mitteilung machen. Ich habe gestern vom amerikanischen Konsulat die Nrn der russischen Warteliste erhalten: 569, 570, 571, für uns drei! Wie Du siehst ganz geringe Zahlen gemessen an den anderen Quoten, die 50 000 bereits überschritten haben. Es sind aber noch nicht Quotennummern, dennoch hoffe ich jetzt nicht allzu lange zu warten. […]

Die ›russische Warteliste‹? Fredy scheint auch hier die ›russische Karte‹ gespielt zu haben.

Mehr noch als bei der Arbeitsbeziehung zu Professor Baader, einem erkennbar nationalsozialistisch gesinnten Mann, wundere ich mich: Kann denn wirklich bis hierher Fredys jüdischer Stammbaum den Nazis entgangen sein? Versuchte Fredy, im Zweifelsfall als sogenannter ›Halbjude‹ durchzugehen?

Das Verhältnis zu Professor Baader in Nimwegen wurde distanzierter und brach irgendwann ab. 1938 erschien noch, von Baader angeregt, eine positive Rezension von Fredys Buch. Zu der geplanten gemeinsamen Publikation über St. Petersburg kam es nicht mehr. Ahnte Baader etwas? Wurde Fredy ihm lästig? Oder zog Fredy sich vorsichtshalber zurück? 1939 erschien in Regensburg ein Beitrag von Fredy in einem Sammelband: ›Der Kirchenbau als Symbol‹.[XXX] Und noch 1943 verlegte der Verlag Herder in Freiburg den Titel ›Von ostkirchlicher Kunst‹, mit einem Beitrag von Alfred Hackel. Trotz seiner wachsenden Bedrängnis scheint es – auch nachdem er Shura und Serjoscha ins Ausland gebracht hatte – in Deutschland kein generelles Publikationsverbot für ihn gegeben zu haben.

Wie hat er das bloß gemacht?, rätsele ich und denke an Sonjas Worte *»Er versuchte, unter dem Radar zu fliegen«*.

Auch die Episode des Verhörs durch Kaltenbrunner kann man so interpretieren, dass die Gestapo nicht wusste, dass Fredy nach ihrer Definition Jude war. In der Zeit, in der sich dies abspielte, etwa Mitte 1943, hätten sie ihn sonst wohl kaum wieder freigelassen.

Ich versuche herauszufinden, ob von dem Verhör noch Akten existieren. Mir wird mitgeteilt[XXXI], die Gestapo habe das allermeiste bei Kriegsende vernichtet. Aber meine Nachfrage beim Bundesarchiv fördert überraschend noch andere Dokumente über Fredy zutage.

Gleich in der ersten Aktenmappe[XXXII] werde ich fündig. Ein kleines Papiertütchen mit zwei Passbildern fällt heraus. Fredy schaut mir mit ernstem, unruhigem Blick entgegen.

Ich beginne mit der Durchsicht. Als Erstes stoße ich auf ein Formular mit Hakenkreuz im Briefkopf: ›Antrag zur Aufnahme in die Reichs-Schrifttumskammer, Gruppe Schriftsteller‹.

> Datum: 4. Oktober 1940. Name: Hackel, Alexej Alfred; Anschrift: Berlin-Zehlendorf, Eschershauser Weg 17f; Fernsprecher: – ; geboren am 29. September 1892; Staatsangehörigkeit: (leer); Familienstand: verheiratet, getrennt lebend; Konfession: griechisch-katholisch (früher evangelisch (reformiert)), arisch.
>
> Verheiratet mit Alexandra geb. Tschudnowskaja, geb. am 8. Juli 1892 in Irkutsk (Sibirien), Konfession griechisch-katholisch, arisch. Eltern: Gustav Hackel, Mutter: Flora Hackel, geb. Blumenthal.

Fredy geht hier also aufs Ganze und vertraut darauf, dass man seinen Stammbaum nicht nach Russland wird zurückverfolgen können. Die väterlichen Hackels stammten aus Mitau, was nun in Lettland lag. Die dortigen Personenkarteien waren für die Nazis – zumindest vor dem Einmarsch – nicht erreichbar. Aber angesichts von Floras Geburtsort Berlin (den er aber nicht angeben muss) kein geringes Risiko. Mir schießt durch den Kopf, dass so etwas heutzutage nicht mehr möglich wäre. Mit zwei Klicks hätte man irgendwelche Anhaltspunkte – Mutter, Bruder, Schwester nach Südafrika ausgewandert, Frau und Sohn auf einmal weg, in England … – warum? Ein, zwei Recherchen dazu, und Fredy wäre geliefert gewesen. Aber offenbar baute seine Taktik darauf auf, dass damals eine Verknüpfung von Daten nicht so einfach war. Und dass sie ohne konkreten Anlass – niemand schwärzte ihn an, er erregte kein Aufsehen – offenbar seitens der Behörden auch nicht stattfand.

Fredys Tätigkeit beim ›Nieuwe Rotterdamsche Courant‹ war seit 1940 mit der deutschen Besetzung der Niederlande beendet, die Zeitung war von den Besatzern geschlossen worden. Er verlor damit eine regelmäßige Einnahmequelle und musste sich um andere Publikationsmöglichkeiten bemühen, daher sein Versuch, in die Reichsschrifttumskammer aufgenommen zu werden, mit dem er sich ein Stück aus der Deckung begab.

Fredy wird zunächst aufgefordert, eine ganze Reihe von Dokumenten vorzulegen: polizeiliches Führungszeugnis, Unbedenklichkeitsbescheinigung der NSDAP etc. Und tatsächlich bescheinigt ihm die Gau-Personalstelle der Partei auf einem mit Fraktur-Schreibmaschine ausgefüllten Formular voller Hakenkreuze, dass über ihn ›nichts Nachteiliges bekannt‹ sei. Im Führungszeugnis ist eine Strafe von 30 Mark vermerkt, wegen ›unerlaubten Aufenthalts im Reichsgebiet‹ am 23. 3. 1936 – Reststrafe erlassen durch Amnestie vom 23. 4. 1936 – wahrscheinlich waren seine provisorischen Papiere als Staatenloser abgelaufen gewesen …

Aber ein Dokument kann er nicht vorlegen: den ›Ariernachweis‹. Fredy schreibt in einem Begleitbrief an die Behörde:

> Ein westdeutscher wissenschaftlicher Verlag beabsichtigt, eine geistesgeschichtliche Arbeit im Herbst ds. Js. zu veröffentlichen. Da der Verlag ohne eine Bescheinigung seitens der Reichsschrifttumskammer keinen Vertrag mit mir abschließen kann, erlaube ich mir hiermit, mich an die Reichsschrifttumskammer Berlin mit der Bitte zu wenden, mir einen Befreiungsschein von der Mitgliedschaft der Reichsschrifttumskammer ausstellen zu wollen.
>
> Ich bin Russe, russischer Emigrant, deutscher Dr. phil., griechisch-katholischer Konfession, seit 1922 in Deutschland wohnhaft. Meine Dokumente musste ich bei meiner Flucht aus Russland dort zurücklassen, und so bin ich leider nicht imstande, die erforderlichen Unterlagen vorzulegen. Meine Bemühungen, die Urkunden aus Sowjet-Russland zu beschaffen, blieben ergebnislos.
>
> In Anbetracht dessen, dass die geistesgeschichtlichen Themen, die ich in meinen Arbeiten behandle, absolut apolitisch sind und das Interesse der wissenschaftlichen Kreise erwecken, hoffe ich, dass die Reichsschrifttumskammer mir einen Befreiungsschein ausstellen wird.
>
> Heil Hitler! Dr. Alexej Hackel

Die Behörde ist damit nicht zufrieden, sodass Fredy in einem weiteren Schreiben ausführt:

> Bezugnehmend auf Ihr Schreiben vom 10. September 1940 […] erkläre ich, dass es mir als Emigranten und ehem. Weiß-Gardisten z. Zt. unmöglich ist, den […] verlangten Nachweis meiner arischen Abstammung zu beschaffen. […]
>
> Ich kann nur erklären, dass mir von einer jüdischen Abstammung meiner Eltern nach bestem Wissen nichts bekannt ist. Jedenfalls

waren Mitglieder unserer Familie in Russland unter Beamten und Offizieren oft vertreten.

Heil Hitler! Dr. Alexej Hackel

Zur Illustration fügt er einen Lebenslauf bei, der seine Fluchtgeschichte folgendermaßen zusammenfasst:

Ich, Alexej Alfred Hackel, geb. 1892 in St. Petersburg, absolvierte dort das Gymnasium und studierte dann an der Petersburger Universität Geschichte und Kunstgeschichte (Staatsexamen 1915). Von Ende 1915 bis Ende 1917 im Felde. Nach dem Zusammenbruch der Front kehrte ich kriegsbeschädigt (Schwerhörigkeit) nach der Heimat zurück. Studienassessor-Examen und Lehrtätigkeit am Gymnasium. Ausbruch der bolschewistischen Revolution. Im Jahre 1920 Fluchtversuch aus Russland. Verhaftung durch die Tscheka. Gefängnis, Flecktyphus und Entlassung. 1922 neuer Fluchtversuch aus Russland. Verhaftung durch Polen. Polnisches Gefängnis. Entlassung. Seit November 1922 in Deutschland. Studium der Archäologie und Kunstgeschichte an den Universitäten Berlin und Heidelberg. Im Jahre 1928 Doktorpromotion in Heidelberg (magna cum laude). Darauf Vorträge in Deutschland, Schweden und besonders in Holland über Russlands Kultur und Kunst. Mitarbeit an diversen holländischen, russischen und deutschen Zeitschriften und Zeitungen.

Seit 1928 bin ich ständiger Mitarbeiter des *Nieuwe Rotterdamsche Courant* für russische Kultur und Literatur; seit 1935 Mitglied des Kondakow-Instituts[73] in Beograd; seit 1937 Mitglied der ›My der nederlandsche Letterkunde te Leiden‹[74]. Anbei die Liste meiner wissenschaftlichen und literar-kritischen Arbeiten.

Die Behörde bleibt hartnäckig: etwa alle zwei Monate wird er angeschrieben, er möge endlich die noch fehlenden Unterlagen vorlegen, damit sein Fall bearbeitet werden könne. Diese Korrespondenz hat keinen inquisitorischen Charakter, eher sieht man hier eine genervte Sachbearbeiterin vor sich, die Fredy auf ›Wiedervorlage‹ hat und den Vorgang endlich abschließen möchte – Ergebnis vermutlich

---

73 Nikodim P. Kondakow (1844–1925), russischer Kunsthistoriker, einer der Begründer der Erforschung der byzantinischen Kunstgeschichte.

74 Maatschappij der Nederlandse Letterkunde (dt.: Gesellschaft für Niederländische Literatur), gegr. 1766 in Leiden. Renommierter und exklusiver Kreis von Wissenschaftlern und Literaten.

zweitrangig. Man versichert Fredy sogar in einem höflichen Schreiben, dass er während des noch schwebenden Verfahrens in seiner schriftstellerischen Tätigkeit unbehindert bleibe, solange keine andere Entscheidung getroffen werde.

Fredy antwortet immer umgehend. Ebenso höflich schreibt er, dass er sich bemühe, die Dokumente vorzulegen, aber auf seine Gesuche noch keine Antwort erhalten habe. Schließlich erklärt er, er habe den Leiter des Russischen Archivs, Dr. Peter von Jankowsky, mit Nachforschungen zu seiner Familie beauftragt. Dieser wartet am 18. Mai 1941 mit ersten Ergebnissen auf:

> [Stempel:] Russisches Archiv f. Kriegsverluste, Kriegsgräber, Nachlässe u. Nachforschungen im Auslande
>
> Hierdurch habe ich die Ehre mitzuteilen, dass ich die mir von Dr. A. Hackel übergebene Nachforschung über die Abstammung seiner Familie übernommen habe. Bei der Vorforschung hat sich herausgestellt, dass die Namensträger dieser Familie zahlreich unter Offizieren und Staatsbeamten in Russland vorkommen, unter denen auch die Brüder des betreffenden Dr. A. Hackel als Offiziere in der kaiserlichen Russischen Armee dienten. Die Nachforschung in Bezug auf die verschiedenen Zweige der Familie ist im Gange. Die Beschaffung der Urkunden aus Russland wird natürlich einige Zeit erfordern. Ich bitte daher die Reichsschrifttumskammer, das Ergebnis der Nachforschung abwarten zu wollen und den erforderlichen Nachweis zu stunden. […]

Den Nazis war natürlich bekannt, dass im zaristischen Russland Juden von der Offizierslaufbahn ausgeschlossen waren – Fredy versucht hier, ohne sich in möglicherweise nicht haltbare Lügen zu verstricken, unverfänglich eine bestimmte Fährte zu legen.

Mitte 1942 endet die Korrespondenz – offenbar ergebnislos. Es gibt in der Akte keinerlei Hinweis darauf, dass Fredy anschließend wegen des fehlenden Ariernachweises ins Visier von Ermittlungen geraten wäre. Auch seine Verhaftung durch die Gestapo findet keine Erwähnung. Vermutlich wurde der Vorgang seitens der Reichsschrifttumskammer mangels Fortschritt irgendwann eingestellt.

Das letzte Schriftstück stammt, nach längerer Pause, vom 4. Juni 1943. Es ist der Durchschlag einer Briefnotiz des Arbeitsamtes.

Fredy in den Niederlanden, aufgenommen während Sonjas Besuch 1948

Betr.: Dr. Alexej Hackel, Bln.-Dahlem, Wildpfad 7, Kriegseinsatz der Kulturschaffenden,

Bez.: Ihr Schreiben ohne Datum, Az.: [...]

Der Obengenannte wird zum Kriegsarbeitseinsatz freigegeben.

Im Auftrage: H

1 Meldebogen zurück

Wahrscheinlich war Fredy als Schriftsteller ohne Einkommen gezwungen, sich beim Arbeitsamt zu melden. Die drohende Zwangsverpflichtung zur Arbeit in einer Munitionsfabrik oder Ähnlichem gab vermutlich, neben dem Verhör durch Kaltenbrunner, den Ausschlag für ihn zum Untertauchen. Auch wenn die Verhörakten nicht auffindbar sind, lässt sich in etwa erschließen, welche Geschichte Fredy Kaltenbrunner erzählte und auf welche Weise er sie glaubhaft machte.

Unverhofft bekomme ich noch einen Einblick in Fredys Leben gleich nach dem Krieg. In den Memoiren des Verlegers Wim

Schouten (s. o.) beschreibt dieser, wie Bruno Becker ihm Fredy 1946 empfohlen hatte, um eine Publikation zu Russland ins Verlagsprogramm aufzunehmen:

> Becker [...] kannte Alexej Hackel aus der Zeit, als er noch Lehrer in Petersburg gewesen war, er war ein großer Sachverständiger auf dem Gebiet der Ikonenmalerei. [...] Seine Frau und sein Sohn konnten kurz vor dem 10. Mai nach England reisen. Aber das Geld war alle und Alexej musste auf die nächste Gelegenheit warten. Zu spät! Nach dem Krieg war er ohne einen Groschen in Paris gelandet. Staatenlos, taub, arm und einsam.
>
> Becker zufolge hatte er ein neues Manuskript über Ikonen geschrieben. Möglicherweise konnte dies in unsere Reihe passen. Hackel wurde gebeten, mit dem Manuskript auf unsere Kosten nach Amsterdam zu kommen. Ich holte ihn am Hauptbahnhof ab. Der kleine, schäbig gekleidete, etwas professoral aussehende ältere Mann mit einer Aktentasche gab an, sein Hörgerät verloren zu haben, sodass jegliche Form von Kommunikation unmöglich war. Am nächsten Morgen kauften wir zusammen einen neuen Apparat, woraufhin er mir in seinem klangvollen russisch gefärbten Deutsch erklärte, dass auch sein Ikonenmanuskript auf unerklärliche Weise verschwunden sei. Das sei aber eigentlich kein Problem, er werde das Buch neu schreiben.
>
> Um die Kosten zu senken, wohnte er bei uns. Die Kinder hatten auf einmal einen lieben Ohm Hackel bei sich wohnen. Sein einziger Besitz, eine kleine Ikone, stand über seinem Klappbett.
>
> Das Schreiben ging nicht voran. [Schon] vom Frühstück konnte ich mich nur mit Mühe losmachen. Sein geliebtes Russland, Dostojewski und die russische Philosophie waren seine endlosen Themen. [...] Auf einem Fest [...] zu Ehren des zweiten alten Russen Becker kamen die Petersburger Erinnerungen zur Sprache. Durch den Alkoholgebrauch ging das Gespräch – schade für uns – immer mehr zur russischen Sprache über. Am Ende des Abends brachte ich den guten Hackel zu mir nach Hause und bekam ihn mit viel Mühe die steile Treppe hinauf. Als ich ihn in sein Bett brachte, entdeckte ich, dass seine Taschen gefüllt waren mit plattgedrückten Brötchen, die (er vom Fest mitgenommen hatte). Eine Form des Hamsterns, die Europa ihn gelehrt hatte. [Meine Frau] und ich begannen uns langsam zu fragen, ob er nicht besser wieder ausziehen sollte. Hackels Nansen-Pass machte eine Reise zu Frau und

> Sohn nach England unmöglich. Zum Glück wurde er hier und da zu Vorlesungen über Ikonen eingeladen. Ein freundlicher Rechtsanwalt und Ikonenliebhaber in Middelburg rief mich nach einem seiner Vorträge an um zu fragen, ob wir etwas dagegen hätten, wenn Alexej einige Zeit bei ihm wohnen würde. Das stellte keinerlei Problem dar. Ohm Hackel verließ nach einem halben Jahr unser Haus. Das neue Ikonenbuch ist bei einem Packen getippter Seiten stecken geblieben.[XXXIII]

Bald darauf wurde Fredy dann, wahrscheinlich aufgrund von Brunos Fürsprache (den er offenbar gegenüber Wim Schouten nicht als seinen Cousin zu erkennen gab) und anderer Förderer, die ihn von früher her kannten, Privatdozent in Leiden, wo er 1951 starb.

Ich denke über Fredys Schicksal nach und bin beeindruckt vom Leben dieses vordergründig so weltfremd, ja fast versponnen wirkenden Mannes. Im Nachhinein ist es überraschend, dass seine Tarnung während der Nazizeit so gut funktionierte, und dass er auf diese Weise überlebte.

Mir fällt Woody Allens Film ›Zelig‹ ein, in dem der jüdische Protagonist sich den ihn umgebenden Gruppen im Verhalten und schließlich sogar im Aussehen so sehr anpasst, dass er zu einem ›menschlichen Chamäleon‹ wird. Ist Fredy ein solches ›Chamäleon‹? Nein, denke ich, vermutlich ist der Erfolg seiner Tarnung eher darauf zurückzuführen, dass er sich eben *nicht* als jemand anderes ausgab, sondern als der, der er seinem eigenen Verständnis folgend war: Russe, orthodoxen Glaubens. Dass er jüdische Vorfahren hatte, hielt er für seine eigene Identität für belanglos. In einer freien, modernen Gesellschaft ist dies eine legitime Ansicht: ›Ich bin der, der ich sein will!‹ Auch heute nicht immer leicht umsetzbar, aber während des Nazi-Rassenwahns komplett unmöglich. Und Fredy war trotz seiner selbstgewählten Identität wiederum Realist genug, die Bedrohung – als Jude nach Definition der Nazis – zu erkennen. Spät zwar, aber gerade noch rechtzeitig.

Gleich nach dem Krieg findet man Fredys Einstellung, nicht Jude zu sein, wieder in seinem Lebenslauf der Universität Leiden: ›als Russe musste er sich in Nazideutschland verbergen‹. Nach 1945 hätte er von der Bedrohung wegen seiner jüdischen Herkunft erzählen können, vielleicht hätte ihm das sogar genützt. Aber er hielt die Charakterisierung wohl nicht für zutreffend.

Dazu passt, dass die nun in England lebende Shura ebenfalls den jüdischen Familienhintergrund verleugnete, sogar vor ihrem Sohn Serjoscha. Shura glaubte, die jüdische Herkunft habe ihr und ihrer Familie nichts als Unglück gebracht, sie wollte damit nichts mehr zu tun haben. Serjoscha erfuhr erst als Erwachsener davon. Stephanie erzählte mir:

»Als Sonja und ich wieder in Europa lebten, besuchten wir Serjoscha in England. Eher zufällig sprachen wir von alten Familiengeschichten und erwähnten die jüdischen Vorfahren. Ganz unabsichtlich lösten wir damit ein mittleres Erdbeben aus. Wir hatten keine Ahnung, dass er von all dem nichts wusste. Er fiel aus allen Wolken …«

Serjoscha verwirklichte den Traum seines Vaters: der zu sein, der man sein will – unbelastet von fremden Interpretationen des eigenen Stammbaums. Er wurde russisch-orthodoxer Priester und zugleich ein wahrer Universalgelehrter in England. Er heiratete eine Irin, die aus einer Familie von Quäkern stammte, und widmete einen großen Teil seiner Zeit der Ökumene und allgemein dem Ausgleich zwischen Religionen und Weltanschauungen. Er sprach fließend Russisch und Englisch, daneben Deutsch, Holländisch und Französisch, war Hochschullehrer in Sussex, parallel dazu Gemeindepfarrer, und leitete jahrzehntelang die religiösen Radiosendungen des russischsprachigen BBC World Service. Er war ein großer Jazzkenner und -liebhaber und beschäftigte sich auch mit anderen Richtungen moderner Musik. Er war befreundet mit Benjamin Britten, den er zu dessen russisch-orthodoxer Liturgie beriet. Auch die russischen Maler der Moderne, Larionov, Tatlin und Kandinsky, gehörten zu seinen Interessens- und Wissensgebieten, ebenso wie das Theater. Und überhaupt alles Russische. Und wie seine Eltern trug Serjoscha ein ideelles Russland in sich, eines, das er nie betreten hatte, bis er ab Mitte der 80er-Jahre gelegentliche Besuchsvisa bekam. Dies bestimmte seine Identität, dieses multikulturelle Leben über die Grenzen von Staaten hinaus konnte Serjoscha leben – in seiner Zeit ließen die Umstände es zu.

Bobby – Rotes Theater

Nach acht, Bonn 1987

»Vielleicht das interessanteste und wohl auch das tragischste Schicksal meiner Brüder hatte Bobby, der jüngste. Sein Taufname war Ernst Robert Eugen. Meine Eltern konnten sich nicht einigen, darum bekam er so viele Namen. Mein Vater war gegen Robert, daher stand Ernst an erster Stelle. Aber beim Rufnamen setzte meine Mutter sich durch. Zu Hause wurde daraus dann Bobby – oder russisch Vovik, Bobka und dergleichen. Und schließlich änderte er selbst als Erwachsener seinen Namen in Jewgenij, in Anlehnung an seinen dritten Vornamen Eugen. Also man kann sagen, er hat im Leben guten Gebrauch gemacht von seinen vielen Vornamen!

Ich bleibe jetzt der Einfachheit halber bei Bobby. Er war neun Jahre älter als ich, 1894 geboren. Als der Erste Weltkrieg ausbrach, war er zwanzig. Er meldete sich als Freiwilliger und kam zunächst an die rumänische Front. Von dort gelangte er etwa 1916 nach Odessa, wo er Fredy traf. In Odessa tummelte sich damals die künstlerische Avantgarde Russlands. Das mag daran gelegen haben, dass die Stadt dieses südliche Flair hat, ganz anders als Moskau oder St. Petersburg. Und Odessa war durch den Freihafen[75] stark international geprägt. Der Schriftsteller Isaak Babel hat das Odessa dieser Zeit wunderbar beschrieben.

Bobby war zwar als Soldat dort, aber nach dem Waffenstillstand 1917 hatte er eine Menge Zeit, sich in der Stadt umzusehen. Die Künstlerszene hat auf meinen sehr musisch veranlagten Bruder sicher großen Eindruck gemacht. Er begann, in einem Amateurtheater mitzuspielen und entwickelte dafür eine solche Leidenschaft, dass er sich daraufhin nichts sehnlicher wünschte, als Schauspieler zu werden. Sein Lehrer war Pawel Gaideburow[76], ein später sehr bekannter Schauspieler und Regisseur.[XXXIV]

---

75 Odessa wurde erst 1794 auf Befehl der Zarin Katharina der Großen gegründet. Zunächst ging es darum, einen Militärhafen am Schwarzen Meer zu schaffen. Seit den 1820er-Jahren wurde auch der Handelshafen immer wichtiger. Die Stadt blühte auf und vervielfachte ihre Einwohnerschaft, bestehend aus Zuwanderern aus zahlreichen europäischen und asiatischen Ländern.

76 Gaideburow (1877–1960) hatte um die Jahrhundertwende maßgeblich die Reform des russischen Theaterwesens mitgestaltet und ging als Erster mit seinem Dramatischen Theater in Russland auf Tournee.

Als 1918 der Bürgerkrieg begann, kämpfte Bobby – im Gegensatz zu meinen anderen beiden Brüdern – nicht in der Weißen, sondern in der Roten Armee. Nach der Revolution blieb er in Russland. Ob und in welcher Weise er sich politisch als Kommunist definierte, kann ich nicht sagen – aber es reichte aus, um dort zu bleiben. In den ersten Jahren hatten Künstler noch viele Freiheiten. Sie konnten mit neuen Inhalten und Ausdrucksformen experimentieren. Das war reizvoll für Bobby.

Eine Zeitlang besuchte er in Moskau die Schauspielschule des ›Moskauer Künstlertheaters‹. Dieses Theater war schon vor der Revolution legendär. Der Direktor war Konstantin Stanislawski.[77] Er entwickelte neuartige, sehr ausdrucksstarke Theatertechniken, die auch das einfache Volk erreichen sollten. So etwas passte den Bolschewiki gut ins Konzept.

Bobby wollte in Moskau die Ausbildung fortsetzen. Aus irgendeinem Grund klappte das nicht. 1922 entschloss er sich, stattdessen ein Studium in Petersburg aufzunehmen, beziehungsweise Leningrad. Als er die Universität abgeschlossen hatte, bekam er eine Stelle als Schauspieler beim ›Theater der jungen Zuschauer‹[XXXV],

77 Konstantin Stanislawski (1863–1938) war bereits in der Zarenzeit erfolgreich und reformierte in den Jahren nach 1900 das russische Theater von Grund auf. Auf seine Vorarbeiten geht unter anderem das ›method acting‹ zurück, bei dem der Schauspieler versucht, eigene Empfindungen in Übereinstimmung mit seiner Rolle zu bringen und dadurch besonders überzeugend zu sein. Nach der Revolution blieb Stanislawski mehr seinem künstlerischen Anspruch verpflichtet als der politischen Agitation und war deswegen der Sowjetregierung verdächtig. Er wurde zunehmend unter politischen Druck gesetzt, fiel jedoch nicht offiziell in Ungnade. Nach seinem Tod wurde sein theatertheoretisches Vermächtnis im ideologischen Sinne umgedeutet. Sein Name blieb deshalb in der Sowjetunion sehr bekannt.

78 Dieses Theater war vom Volkskommissar für Bildung und Kultur, Anatolij Lunatscharski, ins Leben gerufen worden. Lunatscharski stand in der frühen Sowjetunion für eine relativ freie, von der Avantgarde beeinflusste Kunstauffassung. In der Stalinzeit war das vorbei und wurde durch den ›sozialistischen Realismus‹ ersetzt.
Gründungsdirektor des TJuS war Alexander Brjanzew. Er leitete es von 1922 bis zu seinem Tod 1961. In Anlehnung an das klassische Amphitheater entwickelte er das Konzept, dass die Schauspieler immer inmitten der Zuschauer spielten. Er hatte damit prägenden Einfluss auf die Theaterpädagogik in der gesamten Sowjetunion und anderen Ostblockstaaten. Es ist bemerkenswert, dass er sein innovatives Konzept auch während der kulturpolitischen Rückkehr zu traditionellen Formen in der Stalinzeit aufrechterhalten konnte.

auf Russisch oft als TJuS abgekürzt.[78] Wsewolod Meyerhold war dort Regisseur.[79]

In den ersten Jahren nach der Revolution konnte Bobby noch nicht von der Schauspielerei leben, sodass er eine ganze Reihe anderer Jobs machen musste. Im Laufe der Jahre arbeitete er sich vom Schauspieler zum Regisseur empor. Von den Stücken, in denen er mitwirkte und Regie führte, schickte er uns später Fotos und Programmhefte nach Berlin.

In Leningrad heiratete er eine Schauspielerkollegin, Lisa Uvarova[80] [XXXVI]. Die Ehe wurde Mitte der 30er-Jahre wieder geschieden[81].

Nach unserer Flucht hatten wir ein paar Jahre keinerlei Nachricht von Bobby gehabt. Wir fürchteten, er sei tot. 1920 kam endlich ein Brief von ihm, in dem er berichtete, dass er Schauspieler geworden war. Meine Eltern hofften, Bobby würde zu uns nach Deutschland kommen. Ab und zu gab es Kontingente für Ausreisewillige.[82] Doch er blieb in Russland, und mit der Zeit mussten meine Eltern sich damit abfinden, dass er offenbar nicht fortwollte – das war für sie keine leichte Erkenntnis. Auch das Verhältnis zu den beiden älteren Brüdern trug einige Schrammen davon, denn sie hatten im Bürgerkrieg auf gegnerischer Seite gekämpft. Keiner von ihnen war politisch verbohrt, aber dennoch spielte es eine gewisse Rolle zwischen ihnen.

Anfang der 20er-Jahre änderte Bobby seinen Vornamen in Jewgenij. Diese Umbenennung mag ihm einerseits künstlerisch gefallen haben. Aber andererseits denke ich, dass er bewusst einen russischen Namen aussuchte, denn auch nach dem Ersten Weltkrieg herrschte in Russland eine stark antideutsche Stimmung. Da war es besser, man hieß Jewgenij Gakkel als Robert Hackel.

---

79 Meyerhold (1874–1940) gehörte zur künstlerischen Avantgarde. Er sah sich als Revolutionär des Theaters und entwickelte spezielle Bewegungstechniken für Schauspieler, die vielfach noch heute Bestandteil der schauspielerischen Ausbildung sind. Er identifizierte sich mit dem Kommunismus, fiel aber unter Stalin in Ungnade und wurde Opfer der ›politischen Säuberungen‹.

80 Lisa (auch Elis) Uvarova (1902–1977) spielte von 1922 bis 1935 am ›Theater der jungen Zuschauer‹. Sie war auch später in der Sowjetunion eine bekannte Theater- und Filmschauspielerin.

81 Bobby und sie führten eine Zivilehe gemäß dem nach der Revolution stark vereinfachten Eherecht. Eine Unterschrift war ausreichend für die Trauung oder Scheidung.

82 Auf regulärem Weg war das nicht möglich, die Grenze war geschlossen.

Bobby und Paul, vermutlich vor der Villa Kottow in Heidelberg, 1928

Bobby schrieb meinen Eltern regelmäßig Briefe, kam aber nur ein einziges Mal nach Deutschland, im Sommer 1928, davon habe ich erzählt. Wir hatten ihn zwölf Jahre nicht gesehen. Er verbrachte die meiste Zeit in Mannheim bei Paul.

Er traf dort auch Fredy und meine Eltern. Bei mir in Berlin war er nur einen einzigen Abend. Wir dachten nicht, dass es das letzte Mal wäre, dass wir uns sehen würden. Man hoffte damals, das Reisen würde wieder einfacher, aber bekanntlich kam es nicht so. Meine Eltern mögen auch damals noch die leise Hoffnung gehabt haben, er werde in Deutschland bleiben. Aber Bobby hatte sich zu dieser Zeit in Russland schon einiges aufgebaut und seine Frau Lisa war dort, also fuhr er zurück. In den darauffolgenden Jahren – mit dem Aufstieg von Stalin und Hitler – kühlten die Beziehungen zwischen den Ländern wieder ab. Unser Kontakt zu Bobby beschränkte sich auf Briefe, die meist an meine Mutter adressiert waren und die sie an uns weitergab. Bobby machte eine erfolgreiche Theaterkarriere und wurde zum Leiter eines Theaters in einem Kulturhaus für Arbeiter. Dort machte er ›rotes Theater, Agitationstheater im Stil Majakowskis‹[83].

Obwohl er ein erfolgreicher Theaterdirektor war, mussten wir ihm immer wieder Pakete mit Kleidung und Grundnahrungsmitteln schicken, weil es sie einfach nicht zu kaufen gab.

Seit den frühen 30er-Jahren machte er manchmal Andeutungen, dass seine Stücke politisch kritisiert worden seien. Er bekam die Auswirkungen von Stalins Kulturpolitik zu spüren, die wir aber noch nicht recht deuten konnten. Seine Ehe mit Lisa zerbrach in dieser Zeit, er muss sich in einer innerlichen Krise befunden haben.

Noch in Südafrika erreichten uns einzelne Briefe. Aber 1937 brach ganz plötzlich der Kontakt ab, wir hörten wir nichts mehr von ihm. Wir nahmen an, dass er mit den wachsenden internationalen Spannungen es für zu riskant hielt, an Verwandte ihm Ausland zu schreiben. In den Zeitungen bei uns lasen wir von den stalinistischen Schauprozessen gegen sogenannte ›Verräter an der revolutionären Sache‹. Stalin lieferte Tausende von Menschen, auch Kommunisten der ersten Stunde, erbarmungslos ans Messer. Vielen Künstlern wurden die absurdesten Vorwürfe gemacht: dass sie Spione, Saboteure oder heimliche Konterrevolutionäre seien.

Als solche Nachrichten zu uns drangen, begannen wir uns Sorgen um Bobby zu machen. Wir haben wieder und wieder versucht, zu ihm Kontakt aufzunehmen – absolut vergebens! Während des Krieges war sowieso Funkstille, man konnte keine Briefe in die Sowjetunion schicken. Nach dem Krieg haben wir aus Südafrika zahlreiche Suchanfragen über das Rote Kreuz gestellt. Man versprach uns alles Mögliche, aber es kam nie etwas dabei heraus. Wer weiß, was aus meinem Bruder geworden ist! Leningrad war im Krieg fast drei Jahre lang von der deutschen Wehrmacht belagert und wurde regelrecht ausgehungert. Möglich, dass er dabei umgekommen ist. Ich bin aber überzeugt, dass Bobby bereits dem stalinistischen Terror zum Opfer gefallen ist. Der berühmte Regisseur Meyerhold, unter dem Bobby gearbeitet hatte, wurde als ›Formalist‹ – das war

83 Wladimir Majakowski (1893–1930), avantgardistischer russischer Schriftsteller. Er wandte sich Mitte der 1920er-Jahre der politischen Agitation zu und galt den Bolschewiki eine Zeit lang als Vorzeigedichter. Unter wachsendem politischem Druck nahm er sich 1930 das Leben.

einer dieser typischen abstrusen Vorwürfe – verhaftet und umgebracht. Wahrscheinlich ist so etwas Ähnliches auch meinem Bruder widerfahren. Es gab Kritik an seinen Inszenierungen, er stammte aus einem bürgerlichen Milieu, seine gesamte Familie war im ›feindlichen‹ Ausland, obendrein hatte er jüdische Vorfahren. Wenn er auch nur wegen einem dieser Faktoren in Ungnade gefallen war, dann reichte das für eine sofortige Hinrichtung oder zwanzig Jahre Lagerhaft … Was immer damals geschehen ist – wir haben nie wieder ein Lebenszeichen von ihm bekommen.«

Spurensuche, Berlin, 2017

Die Figur Bobby fasziniert mich vom ersten Augenblick an. Ernst Robert Hackel aus St. Petersburg wird zu Jewgenij Gakkel aus Leningrad. Ich versuche mir vorzustellen, wie sein Leben nach der Revolution verlaufen sein mag.

Wenn man sich der damaligen Situation von den äußeren Fakten her nähert, war diese Zeit extrem unruhig und chaotisch. Die alten Eliten waren geflohen oder verhaftet und ermordet worden. Das ganze Land befand sich in einer Umwälzung unvorstellbaren Ausmaßes. Die Bolschewiki konnten sich an der Macht halten, obwohl fast niemand das für möglich gehalten hatte. Der gesellschaftliche Anspruch der Sowjetmacht war die Schaffung des ›Neuen Menschen‹, der sich pragmatisch den Gegenwartsproblemen stellte, alle früheren Klassenunterschiede und Konflikte überwindend. Binnen einer Generation sollte aus einem rückständigen Agrarland eine moderne Industrienation geformt werden. An diesen kühnen Plänen sollten die Künstler mitwirken.

Das russische Theater war schon vor der Revolution international berühmt gewesen. Die neuen Machthaber entdeckten es als Instrument für ihre Ziele. Stanislawski und Meyerhold, die beiden Regisseure, die für Bobbys Karriere eine Rolle spielten, gehörten damals zu den prominentesten Vertretern des sowjetischen Theaters. Meyerhold prägte das Zitat: »Ich möchte im Zeitgeist brennen. Ich wünschte, alle Diener der Bühne wären sich ihrer hohen Mission bewusst. Ja, das Theater könnte eine riesige Rolle beim Umbau alles Bestehenden spielen!«[XXXVII]

Als Sonja mir damals von ihrem Bruder Bobby erzählte, sah ich ihn vor meinem inneren Auge als Vertreter der russischen

Avantgarde, in einer Linie mit Malern wie Tatlin, Malewitsch, El Lissitzki, dem Fotografen Rodtschenko, dem Filmregisseur Eisenstein oder dem Theaterrevolutionär Majakowski, die im Russland der frühen 1920er-Jahre ein spannendes Experimentierfeld vorfanden.

Gehörte Bobby zu diesem Kreis, zu denen, die ›im Zeitgeist brannten‹? – oder stimmt dieses Bild nicht? Eigentlich war er Angehöriger einer Schicht, die von den Bolschewiki aus dem Land gejagt wurde. Wie geschah es, dass Bobby, aus dem jüdisch-assimilierten Bürgertum stammend, in diesen Jahren zum Leiter eines ›Roten Theaters‹ avancieren konnte? Eine Weile existierten noch gewisse Nischen, in denen die alten Milieus überlebten. Manchen Leuten gelang es, in der jungen Sowjetunion eine Art Boheme-Dasein zu führen und ihre bürgerlichen Lebensverhältnisse weitgehend beizubehalten. Trifft das eher auf Bobby zu? Wurde er später möglicherweise wegen ›bourgeoiser Tendenzen‹ angeklagt?

Mit Stalins Machtantritt war es mit der künstlerischen Avantgarde und den Experimenten vorbei. Der ›Sozialistische Realismus‹ wurde zur einzig geduldeten künstlerischen Stilrichtung. Kunst war nun ausschließlich dazu da, den Sieg des Kommunismus und die Errungenschaften der Sowjetunion zu verherrlichen. Künstler sollten, nach einem Ausspruch Maxim Gorkis, zu ›Ingenieuren der Seele‹ werden. War Bobby ein ›Ingenieur der Seele‹? Und warum verschwand er so plötzlich von der Bildfläche?

Als ich – etwa 2007 – meine Recherchen begann, war über Bobby alias Jewgenij Gakkel keinerlei Information auffindbar. Würde ich überhaupt je etwas Konkretes über ihn in Erfahrung bringen können, oder würde er ein Phantom meiner Vorstellung bleiben?

Viele der in der Stalinzeit in Ungnade gefallenen Künstler waren nicht nur umgebracht worden, sondern man hatte auch versucht, ihr Werk, ihren Namen, sogar die Erinnerung daran so weit wie möglich auszulöschen. Meyerhold hatte dieses Schicksal ereilt. Während der Stalinzeit durfte sein Name nicht genannt werden. Seine theatertheoretischen Schriften überlebten nur zufällig, auf Dachböden versteckt.

Bobbys Zeit als Theaterregisseur lag schon so lange zurück und seitdem war so viel geschehen – wie wahrscheinlich war es da, dass etwas von ihm zurückgeblieben war?

Im Januar 2015, als ich Stephanie in Kalifornien besuche, greift sie in eine der großen Kisten mit Sonjas Nachlass und gibt mir eine kleine Pappschachtel, die mit einem Band verschnürt ist. Ein blassrosa Karton, in dem sich ehedem Briefpapier befand, offenbar aus den frühen 50er-Jahren, von einer Firma in Südafrika. In der Kiste befinden sich verschiedene Bündel mit Briefen, jedes mit einem dünnen Seidenbändchen darum. Stephanie sagt:

»So hat meine Großmutter Flora die Briefe aufbewahrt, die sie von ihren Söhnen bekam. Hier sind die von Bobby. Leider sind nur wenige davon auf Deutsch geschrieben. Das meiste ist Russisch, oder eine Mischung aus beidem. Daher konnte ich es bis jetzt nicht vollständig lesen. Eine Freundin hat mir einmal einen der Briefe übersetzt, aber es war ein sehr mühsames Geschäft. Bobby benutzt zum Teil noch die alte russische Schreibschrift, die heute nicht mehr gelehrt wird. Sie konnte es nicht vollständig entziffern.«

Das Briefbündel ist ziemlich dick. Wir schnüren es auseinander. Die ersten Datierungen der Briefe sind von 1920. Sie sind zumeist auf graubraunem, sehr holzhaltigem Papier geschrieben. (Verrückt, denke ich, dass Papier ein so feiner Gradmesser für die wirtschaftlichen Verhältnisse einer Zeit ist.) Zum Teil hat Bobby herausgerissene Seiten aus Notizbüchern verwendet, meist bis an den äußersten Rand beschrieben, zuerst mit violettem Kopierstift, in späteren Jahren mit Füllfederhalter. Auch in dieser miesen Qualität scheint Papier Mangelware gewesen zu sein.

Ein paar Wochen später, ich sitze wieder zu Hause in Berlin, habe ich eine Übersetzungsmöglichkeit für die Briefe aufgetan und sie in eine ungefähre zeitliche Ordnung gebracht. Eine Russisch-Muttersprachlerin hat sich angeboten, mir weiterzuhelfen. Sie kann sogar die alte russische Schreibschrift lesen.

Der erste noch erhaltene Brief, den Bobby an seine Familie schreibt, ist vom 20. September 1918 datiert, kurz vor der Flucht der Eltern mit Sonja. Bobby ging damals davon aus, das Leben seiner Familie werde trotz Revolution weitergehen wie bisher. Er wendet sich an seinen Vater mit der Bitte um finanzielle Unterstützung für seinen Berufswunsch: Schauspieler. Zugleich hat er Angst vor dem strengen Urteil des Vaters und will ihn überzeugen, dass er sich die Sache gut überlegt hat.

Bobby hat den Brief damals nicht abgeschickt, weil er offenbar kurz vorher von der Flucht der Eltern hörte. Der Brief hat die Eltern erst 1921 in Berlin erreicht, zusammen mit einer später hinzugefügten Erklärung Bobbys:

Des historischen Interesses halber schick ich Dir, Pachen [so nannten die Hackel-Kinder ihren Vater mitunter], diesen Brief nach 3 Jahren. Er blieb unabgeschickt, weil ihr damals wegfuhrt und ich schon nicht mehr wagte, die Wünsche zu äußern, die ich hier einschloss. Es ist aber ziemlich viel Wahrheit in diesem Brief.

20. September 1918 [wahrscheinlich aus Odessa]
(abgeschickt am 23. Juli 1921)

Liebes Vaterle,

Den Gerüchten nach passiert etwas Schreckliches bei Euch in Piter. Aber wir wissen nichts Konkretes, hören nur Gerüchte, die unsere Seelen aufwühlen. Ungeachtet dessen, dass ich gerne wüsste, wie es Euch geht, muss ich von mir berichten. […] Die Ereignisse und Entwicklungen in meinem »äußeren« Leben des letzten Jahres sehen folgendermaßen aus. Zunächst liegt man arbeitslos auf der Tasche des Bruders [gemeint ist hier Fredy. Er war im gleichen Frontabschnitt gewesen und hielt sich auch nach dem Waffenstillstand noch eine Weile in Odessa auf, s. o.], dann arbeitet man als Stallbursche, dann als Arbeiter in einem Werk, dann hält man Vorlesungen, dann unterrichtet man in Erdel[84] [eine Privatschule][XXXVIII], und letztendlich habe ich heute eine Anstellung als Versandleiter in einem Buchverlag. Auch diese Arbeit endet bald, da der Verlag in andere Hände kommt. Ich habe all diese Veränderungen erwähnt, damit bei Dir der Eindruck entsteht, dass ich fleißig bin. Ich kann überall Arbeit finden, bin mit wenigem zufrieden, sitze nicht untätig herum – ganz im Gegenteil. […]

Ich habe mich entschieden. Man bescheinigt mir oft und schon seit Langem überdurchschnittliche künstlerische Fähigkeiten. Zu meinem Glück oder auch Leid, beurteile wie Du möchtest, wurde hier eine Niederlassung des Studios des Moskauer Künstlertheaters eröffnet. Heute habe ich dort die Prüfung bestanden, in Anwesenheit des Künstlerrates des »Studios« – mit Bunin[85], Ovsjaniko-Kulikovskij[86],

84 Erdel war der Name eines Gutsbesitzers im Gouvernement Cherson, dem Umland von Odessa.
Möglicherweise geht die von Bobby erwähnte Internatsschule auf diese Familie bzw. deren Besitz zurück.

85 Iwan Bunin (1870–1953), russischer Schriftsteller, verließ – als Gegner der Bolschewiki – um 1920 Russland und ging nach Frankreich. 1933 erhielt er den Literaturnobelpreis.

86 Wahrscheinlich handelt es sich um Dmitri Ovsjaniko-Kulikovskij (1853–1920), einen russischen Sprachwissenschaftler und Literaturkritiker.

> Al. Tolstoj[87] und dem Gründer, dem Schauspieler des Moskauer Künstlertheaters Tesavrovskij[88].

Um zu verstehen, in welchem Umfeld sich Bobby hier bewegte, beschäftige ich mich ein wenig mit dem Moskauer Künstlertheater[89], das 1898 von Konstantin Stanislawski gegründet wurde. Stanislawskis Idee war ursprünglich weniger politisch als künstlerisch. Die bis dahin im Theater vorherrschenden ›Charakterrollen‹ sollten abgelöst werden durch individuellere, psychologisch glaubhafte Rollendarstellungen, die von den Schauspielern gemeinsam mit dem Regisseur erarbeitet wurden.[90] Stanislawski hatte bereits vor dem Ersten Weltkrieg damit begonnen, Ableger seines Theaters in Form sogenannter ›Studios‹ zu gründen, um seinem Konzept eine breite gesellschaftliche Wirkung zu ermöglichen. Den Bolschewiki erschien das ›Künstlertheater‹ zunächst zu unpolitisch und deshalb eher suspekt.

Zu der Zeit, in der Bobby seinen Brief schreibt, war die Sowjetherrschaft noch ungefestigt. Dem von ihm erwähnten Künstlerrat gehörten mit Iwan Bunin und – damals noch – Alexej Tolstoi erklärte Gegner des neuen Regimes an.

Bobby schreibt weiter und bittet um finanzielle Hilfe:

> Ich habe daraus zurzeit keine Einnahmen, sondern im Gegenteil – große Ausgaben: 100 Rubel im Monat. Aber in 2 Jahren werde ich anfangen, mein eigenes Geld zu verdienen, und wenn ich die Begabung habe, dann werden es ständige Einnahmen sein. Im Großen und Ganzen möchte ich den Familiensegen dafür haben,

87 Alexej Tolstoi (1883–1945), russischer Schriftsteller und entfernter Verwandter von Leo Tolstoi, stand den Bolschewiki zunächst feindlich gegenüber, kämpfte ab 1919 im Bürgerkrieg für die Weiße Armee, u. a. in der Denikinschen Armee, der auch Paul Hackel angehört hatte. Nach deren Niederlage verließ er Russland und ging ins Exil nach Berlin. Dort erklärte er später, es sei notwendig, die neuen Machtverhältnisse in der Sowjetunion anzuerkennen und kehrte 1923 dorthin zurück. Fortan betätigte er sich dort als regimetreuer Schriftsteller.

88 Über ihn liegen keine biografischen Daten vor.

89 Die korrekte Übersetzung müsste eigentlich lauten: Moskauer künstlerisches Theater.

90 Die literarischen Stilrichtungen des Naturalismus und Realismus verlangten eine sorgfältige, psychologisierende Darstellung, die dem Zuschauer die Motive der Charaktere verständlich machen sollte. So wurde das Moskauer Künstlertheater vor allem für die Bühnenfassungen naturalistischer Stücke berühmt und hatte auch international erheblichen Einfluss auf das moderne Theater.

auch im Sinne einer finanziellen Unterstützung. Leider kann ich es alleine nicht vollständig tragen. Ich habe zum Glück noch keinen Hausstand, aber zum Leben brauche ich momentan im Monat mindestens 400 Rubel. Ich hoffe, dass ich selber 200 verdienen werde, aber mehr – mit dem Unterricht? Die Rechnung habe ich so gemacht, dass ich 200 Rubel für das Zimmer und den Tisch (einen wunderbaren) an (übrigens an eine wunderschöne) Ljubov Davydovna zahle. Aber das ist nur vorläufig so, sie wird mit der Zeit den Preis erhöhen. 100 Rubel für die Ausbildung und 100 für die Straßenbahn und Zigaretten (60 sicherlich für die Straßenbahn und 40 für Zigaretten). Aber zu all dem habe ich noch keine Decke […]. Ljubov Davydovna schuldet mir noch 400 Rubel, dass man sagen könnte, dass ich eineinhalb Monate versorgt bin. 300 Rubel werde ich in den nächsten Tagen bekommen, das heißt ich könnte 3 Monate für die Ausbildung bezahlen. Und weiterhin bitte ich um Deinen höheren Segen. Ich schreibe an Ruditschek [gemeint ist Bobbys Cousin Rudi Becker, der Sohn von Sophie und Benno] die Bitte, mir 2000 Rubel zu überweisen, und dann addierst Du es zu meinen Schulden, in Ordnung? Und wenn es mir besser geht, dann werden wir die Schulden begleichen und wir werden natürlich meine alten Schulden nicht vergessen – ich habe sie nicht vergessen. Liebes Vaterle, entschuldige so einen »egozentrischen« Brief, aber was kann ich noch sagen? Jetzt weiß ich – in eurem Willen sollte ich bestraft sein. Gott soll euch allen Gesundheit schenken und die Kraft, diesen ganzen Schrecken und die Überfälle zu überstehen. Ich küsse Dich und alle vielmals. Dein Kleiner.

Da seine Eltern inzwischen Russland verlassen hatten, musste Bobby ohne ihre finanzielle Hilfe auskommen. Er ging seinen beruflichen Weg zum Theater weiter, und in seinem ersten Brief, der die Eltern in Berlin erreichte, berichtet er ihnen über alles, was sich inzwischen ereignet hatte.

4. Januar 1920, Odessa

Also, wir sind alle am Leben, meine Liebsten. Wie ist das schön, und wie schön ist alles deswegen. Nun, es sind schon 3 Jahre vergangen, seit ich euch zum letzten Mal gesehen habe, seit wir zuletzt beisammen waren. Ich kann mich nicht daran erinnern, wie ich damals von euch wegfuhr: als Vovik, als Ernst oder Jewgenij [Anspielung auf die Änderung seines Vornamens von Robert zu Jewgenij].

Welche Verbindung gibt es zwischen dem damaligen und dem heutigen Jungen, zwischen dem damaligen innerlichen Männlein ohne Weg und Ziel, und dem heutigen Mann mit der Falte zwischen den Augenbrauen und mit der ständigen Eile, weil »man sich keinen Augenblick erholen darf« […]. Damals am »Studio des Moskauer Künstlertheaters« wurde der Grundstein für mein zukünftiges und gegenwärtiges Leben gelegt. […] Seit dieser Zeit habe ich sowohl an der Front als auch in Odessa nur von einer Tätigkeit am Theater geträumt. Alles andere in meinem Leben musste sich seit damals daran gewöhnen. Ich bin seit mittlerweile zwei Jahren und einem Monat in Odessa. Ich glaube, ihr könnt euch das Auf und Ab meines Lebens vorstellen.

Schuhe gibt's nicht zu kaufen, und ich wechsle die Bettwäsche nicht öfter als alle 2 Wochen – und nichtsdestotrotz bin ich eine Ausnahme. […]

Ich wohne in einem 7-stöckigen Haus, teile mir ein Zimmer mit einem Freund. Er hat ein bolschewistisches Äußeres, sodass er schon zweimal verhaftet und verprügelt wurde. Die Zähne hat man ihm ausgeschlagen und er verbrachte zwei Monate im Gefängnis. Er ist erst 21, aber er hat bereits seine Freundin verloren. Doch nach all dem ist er aufgestanden und sagte mit einem Lächeln im Gesicht, er sei froh darüber, dass Gott ihm auf dem Weg zur Vollkommenheit so viele Prüfungen auferlegt habe. Ich fühle mich nicht ärmer als er. Jeden Morgen waschen wir uns mit dem Wasser, was wir uns selbst aus dem Hafenbecken holen, weil die Wasserleitung von Odessa nicht mehr funktioniert. Während wir uns auf diese Weise waschen, reden wir über Schriftsteller und Dichter.

[…] Als ich meinen Freunden sagte, dass ich gerne nach Berlin fahren würde, insbesondere zu meiner Mutter, sagte man mir, dass ich kein Recht dazu hätte. Da ich die anderen zur Selbstaufopferung aufgerufen habe, solle ich selber zuerst ein Vorbild sein; wenn mein Theater ein Kloster sein solle, dann solle ich mich auch dazu aufopfern und auf Verbesserungen für mich verzichten. Ich habe das verstanden und habe auf Berlin verzichtet, obwohl ich nichts lieber hätte, als euch zu sehen. Aber ich hoffe, dass es in Zukunft dazu kommen wird. Ich habe aufgehört zu rauchen und zu trinken und meine Stimme hat sich geändert. Ich glaube an mich selbst nicht so sehr als Schauspieler, aber dafür als Regisseur und Organisator. Ich verstehe, dass mein Weg hier ist und dass es später so kommt, wie

Bobby als Schauspieler, Leningrad, um 1925

Gott es will. Ich sehne mich sehr danach, vieles zu lernen, habe aber keine Zeit dazu. Ich gebe mein Wissen weiter an diejenigen, die es brauchen. Ich habe vor Kurzem angefangen, Musikstunden zu nehmen, bei einem Bekannten, dem ich dafür Französisch beibringe. Und für mehr reicht es nicht aus. [...] Ich liebe euch sehr und hoffe, euch bald wiederzusehen.

Seinen nächsten Brief schreibt Bobby aus Moskau, wo er – mit Hindernissen – die nächste Etappe seiner Theaterausbildung begonnen hat. Inzwischen hat er erfahren, dass sein Bruder Paul in Berlin eingetroffen ist. Bobby lässt hier wie auch in mehreren folgenden, ebenfalls auf Russisch geschriebenen Briefen den inneren Zwiespalt zwischen seiner Karriere in Russland und der Trennung von der Familie durchblicken.

6./19. Dezember 1920

Werte, Nahe, Liebe

Paul ist nun endlich wieder bei euch und ich freue mich unheimlich darüber und bin auch sehr beruhigt deswegen. Wenn ich neidisch sein könnte, wäre ich jetzt auf ihn neidisch. Aber mein Schicksal hat es sich anders überlegt. Ich war auch drauf und dran auszureisen, bin aber im letzten Moment an einer starken Angina erkrankt, das hat alle Pläne über den Haufen geworfen. Ich war anderthalb Wochen sehr schwach, in der zweiten Woche ging es mir zwar langsam besser, aber die Streptokokkenangina ging auf meine Beine über, sodass ich nicht fahren konnte. […] Außerdem habe ich einen Brief von einem Bekannten aus Moskau bekommen. Er meinte, ich solle nach Moskau kommen, dort würden alle auf mich warten. Und so packte ich meine Koffer und reiste nach Moskau. Jetzt bin ich schon vier Tage hier, und ich bin unheimlich froh darüber. Ich wohne bei Elena Adolfowna [die frühere Hausangestellte der Hackels aus St. Petersburger Tagen – an sie schrieb Flora später den Trauerbrief nach Gustavs Tod[91]], und sie ist sehr gut zu mir. Mein Zimmer ist schön warm, allerdings muss ich bald wieder ausziehen. Elena Adolfowna hat sich äußerlich stark verändert, ist aber genauso lieb wie früher.

Ich bin nach Moskau gekommen, um hier zu lernen. Nachdem ich von Stanislawski beeinflusst wurde und ich mich von meinen eigenen Fähigkeiten überzeugen konnte, bin ich zu ihm nach Moskau gefahren, um bei ihm das Studium aufzunehmen. Aber man hat mir gesagt, dass ich nicht mitten im Jahr mit dem Studium anfangen könne, ich müsse im August wiederkommen.

Eine weitere unangenehme Nachricht ist, dass ich, da ich in Odessa meinen Militärdienst abgebrochen habe, ich ihn nun in Moskau nachholen muss – was aber nun einigermaßen geht. […]

Ich bin trotzdem froh, jetzt in Moskau zu sein und genieße die Zeit, die Stadt und ihre Straßen. Ich fühle mich hier wie nach einem Aufenthalt im Gefängnis. […]

Es gibt unheimlich viele Menschen in Moskau. Überall gibt es Elektrizität, auf den Straßen und in den Häusern. Ein kleines Problem gibt es aber, und das ist nicht die Kälte, sondern die Dunkelheit, an die ich mich erst wieder gewöhnen muss.

Ich freue mich auf das Theater, auf die Bühnen hier. Aber ich weiß noch nicht, wo und wann ich studieren werde, wo ich zum Dienst muss, und wo ich was vorfinden werde.

Und ich hoffe sehr, dass ich bald zu euch kommen kann.

Ich möchte sehr, dass ihr mir schreibt, dass ihr mich nicht vergesst, und dass ihr an meinen Ruhm glaubt und meine Pläne unterstützt. Wenn ich dieses Vertrauen und eure Liebe spüre, dann wird sie mich beeinflussen, unabhängig von der Entfernung zwischen uns.

Ich küsse euch alle vielmals. Und Paul soll mir bitte schreiben.

---

91 Siehe Kapitel ›Es war eine verrückte Zeit‹.

Nachdem Bobby brieflich erfahren hat, dass seine Eltern nach ihrer Flucht sich in Deutschland halbwegs eingerichtet haben und sein Vater eine Arbeit gefunden hat, wagt er einen neuen Anlauf, ihn um finanzielle Unterstützung zu bitten. Er plant, von Moskau nach St. Petersburg (Petrograd) zurückzukehren, um dort ein Studium aufzunehmen, da ihm eine einfache Ausbildung zum Schauspieler offenbar nicht ausreichend solide erscheint. Er hat auch Kontakt aufgenommen zu seinem Cousin Bruno Becker (Sohn von Sophie und Benno), der damals mit seiner Frau Rebekka noch in Petersburg lebte (1922 übersiedelte er in die Niederlande) und ihm bei der Rückkehr in seine Heimatstadt helfen soll. Offenbar spielt er zugleich noch immer mit dem Gedanken, Russland zu verlassen.

Bobby (Jewgenij) schreibt – in etwas eingerostetem Deutsch – an seinen Vater:

> Moskau 1. März 1921
>
> Eingang Leipzig 13. Juni 21
>
> Liebes Vaterle!
>
> Es wird mir zwar sehr schwer fallen Deutsch zu schreiben, aber so soll es sein. […] Wie ihr schon hoffentlich aus Ellas Munde wisst, bin ich nun endlich in Moskau und bei Sachsens[92] wohl angebracht. Ich diene im provisorischen Internationalen Rat der Gewerkschaften als Übersetzer der Roten Armee, als Schauspieler eines Regimentsklubs und verdiene noch mein Geld als Schauspieler bei den verschiedensten Konzerts, Sanatorien, Clubs et cetera. Leicht hat man es gerade nicht jetzt in Moskau, sich satt und rekonstituierend zu fühlen, aber Gott sei Dank, ich wiege 3,25[93], habe mir meine sämtlichen 17 kranken (aussichtslos kranken) Zähne repariert, was spottbillig 50 000 R. [Rubel] gekostet hat [Anspielung auf die damalige Hyperinflation], und mache mich nun an die Ausbesserung meiner schäbigen Toilette. Was mir dabei Elena Adolfowna an Hilfe leistet […] ist nicht zu beschreiben. Von Ella habe ich auch eine Unterstützung von 150 000 R. aus der Liquidation unseres

92 Vermutlich Bekannte der Familie.

93 Gemeint ist die alte russische Gewichtseinheit Pud (1 Pud = 16,38 kg). Bobby wog also nur etwas über 50 kg, ein Anzeichen für die extrem schlechte Versorgungslage nach der Revolution.

Quartiers[94] bekommen, wovon ich sogleich 75 000 an Fredy schickte, damit er die Möglichkeit hat, die Reise nach Petersburg zu machen, was er auch hoffentlich tun wird. [...] Da ich einsehe, dass ich für mein Theater ein gründliches Studium auf ganz anderen und vorzüglich präziseren Gebieten [wohl im Sinne von ›exakteren Wissensgebieten‹] vollenden muss, als dass das Studium der fast unergründlichen Schauspielerkunst mir bieten kann, ist es denn auch mein Sehnen und Verlangen, nach Petersburg zu gehen und mich dort dem Studium der Philologie und der Musik zu ergeben. [...] Solch ein Lernen ist aber in den Umständen unseres lieben Vaterlandes kaum möglich. [...] Ich will dich bitten mich, wenn du es kannst, mich mit einem Monatsgehalt zu unterstützen. [...] Du wirst es wenn nicht mir, so der russischen Gegenwart glauben, das Geld werde ich nicht für Verschwendereien ausgeben. Wie es zu erfüllen ist? Marthas Mann, Ruwim Lasarowitsch Mehlmann, hat mir folgende Kombination[95] angeboten. Er steht in stetem Verkehr mit Martha, die in Mitau wohnt. An sie kannst du monatlich das Geld schicken, sie wird ihn davon in Kundschaft halten und er wird mir hier das Geld dem Kursus nach auszahlen. Ihre Adresse ist Mitau (Jelgava), Verlängerte Schreiberstraße 57/1, Martha Mehlmann. Außerdem kannst du noch ein gutes Werk tun. Ich schreibe ihr, wo sie deine Papiere finden kann, die bezeugen, dass du in Mitau anno dazumal geboren bist, dass sie mir und Fredy sie zuschicke, (gut wäre es, dass wir in diesen Papieren auch bezeichnet wären), wir uns dann von der livländischen, oder lettischen (weiß ich?!) Republik optieren lassen könnten und dann, na, dann verstehst du schon. Das eine ... das andere, dann zwischen Optierung und Ausfahrtmöglichkeit [Ausreisemöglichkeit] wird wahrscheinlich mindestens ein halbes Jahr stehen. [...]

Zum Schluss noch meine Adresse:

Moskwa, Furmannij Per 9.18. [...]

---

94 Damit ist wahrscheinlich die Auflösung der Hackel'schen Wohnung in Petersburg gemeint. Unklar ist, ob Elena und Ella hier ein und dieselbe Person sind oder ob es sich bei Ella möglicherweise um die Frau von Gustavs Bruder Arthur, dem Apotheker, handelt.

95 Gemeint ist eine Transfermöglichkeit für Geld von Deutschland nach Russland – in welcher Beziehung Martha und ihr Mann zu den Hackels stehen, ist nicht zu ermitteln.

Es umarmt euch alle euer liebender Sohn und Bruder. Wenn ihr eine Rückversion findet[96], schreibt mir doch eure Karte, vier Jahre sind es doch schon her [...]

Im Sommer 1921 ist Bobby endlich wieder in seiner Heimatstadt, und er schreibt von dort auf Briefpapier der Buchhandlung (Knishnij Magasin) W. P. Anisimova – dabei handelt es sich möglicherweise um einen der Jobs, mit denen er sich finanziell über Wasser hielt. In diesem Brief artikuliert er einen seelischen Zwiespalt, wie er sich zur Revolution verhalten soll, berichtet aber auch von der Fortsetzung seiner Theaterkarriere.

14. August 1921

Liebes Vaterle, liebes Machen,

[...] Ich würde gerne dieses (mein) Leben aus der Perspektive einer Unterströmung beschreiben, aber ich weiß nicht ob ich das kann. [...] Nicht immer scheint die Sonne auf meine Seele, und es ist mir nicht immer leicht um's Herz. So auch jetzt. Russland erlebt jetzt eine starke Krise, Revolution, was tragisch ist. Aber sowohl Russland als auch die Revolution sind schon längst Teil meiner Seele geworden, mehr noch – jede Umdrehung des Rads der Geschichte hinterlässt Spuren in meinem Wesen [...] und jedes Mal fühle ich dabei, wie ich die Erde unter meinen Füssen verliere, wie wir mit hunderten Fäden gebunden sind, mit unserem ganzen Innerem, ganzem Wesen und ganzem Leben mit dieser Welt.

Jetzt wird mein Leben folgendermaßen gestaltet: Herr Aleksandr Benua[97] [russisch transkribierte Form des Namens Benois] hielt ein Colloquium mit mir, um sich eine Meinung über mich zu bilden und zu entscheiden, ob ich für den Dienst am Großen Staatlichen Dramatischen Theater geeignet bin, als Helfer des Regisseurs [Regieassistent]. Dann folgte ein Gespräch mit dem Hauptregisseur des Theaters, wo ich meine Anschauungen darstellen konnte. [...]

96 D. h. eine Möglichkeit, jemandem eine Nachricht mitzugeben – offenbar war der offizielle Briefverkehr noch nicht wieder in Gang gekommen.

97 Alexandre Benois (1876–1960) war ein russisch-französischer Maler, Schriftsteller, Kunsthistoriker und Kunstkritiker. Er gehörte vor dem Ersten Weltkrieg als Bühnenbildner zu den Weggefährten Stanislawskis, machte nach der Revolution selbst Theaterarbeit und ging 1926 ins Exil nach Paris, wo er bis zu seinem Tod als gefeierter Bühnen- und Kostümbildner arbeitete.

In dem Brief fehlt eine Seite, sodass man nicht erfährt, zu welchem Ergebnis die Gutachter kamen, aber es scheint positiv ausgefallen zu sein, denn Bobbys Theaterkarriere setzte sich fort.

In Russland hatte sich inzwischen die Versorgungskrise weiter verschärft. Ab 1921 kam es zu Hungersnöten. Die Familie schickte Bobby immer wieder Lebensmittelpakete, weil es selbst das Notwendigste nicht zu kaufen gab.

08. Dezember 1921

[…] Ich habe mich wegen Päckchen aus Deutschland erkundigt. Man darf pro Person höchstens 2 Päckchen à 5 Kilo im Monat bekommen. Ziemlich alles kommt dann an. Als Weihnachtsbescherung möchte ich gerne 2 Kilo Butter, 1 Kilo Zucker, 1 Kilo Schokolade und 2 Dosen gezuckerte Kondensmilch haben. Wenn es mehr als 5 Kilo wiegen sollte, dann könnte man das auf 2 Päckchen aufteilen und noch Pfefferkuchen dazu packen, damit es nach Weihnachten riecht. Wenn man aus Deutschland keine Päckchen in das sowjetische Russland schicken kann, dann vielleicht aus England. Vielleicht kennt Vaterle jemanden in England. […]

Im nächsten Brief wird noch deutlicher, wie schwierig die wirtschaftliche Lage war. Laut Statistiken betrug das Bruttoinlandsprodukt in Russland 1920 nur noch ein Drittel des Vorkriegsniveaus.[XXXIX] Um ihre Ausgaben zu decken, druckte die Regierung immer weiteres Geld, was zu einer Hyperinflation führte.

19. Dezember 1921

[…] Die Preise steigen monatlich an, mit astronomischer Geschwindigkeit. Brot kostet 7 Tausend, Butter 70 Tausend und Zucker 80 Tausend. Ab dem neuen Monat werde ich mehr als 1 300 000 an Brunitschek[98] zahlen müssen. Ich habe keine Ersparnisse [und] musste unter anderem meine Zähne reparieren lassen. Ich weiß, dass ich erwachsen bin und allein für mich selber sorgen sollte, und ich will nicht den Eindruck erwecken, bei euch zu betteln. Aber wie ich [es] auch anstelle, im Augenblick kann ich ohne eure Hilfe nicht ganz auskommen. Ich habe demnächst ein Vorstellungsgespräch in einem Theater, aber auch das Geld da wird nicht vollkommen ausreichen.

98 Sein Cousin Bruno Becker, Sohn von Benno und Sophie, mit dem er zu dieser Zeit ein Zimmer teilte. Bruno unterrichtete und hatte dadurch ein relativ gutes Einkommen.

> Eine Warnung an Dich, liebe Sonjetschka – pass auf Dich auf, hungere nie so, dass davon deine Zähne kaputtgehen. […] Wenn ihr das nächste Mal ein Päckchen schickt, dann denkt bitte an Butter, Zucker und Kondensmilch. Dann wäre Briefpapier schön, ein Notizbuch mit Kalendertagen und eine einfache warme Mütze, weil es draußen sehr kalt ist und mein Kopf schnell friert. Und wenn ihr mich besonders beschenken möchtet, dann könntet ihr auch etwas von Goethe schicken. […]

In den folgenden Jahren schreibt Bobby seinen Eltern nur wenig. Er studiert in Leningrad Geschichte und Musik. Sein Studium, parallel dazu die Theaterarbeit und weiterhin zahlreiche Nebenjobs zum Geldverdienen lassen ihm kaum Zeit für Briefe. Ab 1925, nach Abschluss seines Studiums, meldet Bobby sich wieder regelmäßiger. Er ist jetzt Schauspieler und Nachwuchsregisseur am ›Theater der Jungen Zuschauer‹ (Teatr Junych Sritjelej, kurz: TJuS). Das erste von ihm inszenierte Stück heißt ›Russisches Zaubermärchen‹.

Bobby ist nun in den Kreisen der russischen Avantgarde angekommen. Das Konzept des TJuS ist im künstlerischen Sinne revolutionär: es gibt keine Bühne, die Zuschauer sitzen mitten unter den Schauspielern. Einer der leitenden Regisseure ist Meyerhold. Das TJuS wird international bekannt – bis heute beeinflusst es die Theaterpädagogik weit über Russland hinaus.

Am TJuS feiert Bobby erste Erfolge. Er schickt ein Programmheft, in dem für den 22. Mai 1926 die erste Regiearbeit von E. Gakkel[99], eine Inszenierung von Till Eulenspiegel angekündigt ist. Auch eine Rezension aus der Zeitung ›Smjenja‹ (Die Ablösung) ist beigelegt:

> Dienstag, 25. Mai 1926. Nummer 118 (622)
>
> Leningrad
>
> Theater
>
> ---
>
> »Till Eulenspiegel«
>
> (Theater der jungen Zuschauer »TJuS«)
>
> Das Mittelalter (der Zeitpunkt des Theaterstücks) – ist eine verlockende Ära für jeden Autor. Und zugleich birgt es eine Menge von

---

99 E. steht hier für Jewgenij, da das russische E in zwei Formen existiert, von denen eine ›Je‹ gesprochen wird.

Fallstricken, die alle Bemühungen des Autors schlagartig kippen und ideologisch zunichte machen können. E. Gakkel (Regisseur und Autor von »Till Eulenspiegel«) hat ein Bild der Befreiungsbewegung in Flandern gegen das Joch der Spanier und der Inquisition gezeigt, und dabei diese Fallstricke geschickt umgangen.

Viele unserer Bühnenstücke sündigen, indem mittelalterliche Revolutionen dort als »sozialistisch« dargestellt werden. Diese unnötige Verzerrung hat keinen Platz in »Till Eulenspiegel« gefunden. Hier wird diese Bewegung nur als national, von Kleinbürgern und Handwerkern getragen, dargestellt. Auf der anderen Seite sündigen viele Bühnenstücke, indem nur die Intellektuellen und Adligen darin eine Revolution machen (»Verräter«, ebenfalls im »TJuS« gespielt). Obwohl die Befreiungsbewegung hier auch mit den Adligen Hand in Hand geht, sind diese so geschildert, dass sie im Gegenteil keine Sympathie erwecken: die Revolution wird vom Volk, also von Bürgern, Handwerkern usw. gemacht.

Darüber hinaus hat der Autor alle »kleinen und großen« Vertreter der herrschenden Klasse gesammelt. In scharfen Zügen umreißt er die Raffgier der Könige (Philipp von Spanien), die Arglist ihrer Handlanger (Herzog von Alba), den billigen Edelmut der Adligen, die Grausamkeit der Inquisition und den Krämergeist der Mönche (die Ablasserteilung für 10 000 Jahre für einen Florin!) Der Anführer des Volkes ist Till Eulenspiegel – der legendäre Held.

Ein Nachteil des Stücks ist die äußerst misslungene »Komik« einzelner Episoden. Die Regie hingegen verbessert die Theateraufführung. Szenen wie das Inquisitionsgericht, das Kneipenlied der Verschwörer vor dem Angriff auf die Spanier, die Nachtszenen hinterlassen großen Eindruck.

Ein weiterer Nachteil des Stücks sind (zum Glück nur wenige) Episoden mit »Gemütsbewegungen«, die für das Verständnis der jungen Zuschauer schwierig sind. Der finale Moment ist etwas schwach, erinnert zu sehr an eine Oper, und schließlich kommt ein völlig überflüssiger Prolog hinzu.

Wenn man diese Mängel beseitigt, – wird daraus eines der größten TJuS-Bühnenstücke werden.

B. Pavlovskij

Außerdem schickt er zahlreiche, auf der Rückseite beschriftete Fotos nach Berlin, die ihn und das Ensemble bei den Proben von ›Till

Eulenspiegel‹ oder ›Wilhelm Tell‹ zeigen. Manche der Aufnahmen sind, um der größeren Wirkung willen, blau nachkoloriert.

Bobby hat nach langen, entbehrungsreichen Lehrjahren endlich etwas erreicht. Seine Briefe klingen selbstbewusster. Auch seine damalige Frau Lisa Uvarova, ebenfalls Schauspielerin, erwähnt er jetzt.

In einem undatierten, vermutlich zu Weihnachten/Silvester 1926/27 geschriebenen Brief berichtet Bobby über weitere Erfolge mit eigenen Inszenierungen:

> Meine Lieben!
>
> Die Feiertage haben wir schön gefeiert, besser gesagt die Abende an Feiertagen. Am 24. und 31. haben wir wie immer gespielt, und in der Nacht, wie sollte man das sagen? Wir haben viel getrunken, das trifft es am besten. Am 24. haben sich vier Freunde bei mir gesammelt (Tannenbaum, Kerzen, […] und ich habe, Mutterle, deine Rolle gespielt, habe allen Geschenke ausgeteilt). Am 31. war ich mit Lisa bei zwei Feiern. Und die Feiertage am 25. und am 1. waren die Tage zum Ausschlafen, wo wir erst zum späten Mittagessen aufstanden (gegen 4 Uhr nachmittags) und die Ruhe genossen. Sie schadet niemals, vor allem mir und gerade jetzt. Gestern habe ich die »Räuber« von Schiller zu Ende geschrieben [bearbeitet], Tragödie in 4 Akten, inszeniert von Jewgenij Gakkel (so wird es im Programm stehen). Bin mit meinem Ergebnis zu 90 Prozent zufrieden, nicht zufrieden bin ich damit, dass der Epilog nicht gelungen ist, aber das kommt vielleicht mit der Zeit. Solcher Meinung ist auch der Theaterrat. Ich werde das Stück auch unbedingt an euch schicken, eure Meinung interessiert mich sehr […]

Und im nächsten Brief:

> […] Ich bin jetzt leider wieder sehr stark in meine Arbeit vertieft (diesmal ist es die Aufführung von den »Räubern«), dass ich nicht viel schreiben kann. Aus den beigelegten Rezensionen könnt ihr euch einen Eindruck über den großen Erfolg meiner Operette bilden. Unsere Zeitungen, muss man sagen, loben nicht gerne. […]
>
> Schreibt mir, bitte, eine Postkarte, dass ihr gesund seid und dass ihr nicht böse auf mich seid. Nehmt mich, wie ich bin. Euer Sohn. Kamerad Gakkel.

In einem weiteren undatierten, wahrscheinlich aus der gleichen Zeit stammenden Brief entschuldigt sich Bobby, dass er wegen der hohen

Arbeitsbelastung kaum Zeit zum Schreiben hat, und stellt Betrachtungen an über die Aufbauarbeit in der Sowjetunion:

> Geliebtes Mutterle. Da hast du mich aber missverstanden, wenn Du meinen Mangel an Gründen für Herzensträgheit halten konntest. […] Ich arbeite (das heißt, mein Gehirn ist besessen) Minimum 12–14 Stunden am Tage, und dann klappt eben nichts mehr. So ganz verstehen kannst Du es wohl nicht, denn eure zivilisierte Ordnung erlaubte es wohl einem Menschen auch bei Überanstrengung ca. 2 Stunden sich behaglich und gemütlich auszuruhen. So weit sind wir noch nicht. Aber die zukünftigen Geschlechter, denen ich ja nur eine Düngermaschine bin, werden wohl die Früchte unserer Arbeit genießen. […] Ich bin gesund: bis zum 1. Juni habe ich plötzlich vier Aufführungen einzustudieren und vorzuführen, drei im Studio, eine im Theater. Mit dem Schauspielertum ist es nichts bis jetzt. Die Premiere noch immer nicht auf den Brettern, da der Regisseur periodisch krank war, und ich nun das Stück übernehmen soll. Mit dem Neubau des Theaters ist binnen eines Jahres nicht zu rechnen. Also bin ich einfach auf dem Flachen [sitze ich auf dem Trockenen], absolut keine Perspektiven fürs nächste Jahr, wenn ich nicht auf mein Studio rechne, aber es ist noch zu jung, dass ich von ihm schon etwas erwarten könnte. […] Lass es Dir gut gehen in steter Liebe und Sorge, Dein Sohn

Einige Monate vor Bobbys Reise nach Berlin, Ende 1927 oder Anfang 1928, schreibt seine Frau Lisa, die inzwischen als Schauspielerin einigen Erfolg hat, an Flora in holprigem Deutsch:

> Liebes Mutterchen. Ihr Brief hat mir wunderbare Freude gemacht. Ich will Ihnen einen großen Brief schreiben, aber Hackel beeilt mich, er will Ihnen schneller Sendung schiken. Hier sind einige humoristische Journäle. Lesen Sie sie bitte, vielleicht werden Sie unsere Leben durch sie zu fühlen. […] Meine Kritiken habe ich meiner Mutter schicken. Wenn ich werde sie noch hier finden werden Sie sie haben. Ich schreibe deutch, damit Sie leichter lesen können. […]
>
> Wir leben sehr gut. Sehr, sehr gut. Ich bin glücklich und dankbar Ihnen.
>
> Bitte denken Sie nicht das ich shön bin. Wenn Sie mich sehen werden – werden Sie sehr entäuscht.

Unmöglich das ich werde in Berlin sein – das wird zu shön sein. Bitte schicken Sie uns ihre Photographie. Shicken es mich. Gut?

Ich küsse sie und [russ.] Sonetschka

Ihre shöne und berühmte Tochter Lisa

Bobby fügt hinzu:

Ich kann mir nicht das Vergnügen nehmen, Dir Lisotschkas Brief im Original zu schicken, obgleich es vielleicht gar nicht pädagogisch ist. Einige Ausdrücke hat sie während des Schreibens abgefragt, aber das Ganze ist doch ihr Deutsch. Sie nimmt jetzt nämlich deutsche Stunden (& englische). Ich möchte schrecklich für das liebe Ding, dass sie mit mir zu euch rauskommt, aber Allah weiß, ob das möglich sein wird. Einem on dit [Gerücht] zufolge soll jetzt der Pass 500 Rbl kosten und zur Ausfuhr wird man nur 50 Rbl. gestatten. Allein werde ich es noch zustatten bringen können, zu zweit kaum. Zum Schluss bitte ich Dich noch mir auch 200 Gramm Thee zu schicken. Ist hier nämlich nicht erhältlich.

Gruß & Kuss, Dein Sohn

Lisa darf nicht mit ihm reisen, sodass Hackels sie nie kennenlernen. Bobby kommt von Juni bis August 1928 nach Deutschland. Er besucht Sonja in Berlin nur sehr kurz und fährt dann nach Heidelberg weiter, um Zeit mit Paul und Fredy zu verbringen. In Heidelberg ist ihm etwas unbehaglich. In Berlin sprachen die beiden wohl auch über die Sowjetunion. Bobby schreibt – offenbar anknüpfend an eine frühere Diskussion – über seine zwiespältigen Gefühle an Sonja nach Berlin:

Brief aus Heidelberg nach Berlin

Sommer 1928

Liebe Freundin und Schwester!

Vielen Dank für Deinen guten, vortrefflichen Brief. Meine Antwort wird ein bisschen holprig ausfallen. […] Über die hiesigen Ereignisse lohnt es sich nicht zu reden. Hartung mit seinem Theater ist großer Mist; überhaupt ähnelt Heidelberg mit seinen (zweifellos vorhandenen) Reizen zu sehr einem Basar. Die ganze Stadt ist eine Ware. […]

Noch unklar stellen sich mir die neuen Aufgaben was Russland, die Heimat, betrifft – diese Begriffe sind mir ihrem Wesen nach fremd, aber jetzt sind sie in mir erwacht und fordern, dass ich sie mit allen Röntgenstrahlen des Verstandes und des Gefühls durch und durch beleuchte. […]

Sei geküsst, mein Freund. Schreib bitte!

Dein Jewgenij

Im August 1928 kehrt Bobby zu Lisa in die Sowjetunion zurück. Es ist die Zeit, in der sich Stalins Macht zu festigen beginnt.

In einem Brief vom April 1929 plagt er sich mit Selbstzweifeln, ob er den an ihn gestellten Anforderungen gerecht werden kann.

Bei der Übersetzung von Bobbys Briefen hilft mir eine Bekannte. Sie ist in der Sowjetunion geboren und erinnert sich noch an die Stalinzeit. Als sie Bobbys Brief liest, schüttelt sie kurz den Kopf und bemerkt trocken: »Kein Wunder, dass er damals Ärger bekommen hat – er ist viel zu künstlerisch, viel zu sensibel – und viel zu unpolitisch!«

Geliebtes Mutterle!

Es ist schon lange, dass ich dir nicht geschrieben habe. […] Ich lese jetzt einen Schriftsteller, dessen zwei bis jetzt im Russischen erschienene Bücher das Ergreifendste sind, was ich nach dem Kriege gelesen. Es ist ein junger Amerikaner, John Dos Passos. Seine Bücher heißen ›Drei Soldaten‹ und ›Manhattan‹. Du musst sie lesen. Es ist erschütternd. Ich fühle mich völlig seiner Anschauung und seinem Gegenwartsgefühl unterworfen. Im ersten Buch handelt es sich um einen amerikanischen Tonkünstler, der es in der Soldatenuniform nicht aushält. Ich fühle, dass alle Leute unserer Zeit so oder anders in Uniform sind. Ich halte es zwar noch aus, aber ich verstehe nicht mehr, wo der Zweck von's Ganze ist. Wenn ich doch zwecklos leben dürfte, richtiger: könnte! […] Ich bin in einer Stellung, wo ich […] – als Regisseur – […] andere unterrichten, belehren, führen, bändigen, ja oft meinem Willen unterwerfen muss. Ich verstehe aber (im Ganzen) die Leute zu gut. Dieses Verständnis macht meinen Willen lahm, meine Gefühle zäh […]. Ich weiß ganz genau – über allem muss das Ganze stehen – in diesem Falle das Theater. Wenn es nun aber unten steht. Was steht denn über allem? Nichts. Es ist schon lange her (ungefähr ein halbes Jahr), dass ich ganz kaltblütig mich zu meiner Kunst verhalte. So kann man weder schöpferisch noch produktiv arbeiten.

> Ich verachte mich mit all meinen Kompromissen. Entweder habe ich etwas zu sagen & dann darf ich es nicht auf äsopischer Sprache[100] sagen […]; oder – ich habe nichts zu sagen – dann muss ich überhaupt verstummen. […]

Obwohl Bobby lieber Künstler um der Kunst willen sein möchte als Agitator, findet er auch im Betrieb der stalinistischen Kulturpolitik einen Weg für sich. Neben seiner Arbeit am TJuS, das jetzt sogar Gastspiele in Moskau hat, aber für ihn wenig Perspektive bietet, ist er beteiligt an einem neuen Projekt, dem ›Roten Theater‹, das vor allem Agitationsstücke auf die Bühne bringt. Vermutlich im Mai 1930 schreibt er über das weitere Auf und Ab seiner Karriere:

> Geliebtes Mutterle,
>
> Der wundervolle Monat Mai, als alle Knospen sprangen, ist nun vorüber, und ich habe heute die ganze Nacht vor Bauchweh nicht geschlafen & zu Dir lässt man mich augenscheinlich auch nicht[101], und dennoch ist es eine Lust zu leben. […] Die Moskauer Erfolge tragen auch nicht wenig zu meiner guten Stimmung bei. Ich weiß jetzt wenigstens, dass ich zu etwas gut bin, und wenn ich noch recht wenig geleistet habe, weiß ich, dass ich noch etwas vor mir habe. Die nächste Saison ist noch recht unklar. Es geht jetzt ein großer Kampf in den höheren Kreisen, um uns (d. h. dem Roten Theater) ein ständiges Theater und eine genügende Subsidierung zu geben. Wenn es gelingt, ergebe ich mich vollends diesem Theater und habe Arbeit genug. Dann hängt es nur von mir ab, ob ich es weit bringe. Wenn wir aber kein Theater bekommen […], sage ich meinem lieben TJuS ade und suche mir etwas Weiteres. Denn Brjanzew hat bei all seiner Liebe und Ehrerbietung zu mir gesagt, er werde nicht die Möglichkeit haben, mir im kommenden Jahre noch Stücke zur Verfügung zu stellen – ich sei schon aus meiner Stellung als 2ter Regisseur herausgewachsen & außerdem werden es nur 3 neue Stücke sein, die im kommenden Jahre im TJuS zur Aufführung kommen werden. Dann werde ich mich also, ohne das Rote Theater fahren zu

---

100 Unter Bezug auf den griechischen Fabeldichter Äsop meint Bobby, dass er mit dem Zwang hadert, kritische Themen aus Angst vor der Zensur in Form einer Fabel oder Parabel ausdrücken zu können.

101 Bobby hatte offenbar erfolglos versucht, wieder eine Besuchsreise nach Berlin zu beantragen.

lassen, auf das Marien- oder Michael-Theater orientieren. Die Oper ist ja seit Langem mein Traum.

Das endgültige Resultat über die Ausreiseerlaubnis erfahre ich vom 20.–28. dieses Monats. Ich habe aber fast gar keine Hoffnung. Denn wenn es nicht klappt, fahre ich nach Moskau, wohin mein Theater aus Minsk zu wiederholten Gastspielen zurückkehrt, um von dort mit Lisotschka meine Erholungsreise zu unternehmen. Allem Anschein nach werden wir uns nach der Kama (ein Nebenfluss der Wolga, wenn Sie erlauben) begeben. Ich begehre Sonne, Ruhe, Wald und Blumen. Und hauptsächlich etwas mehr Wärme, als es unser graues Leningrad uns bietet. Ich will mein Stück schreiben. Was daraus wird – keine Ahnung! Bis jetzt habe ich noch Angst, mich an den Tisch zu setzen. Und Mitte August muss ich zurück sein um entweder das Rote Theater zu reorganisieren oder mir noch andere Wege zu bahnen. […] Mein Name ist in Leningrad und sogar schon in Moskau etwas wert – ergo vivamus! Sei bitte gesund, mein Mutterle. Wir sehen uns bestimmt wieder. Vielleicht schon im Winter? […]

Mein deutsches Briefpapier ist zu Ende, meine/Miechens/Füllfeder ist mir in Moskau aus der Tasche gestohlen worden, die Salamanderstiefel bekommen schon russische [unleserlich – vermutlich ist gemeint, dass die Sohlen ersetzt werden müssen] (10 r. das Paar). Eigentlich wäre es die höchste Zeit, eine neue Reise zu unternehmen. Aber homo homini – oder wie sagt man in diesen Fällen? Slowom – hoffen wir das Beste und erwarten wir den Gegenbeweis. Es umarmt Dich in Liebe Dein Sohn

Bobbys Bemühungen, für das ›Rote Theater‹ eine Finanzierung und eine feste Spielstätte zu bekommen, sind geglückt. Sein nächster Brief trägt den gedruckten Briefkopf: Staatliches Volkshaus Karl Liebknecht und Rosa Luxemburg. Chefregisseur des Roten Theaters im Gosnardom Jewgenij Gustavowitsch Gakkel.[XL] Bobby hat nun zum Erfolg auch eine leitende Stellung. Doch immer noch sind die Verhältnisse in der Sowjetunion so, dass er ohne Unterstützung seiner Familie nicht auskommt. Wahrscheinlich steht diese neue Versorgungskrise im Zusammenhang mit der schweren Hungersnot, die von der stalinistischen Zwangskollektivierung der Landwirtschaft Anfang der 1930er-Jahre ausgelöst wurde.[102]

102 In der Ukraine fielen der Hungersnot schätzungsweise 1–2 Millionen Menschen zum Opfer.

5. Mai 1931

Geliebtes Mutterle,

Das Kostüm [gemeint ist russ. ›Kostjum‹ = ein Anzug] ist glänzend angekommen, kostete 145 Rubel Zoll, sitzt prächtig & ist überhaupt eine große Freude. Den Dank, Dame, begehrst Du wohl nicht?[103] Die Kostbarkeit eines solchen Geschenks ist nämlich nach euren Urteilen überhaupt unermesslich. Ein Rolls-Royce Auto, das ich Dir gerne schenken würde, würde Dir wahrscheinlich viel weniger von Nutzen sein als mir dieser Anzug. Jetzt aber treten alle meine übrigen Wünsche auf meinem Wunschzettel auf längere Zeit zurück vor einem, den zu äußern ich trotz allem wage. Ich habe nämlich keine Mittel, trotz größtem Wunsch, Lisotschka so zu ernähren, wie sie es bei ihrer Abgespanntheit nötig hat – es hängt einfach nicht von mir ab. Also so oft wie du nur kannst, kannst Du, Paul, ja sogar Mie, uns eine Futtersendung schicken & alles wird mit größtem Dank angenommen. Mehl, Reis, Maccaroni & irgendwelch Fett (es brauchen wirklich keine Delikatessen zu sein) sooft und soviel es euch keine Beschwerden macht, wird nicht mit Dank, sondern mit Verzückung angenommen. Es kann auch auf den Namen von Elisaweta Uwarowa geschickt werden. [...]

Sei mir gegrüßt, Machen, und grüße mir [...] alle [...]. Erzähl ihnen nur nicht, dass ich allmählich ganz grau werde und überhaupt so ziemlich älter geworden zu sein gewesen werde. Es umarmt Dich in Liebe Dein Jüngster – Ältester

In einer folgenden Sendung wollten sich Bobby und Lisa für erhaltene Lebensmittel offenbar revanchieren, aber er schreibt als P. S. unter den Brief:

Der Kaviar durfte leider nicht mit. Und Lisotschka isst ihn auch nicht. Quel dummage! [sic! Statt quel dommage – dies waren sprachliche Späße, wie Flora sie schätzte]

In einem späteren, undatierten Brief aus den frühen 30er-Jahren, beschreibt Bobby das Auf und Ab als Regisseur und fühlt sich überarbeitet.

103 Abgewandeltes Zitat aus der Schiller-Ballade ›Der Handschuh‹.

Geliebtes Mutterle, ich hoffe Du hast meine Karte erhalten, sonst musst Du Dich ja schrecklich ohne Nachrichten grämen. Ich schrieb Dir schon in dieser letzten Karte, dass die vorige Premiere ein Eispips [ein Flop] war. Ich bin längst drüber hinweg, obgleich Lisa meine jetzige Missstimmung durch sie erklärt. Der Grund liegt aber tiefer. Erstens habe ich eine schrecklich verantwortliche (verantwortungsvolle) Premiere vor mir, die dem Theater wahnsinnig viel Geld kosten wird, was mich immer in solchen Fällen als ›Urheber‹ bedrückt, zweitens findet jetzt gerade eine Erweiterung meines Theaters statt, wobei ich natürlich nicht die letzte Rolle spielen muss, und am liebsten würde ich vor all diesen Dingen fortlaufen. [...] Ich mache meine 14–16 Stunden Arbeit am Tage, nur die Nächte schlafe ich schlecht und habe dann redlich Zeit, über die Dialektik des Lebens nachzudenken. Den Unsinn des Lebens in einen höheren Blödsinn zu verwerten und zu verwandeln, das wäre mein Ideal. [...]

1934, anlässlich von Sonjas Hochzeit in Südafrika, schreibt Bobby an seinen frischgebackenen Schwager Peter:

Lieber Genosse Peter.

Wie anders soll ich Sie nennen? Herr Peter – geht nicht – Peter simplex auch noch nicht. Das Wort Genosse ist ja für unsereinen das beste, das liebste Wort. Na, wenn's nicht gilt? – gelt – seien Sie mir gegrüßt mein lieber Schwager. Oder sind Sie mir etwas anderes? – selbst auf Russisch habe ich nie gewusst, was einem ein anderer in Familienverhältnissen ist. Ich habe soviel Gutes und Schönes über Sie von Muttern gehört, dass ich es Ihnen mit Vergnügen mitteile. Ich hoffe Sie noch einmal im Leben zu treffen. Entweder kommen Sie her – sehr schöner Gedanke – oder ich mal rüber – auch nicht ohne! Entsetzen Sie sich nur nicht auf meinen Bleistift und das Briefpapier. Tinte haben wir in der USSR und schlechte Briefbogen auch – das ist einfach eigene Liederlichkeit. Und dennoch – nehmen Sie meinen besten und intimsten Gruß an. Ihr Eugen Ernst Robert

In den fortschreitenden 1930er-Jahren beginnt Bobby, den Druck der stalinistischen Kulturpolitik stärker zu spüren. In einem späteren, undatierten Brief lässt er durchblicken, dass er seine Inszenierungen entsprechend politischer Vorgaben gestalten muss, was ihm nicht immer leichtfällt:

Geliebtes Mutterle,

Nun bin ich mit einer Première zu Ende & bin schon going to do die Nächste. »Front« war wieder mal kein Erfolg im landläufigen Sinne dieses Wortes. Jedenfalls sind die Kritiken bezeichnend genug & erfordern kein Kommentar. Was mich anbetrifft bin ich einige Tage zufrieden gewesen, ist aber schon Vergangenheit. Was ich ausdrücken wollte, hart, philosophisch, ohne dem Publikum entgegenzukommen, – die harte Notwendigkeitsphilosophie unserer Zeit objektiv zu gestalten, ohne Berücksichtigung der allgemeinen Parole unserer Zeit, – der Ansteckung des Publikums zu noch höherer Anstrengung im Klassenkampf, denn dazu bot das Stück keine Anknüpfung – was ich gestalten wollte, ist mir gelungen. Ich habe eine analytische Aufführung gestaltet, die zum Denken & Nachdenken auffordert & das ist eine neue Art in unseren Verhältnissen, die jedenfalls keinen großen Beifall erzwingen kann. Warum meine Zufriedenheit? Einfach darum, weil jeder Künstler außer den ihm eigenen Aufgaben und Zielen noch unwillkürlich die des Publikums im Auge hält & selbstverständlich erfolgssüchtig ist. Diese Antinomie des ›ich‹ und der Einstellung auf ›soziale Bestellung‹ […] ist bei mir persönlich eine besonders akute Frage. Ich bin nicht primitif [sic] genug, um schnell umrüsten zu können & mich von meinem in unserer Zeit absolut unnützen Romantismus entledigen zu können. Aber ob ich es will & kann ist egal – ich muss es. […] Ich muss mich erkennen (warum hast Du mich eigentlich nicht anno 1917 geboren – ist nicht nett von Dir, Mutterle) & da es nicht so schnell geht, wie ich und andere es haben möchten, muss ich mein künstlerisches Maul zusperren & mein coeur de citoyen entwickeln, erweitern, aufklären & Ähnliches. […]

Ich bin heute von einer kurzen Influenza aufgestanden. Letztere habe ich wahrscheinlich in Moskau gekriegt, wohin ich auf 5 Tage zur Erholung reiste, wo aber die 37 Grad Kälte mein Herbstmäntelche ziemlich hart in Arbeit nahm. Das waren aber nur 2 Tage. Als ich fortfuhr, waren es schon wieder 0 und 1 Grad Wärme. Wie Du siehst, kann ich mich auch gut ohne Pelz kratzen. […]

Bobby scheint aber trotz wachsenden politischen Drucks noch keine ernsthaften Schwierigkeiten zu haben. Am 1. März 1936 – inzwischen hat Flora ihm über ihre geplante Auswanderung nach Südafrika berichtet – erzählt Bobby, dass er jetzt auch als Filmregisseur arbeitet und einen Stoff von Charles Dickens verfilmen soll:

Mein geliebtes Machen!

Es ist wieder ein Monat vorüber. Das Radio spielt ›Wotans Abschied‹. Diese Klänge – was für eine enorme Kraft und Energie flößen sie einem ein. […]

Also du gehst wahrhaftig nach Afrika? Ich reagierte nicht früher auf diese Nachricht, weil ich ja wirklich nicht wusste, ob ich ›gegen oder für‹ sein soll. Jetzt bin ich aber tief überzeugt, dass es das Richtige ist. Das ruhige Leben in Familie und Umgebung von Lieben und Liebenden, von allem Herzen sehne ich Paul gut Glück in seinem Vorhaben.

Mit einem Enkelkind, weit von dem blöden Treiben einer Großstadt, in gutem Klima. Warum soll das nicht ein schönes Leben geben? […] Und dass das Klima und das Naturbild nicht deinen gewesenen Vaterländern gleich sieht, das ist doch auch Gewohnheitssache. Außerdem verstehst du ja immer so voll dein […] Leben auszustatten, dass du es dort auf der Höhe auch, vielleicht noch harmonischer, ohne Schwierigkeit zu Stande bringen wirst. Also gut Glück, geliebtes Machen. Gute Reise! Farewell! Fair thee well, and if for ever, than for ever fare thee well!

Und dann ist für mich ein jemals mögliches Wiedersehen mit dir, dort in Afrika reeller als in Berlin, Machen. Apropos: im englischen mache ich gute Fortschritte und lese meinen Hemingway schon recht flott.

Was ich von mir erzählen kann? Die Len Film (so heißt die Leningrader Fabrik) hat mir den Auftrag gegeben, die ›Great Hopes‹ [richtig: ›Great Expectations‹] von Dickens zu verfilmen. Diese Arbeit liegt mir sehr am Herzen, obgleich das Verfilmen eines Romans mit so großen Zeitintervallen in sich eine riesige Schwierigkeit in sich birgt. Ich denke jetzt viel darüber, ob gleich meine alltägliche Arbeit (das Erlernen der vielen Technik et cetera) mir da zu wenig Zeit gibt. […] Bis zum Dezember muss das Szenario fertig sein, das Bild wahrscheinlich zum November 37 zum 20. Jubiläum der Oktoberrevolution. Dass es eben Dickens sein wird, war mir sehr überraschend, aber bei dem ungeheuren Wachstum des Interesses für alle allgemein menschliche Kultur und Kulturgeschichte bei uns ist es ja nicht von Wunder. Also, drauf und dran, Let's go!

[…] Willst du alle deine Bücher mitnehmen. Oder etwas verkaufen? Könntest du mir nicht etwa, wenn du sie weder mitnimmst noch verkaufst, und wenn die Sendung nicht viel Geld kostet, nicht vielleicht noch ein paar Bände der Weltgeschichte schicken. [...] Geliebtes Machen, schreibe mir aus Afrika sobald du angekommen.

Besten Gruß an alle. Sei innig umarmt von Deinem Dich stets liebenden Jungen und sei gesund [...]

Und er schreibt gleich im nächsten Monat, im April 1936, zu Floras Geburtstag wieder einen Brief, als wolle er die Auswanderung und das Schwinden der letzten Chance auf ein Wiedersehen mit seiner Mutter brieflich hinauszögern:

17. IV. 36

Geliebtes Mutterle!

Vielleicht erreicht dich dieser Brief noch zu deinem Geburtstage. Dann wirst du wohl staunen. Alle diese Jahre habe ich dir keinen einzigen unserer Familientage erwähnt und plötzlich entsinne ich mich und denke an deinen. [...]

Und in diesem Sinne möchte dich dein alter Bobus umarmen, Mutterle, mein liebes, und von allem Herzengesundheit, guten Mut und frische, ruhige und geklärte Zukunft wünschen[...], ja, Glück wünsche ich dir in deinen neuen Verhältnissen. Und dass du deinen Paul mitbekommst das wünsche ich von Herzen, dir und ihm und Sonja und Peter. Und dann hoffe ich von dort wahnsinnig lange und ausführliche Briefe von euch allen zu bekommen. [...]

Vor Kurzem machte ich meinen ersten langen, fünfstündigen Flug von Moskau nach Kasan. Darüber ließe sich auch recht interessant philosophieren, was würde wohl Goethe niederschreiben, wenn er mal aus den richtigen Wolken auf die richtige liebe Erde nach 5 Stunden Flug glücklich landen würde. Komische Gedanken kommen einem dort oben in den Sinn. Aber das ist zu lang. Darüber ein andermal. [...]

Besten Gruß an alle die sich meiner entsinnen. Dein ziemlich kahler kleiner Sohn.

Kurze Zeit später, im Mai 1936, lässt er wieder durchblicken, wie schwer er sich mit den ideologischen Anforderungen an das Theater tut. Das Filmprojekt ist ins Stocken gekommen, wahrscheinlich auch aus politischen Gründen – im Stalinismus konnte das ein Zeichen dafür sein, dass man in Ungnade gefallen war ...

Geliebtes Mutterle.

[...] Vor Kurzem hatten wir eine Versammlung von jungen Regisseuren und Schriftstellern, in der ein jeder über seine Pläne und Träume, über sein Generalthema sozusagen, sprach. Ich konnte nur eines sagen, die Liebe zum Leben, das wäre, was mich regt, allerdings von unserem point de vue [Blickpunkt] genommen. Der neue Humanismus, und wie man dazu kam, und was daraus weiter werden und entstehen muss, der Kampf des Menschen mit der Natur um ihn und in ihm, [...] die gewesenen und kommenden Klassenkämpfe, die klassenlose Gesellschaft, der kommende neue Mensch. [...]

Oft empfinde ich jetzt, wie ich ein Heim, eine Frau und Kind, ja vielleicht Kinder, haben möchte. Und ich traue es mir nicht zu. [...] Ich will es nicht und will es doch. Stell es dir nicht als einen tragischen Kampf in mir vor, aber ernst ist es doch. Gottlob ist es auf heute nur abstraktes Problem, die Freundinnen, denen ich in den letzten Jahren begegnet, waren mir mindestens vom zweiten Augenblick als Nichtlebensgefährtin klar. [...]

Dass du an Leskov[104] viel Anregung findest, ist mir sehr lieb. Es ist ein großer Schriftsteller, allenfalls nicht mit genügender Adresse, wie man bei uns sagt. Er steht allein und suchte sich keine nahen in der Umgebung, er ist zu unparteiisch, deshalb ist sein Werk nicht zu verwerten. Für dich klingt wahrscheinlich solch ein Standpunkt zu utilitaristisch, aber so sind wir nun schon, alles ist schön, wenn es im Dienste unserer Idee steht und das Größte bleibt uns fremd, wenn es abseits steht. Aber fremd ist Leskov nicht, nur oft befremdend.

[...] Leider ist Dickens aus vielen Gründen zeitlich verschoben und ich sitze auf dem Sand [auf dem Trockenen]. [...] In der Hoffnung, Dich bald mit präziseren Aufklärungen über meine Arbeit zu erfreuen, will ich schließen. Sei mir umarmt, mein liebes Machen von Deinem Jewgenij

Bobbys nächster Brief erreicht Flora bereits in Südafrika. Er scheint ihn in schwermütiger Stimmung geschrieben zu haben. Die ›jüdische‹ Sowjetrepublik Biro-Bidjan, die Bobby erwähnt, war ein Projekt Stalins, um alle Juden aus der Sowjetunion – teilweise gegen ihren Willen, jedoch nicht immer – in eine Steppenregion in der

104 Nikolai Leskov (1831–1895), russischer Schriftsteller.

entlegensten nordöstlichen Ecke des Riesenreiches umzusiedeln. Bobbys Inszenierung ist vermutlich ein Agitationsstück, um diese Umsiedlung zu fördern.

> Am 26. August 1936
>
> (Randnotiz: Dein letzter Brief ging trotz Luftpost 14 Tage)
>
> Geliebtes Mutterle,
>
> [...] Gestern war es wahrscheinlich der letzte wundervolle Herbsttag, den wir hatten. Alles rotgelb in wundervollem blauen Himmel. Sonne, warm, aber alles in der Natur etwas müde. Oder bin ich es? Heute regnet's schon.
>
> Kennst Du das hübsche alte jiddische Lied (ich habe es lieb gewonnen, als ich ein Stück über ›das neue Vaterland‹ der Juden (Nowaja Rodina) (Biro-Bidjan im Fernen Osten) im Roten Theater inscenierte.
>
> Da droißen geht a Regn,
> da droißen geht a Regn,
> Un es schneit a Schnei,
> Oi a Schnei!
> Meine junge Johren gehen doch aweg
> De bitteren, de finsteren – se kommen.
>
> Ob es orthografisch richtig ist, weiß ich nicht – ich schreibe es nieder wie es klingt. [...]

Die letzten Zeilen müssen später, nachdem er sich nicht mehr meldete, wie eine versteckte Ankündigung, vielleicht eine geheime Botschaft Bobbys geklungen haben.

In Moskau beginnen zu dieser Zeit die stalinistischen Schauprozesse[XLI], über die in den Zeitungen breit berichtet wird, und zu denen sich auch viele westliche Intellektuelle – sowohl positiv wie negativ – äußern. Die inzwischen überall verstreuten Mitglieder der Familie Hackel verfolgen diese Berichte aufmerksam und tauschen sich brieflich darüber aus, was davon zu halten sei. Man ist ich weitgehend einig, dass es sich bei den sogenannten Prozessen I und II[105]

105 1. Prozess (gegen das sogenannte ›Terrorzentrum Trotzki-Sinowjew; Prozess der 16‹): vom 19. bis 24. August 1936 gegen Grigorij Sinowjew, Lew Kamenew und 14 andere Funktionäre.
2. Prozess (gegen das ›sowjetfeindliche trotzkistische Zentrum‹, auch ›Prozess der 17‹): vom 23. bis 30. Januar 1937 gegen Georgij Pjatakow, Karl Radek, Grigorij Sokolnikow und 14 andere Funktionäre.

um eine zynische Inszenierung Stalins zur Beseitigung seiner Gegner handle, aber Bobby rechtfertigt sie in einem (nicht mehr erhaltenen) Brief. Sein Bruder Fredy deutet das als klares Anzeichen für Bobbys Unterwerfung unter den Totalitarismus in der Sowjetunion. Er schreibt darüber im Februar 1937 an Flora:

> […] gut, dass er so denkt u. fühlt, wenn er anders fühlen würde, so hätte er sich schon längst erhängt […] oder wäre nicht mehr am Leben.

Der letzte Brief, den Bobby an seine Mutter schreibt, ist auf Russisch verfasst und stammt vom 23. Juni 1937. Er berichtet in diesem Brief zuerst, dass Lisa, seine Frau, sich von ihm getrennt habe und nun mit dem Schauspieler Tschirkow zusammenlebe, einem seiner Theaterkollegen. Es herrsche aber zwischen ihnen ein freundschaftliches Verhältnis. Er, Bobby, habe eine andere Frau kennengelernt, aber es gebe ein paar Hindernisse, die er jedoch nicht näher benennt. Danach verändert sich der Tonfall des Briefes.

> 23. Juni 1937.
>
> Geliebtes Mutterle. Ich habe Dein Paket mit Fotos erhalten. Vielen Dank Dir, meine Liebe. Es war eine große Freude. Du bist wundervoll. Solch eine schöne, kluge, tiefe, dass ich einen großen Stolz empfunden habe, dass ich Dein Sohn bin. Und einen besonderen Dank für das Porträt von Vaterle. Ich habe ja keins von ihm gehabt. Ich zeigte meinen Freunden sowohl Dich als auch den Papa. Zunächst Dich, und alle sagen – na ja, ich bin ein leibhaftiges Ebenbild von Dir. Und dann den Papa – und man sagt, na ja, das bin schon ganz ich. […] Jetzt sehe ich, dass ich ein guter Vater sein könnte. Ich denke, es ist noch nicht zu spät. Wenn das Schicksal sich zu mir mit dem Gesicht wendet – bis jetzt hat es mir den Rücken gezeigt. (Oder ich habe es selbst zu mir mit dem Rücken gedreht [habe ihm selbst den Rücken zugedreht]?) – Ich werde noch sehr glücklich im Leben sein.
>
> Auch jetzt geht es mir sehr gut. Es ist so klar und ruhig, wie es vielleicht nie gewesen ist. Das Schuldgefühl mir selbst, und vor allem Lisa gegenüber hat sich ausgelebt. Sie lebt sehr glücklich. Die Saison ist für sie zu Ende, sie wird bald auf die Krim fahren, um sich zu erholen. Wir haben eine wunderbar freundschaftliche Beziehung miteinander. Mit ihrem Ehemann lebt sie gut. Solltet ihr sowjetische Filme sehen können, könnt ihr ihn kennenlernen – er ist

Tschirkov – die Hauptfigur aus »Jugend von Maxim« und »Rückkehr von Maxim«. Ein sehr guter Schauspieler, und mein Schüler. Übrigens wünsche ich mir, dass Ihr die Gelegenheit bekommt, einen bemerkenswerten Film »Baltischer Volksvertreter« euch anzusehen, er würde euch alle sehr ergreifen.

Selbst bin ich glücklich deshalb zuerst und hauptsächlich deswegen, weil ich sehr liebe. Es ist ein wundervolles Mädchen, sie heißt Rosa. Sie ist Jüdin, wie seltsam es sein mag. Seltsam ist es deshalb, weil ich immer eine gewisse Neigung zu den Russen gehabt habe. Und sie liebt mich. [...] Sie ist 30 Jahre alt [...]. Sie ist Schauspielerin und jetzt für 2½ Monate für Dreharbeiten verreist. [...] Was auch kommen möge – es muss eben kommen! Und es ist gut so.

Das bedeutet aber nicht, dass ich die Hände in den Schoß lege, dass ich nicht mehr kämpfe und abwarte. Keineswegs. Sowohl im Beruf als auch im Privatleben kämpfe ich, ich kämpfe stark und werde weiter kämpfen. Ich weiß nur, dass der Tod irgendwann unumgänglich kommen wird, und es kann sein, dass er nicht weit ist – zu sehr gleicht unser heißer Sommer nun dem Sommer vom Jahr 1914: – so ist es notwendig, ein Leben zu leben, vielmehr jede Minute schön zu leben, das heißt, anständig/großherzig, klar, ehrlich, nutzbringend für die möglichst vielen Menschen, um zumindest mit etwas, wenngleich mit eigenem Tod, den Grundstein einer neuen Welt in der Zukunft zu legen. Diese Welt wird bei uns gebaut, trotz alledem. Ich kann mir vorstellen, was über uns in eurer Welt geschrieben wird. Ich weiß, dass ihr die Wahrheit über uns aus dem, was dort geschrieben wird, nicht erfahren könnt. Ja, unsere Wahrheit ist keineswegs eine Wahrheit für alle, zumindest heute, und ich habe keineswegs vor, in meinem Brief zu agitieren, liebes Mutterle. Ich will nur, dass Du weißt, dass alles, was man euch über unser Leben schildert, sogar selbst die als meist unparteiisch geltenden Beobachter [...]

Der Satz endet abrupt – eine Passage ist, vielleicht von der Zensur, entfernt worden: aus dem in der Mitte gefalteten Briefbogen auf der rechten Seite ist das obere Drittel herausgeschnitten.

Anschließend schreibt Bobby ganz harmlos weiter, dass er sich gerade mit einem Filmprojekt über den spanischen Dichter Lope de Vega beschäftigt. Er bringt seine Freude über weitere Familienfotos zum Ausdruck, äußert sich aber abfällig über seinen Bruder Fredy: »dick, fett und fremd« – möglicherweise eine Reaktion auf die vorherige briefliche Kontroverse zu den stalinistischen Schauprozessen. Bobbys Brief endet mit dem Satz: »Dich umarmt in letzter Liebe hochachtungsvoll und mit Stolz Dein Sohn.«

Der letzte Brief also …

Ich versuche mir vorzustellen, wie Flora und Sonja mit der Tatsache umgingen, dass nach diesen Zeilen nie wieder ein Lebenszeichen von ihm kam. Seine Gedanken über ›Wahrheit‹, aber auch die kryptischen Andeutungen über den nahen Tod, die ›letzte Liebe‹ im Schlusssatz mussten sie wohl aufhorchen lassen – in Zusammenhang mit den ›Moskauer Prozessen‹. Interpretierten sie dies später, nachdem er verschwunden war, als eine Art Code? Vielleicht etwa des Inhalts: ›Achtung, ich stehe unter großem Druck, ich bin verdächtig, rechne mit Verhaftung?‹ Vielleicht auch: ›Bitte schreibt in euren Briefen nichts irgendwie für mich Kompromittierendes …‹ Überlegten sie, ob sie Bobby durch eine unvorsichtige Äußerung in Gefahr gebracht haben könnten? Wahrscheinlich hatten sie solche Gedanken, rätselten in den vielen Jahren und Jahrzehnten, in denen sie ohne Nachricht blieben, was ihm zugestoßen sein könnte – und ob es dafür in seinen Briefen möglicherweise versteckte Anhaltspunkte gab. Besonders für Flora muss die Ungewissheit, was dem jüngsten ihrer drei Söhne zugestoßen war, quälend gewesen sein. Dieser Brief blieb die letzte Nachricht, die sie jemals von ihm bekam. Und auch für Sonja wäre es beinahe so gekommen.

Südafrika

Nach acht, Bonn 1987

»Jetzt, nachdem wir so viel und lange über meine Brüder geredet haben, wird es Zeit, dass ich dir von unserem Leben in Südafrika erzähle. Heinz kommt da endlich auch mal ins Spiel!«

Heinz nickt und schmunzelt vor sich hin.

»Du erinnerst dich, wo ich meine eigene Geschichte unterbrochen hatte: Ich war Peter 1934 nach Südafrika gefolgt. Am Tag nach meiner Ankunft per Schiff hatten wir geheiratet, damit ich das Aufenthaltsrecht bekam. Peter hatte erst eine Stelle in Pretoria, dann zogen wir nach Johannesburg, wo wir fortan wohnten. Johannesburg, eine Bergbaustadt, musst du dir vorstellen, hatte damals noch weniger als heute etwas mit den europäischen Städten zu tun, die wir gewohnt waren. Johannesburg war erst in den 1880er-Jahren um Gold- und Diamantenminen herum entstanden, eigentlich aus dem Nichts. Mit den zuströmenden Arbeitern war die Stadt rasch gewachsen, endlos dehnten sich Vororte mit kleinen Holzhäusern über die hügelige Landschaft. Es gab kaum Kultur oder dergleichen, ein totaler Kontrast zu Berlin, wir mussten uns in unserer Lebensweise ziemlich umstellen. In der Freizeit traf man sich mit Freunden oder fuhr aufs Land, viel mehr konnte man nicht unternehmen. Zu Anfang waren unsere Bekannten vor allem Peters Kollegen und Geschäftspartner, aber schon bald wurde es abwechslungsreicher, weil immer mehr deutsche Emigranten nach Johannesburg strömten. Viele wurden gute Freunde.

Uns ging es so weit gut, Peter war angestellt bei OK-Bazaar, einer Kaufhauskette. Es gab dort alles in einem Geschäft, ein Standard-Warenangebot, damals war das etwas ganz Neues. Peter hatte bei seiner Anstellung überlegt, was er mit seiner Erfahrung aus dem Bankgeschäft Nützliches beitragen könnte. Nachdem er sich eingearbeitet hatte und seine Chefs mit ihm zufrieden waren, schlug er ihnen nach etwa einem Jahr vor, eine Kreditabteilung aufzubauen, damit die Leute auf Raten einkaufen könnten. Man muss sich vorstellen: In den kleinen Lebensmittelläden war Anschreiben damals durchaus üblich. Wenn die Arbeiter ihren Wochenlohn bekamen, wurde gezahlt – manchmal auch nicht. OK-Bazaar wollte sich diesen Gepflogenheiten natürlich anpassen, und so waren die Direktoren mit seinem Vorschlag einverstanden. Wenn er damit Erfolg hatte, sollte er am Umsatz beteiligt werden. Er arbeitete wie ein Verrückter, das war nicht immer zu meinem Vergnügen, aber seine Chefs waren zufrieden mit ihm. Er stieg in der Firma rasch auf und brachte es nach ein paar Jahren bis zum Prokuristen. Weil Peter gut verdiente, konnte er 1936, als für meine Mutter, Paul und Martha die Auswanderung anstand, die finanzielle Bürgschaft übernehmen. Ich mag mir nicht vorstellen, was geworden wäre, wenn wir nicht so viel Glück gehabt hätten.

1935 wurde unser Sohn Andreas geboren, 1936 unsere Tochter Elizabeth. Ich nannte sie nach meinen beiden Freundinnen Elisabeth Padel und Elisabeth Maaß (›Große Elisabeth‹), die ich in Deutschland hatte zurücklassen müssen. Peter kaufte ein Grundstück in einem damals noch wenig bebauten Vorort, Hillbrow[106] – heute liegt er im Zentrum von Johannesburg und hat sich vollkommen verändert, damals war es eine ruhige Gegend – und baute uns dort ein Haus, das er selbst entworfen hatte. Peter wäre gern Architekt geworden und gestaltete das Haus genau so, wie er es haben wollte und wie es für unsere Lebenssituation passte. Alle Familienmitglieder, auch meine Mutter, hatten ihr eigenes Zimmer, und es gab ein seitlich angebautes Atelier, in dem Peter malte. Das war eine seiner vielen Leidenschaften.

Als der Krieg begann, wurde der Briefverkehr mit Deutschland unterbrochen. Von Bobby aus Russland hatten wir ja schon seit 1937 kein Lebenszeichen mehr bekommen, und nun hörten wir auch nichts mehr von Fredy aus Berlin und von allen anderen Freunden und Verwandten, die dort geblieben waren. In Südafrika war die Informationslage über Europa lückenhaft. Unsere hauptsächliche Informationsquelle war das internationale Radioprogramm der BBC. Dort hörte man schon bald Schreckensberichte über die Verbrechen von Hitlerdeutschland. Uns wurde klar, in welcher Gefahr

---

106 Hillbrow, Stadtteil von Johannesburg auf dem Höhenzug Witwatersrand. Durch das von Bergbau und Handel getriebene Wachstum Johannesburgs fand seit den 1950er-Jahren eine rasche Verstädterung statt. Heute ist Hillbrow Teil des innerstädtischen Geschäftszentrums und weitgehend mit Hochhäusern bebaut. Das Wohnhaus der Rosenbergs steht nicht mehr. Später, in den 1980ern, bot Hillbrow vor dem Ende der Apartheid durch seine liberal eingestellte, international geprägte Einwohnerschaft gewisse gesellschaftliche Freiräume. In verbliebenen alten Villen siedelten sich Klubs, Restaurants und Galerien an, in denen sich teilweise auch Angehörige verschiedener Hautfarben unbehelligt begegnen konnten (diese besondere Rolle Hillbrows beschreibt z. B. der südafrikanisch/US-amerikanische Comedian Trevor Noah in seiner Autobiografie ›Born a Crime‹).

Haus der Rosenbergs in Hillbrow, Johannesburg, um 1940

alle schwebten, die noch dort waren. Das war schrecklich. Wir saßen in Südafrika, es ging uns gut, aber wir waren völlig abgeschnitten von Europa. Wir konnten gar nichts tun, wussten kaum etwas Genaues. Als uns nach dem Krieg das volle Ausmaß der Katastrophe zu Bewusstsein kam, und all das, was speziell den Juden angetan worden war, überlegte Peter, dass man sich nun eigentlich auf seine jüdischen Wurzeln zurückbesinnen müsse – das hatte bisher bei uns kaum eine Rolle gespielt. ›Entdeckung der Jiddischkeit‹ nannte man dieses Phänomen, viele entkommene Juden verhielten sich auf ähnliche Weise. Aber ich sagte damals zu Peter aus tiefster Überzeugung – und dazu stehe ich noch heute: ›Wenn es Gott gibt – wie konnte er dann so etwas wie den Holocaust zulassen? An so einen Gott kann und will ich nicht glauben.‹

Aber der schlimmste Schicksalsschlag ereilte uns zu Hause in Südafrika. Es war im Jahr 1945, als unser Sohn Andreas in den Ferien bei einem Badeunfall ertrank. Über so etwas kann man als Mutter niemals hinwegkommen!

Peter, der sah, wie sehr ich litt und mir Vorwürfe machte, überredete mich schließlich dazu, dass wir im folgenden Jahr einen kleinen Jungen adoptierten, unseren Sohn Michael. Er war knapp zwei

Jahre alt. Seine Mutter war alleinstehend, eine mittellose und sehr unglückliche jüdische Immigrantin aus Osteuropa, die ihn nicht versorgen konnte. Der Kontakt war über die jüdische Gemeinde zustande gekommen. Nun hatten wir wieder zwei Kinder, aber unser Familienglück war nicht mehr so unbeschwert wie vorher, zu tief saß der Schmerz bei uns allen. 1948 wurde ich unverhofft mit 44 Jahren noch einmal schwanger, und im Herbst wurde Stephanie geboren.

Ein paar Monate bevor sie zur Welt kam, unternahmen Peter und ich eine schon lange geplante Europareise, die erste nach unserer Auswanderung. Wir fuhren an all die Orte, wo wir Verwandte und Freunde – zum Teil über das Rote Kreuz – wieder hatten ausfindig machen können: nach England, in die Schweiz zu Peters Schwester, wir besuchten Fredy in Holland, wo er inzwischen Professor war – und wir fuhren auch in das zerstörte Deutschland. Nach Berlin, wo Elisabeth Padel den Bombenkrieg überlebt hatte. Wir versuchten herauszufinden, was mit der ›Großen Elisabeth‹, also Elisabeth Maaß und ihren Schwestern geschehen war. Es gelang uns, eine Bekannte ausfindig zu machen, die überlebt hatte. Sie berichtete, dass man 1938 Hanna die Approbation als Ärztin entzogen hatte. Sie und Große Elisabeth zogen nach Hannover zu Antonia, einer weiteren Schwester, die dort ein Altenheim betrieb. Dort praktizierte sie als sogenannte ›Krankenbehandlerin‹ in einem jüdischen Altersheim, das war das Einzige, was die Nazis jüdischen Medizinern noch erlaubten. Sie erkrankte an Krebs und starb 1940. Große Elisabeth und ihre Schwester Antonia wurden ins Ghetto von Riga deportiert, von wo aus man sie, wahrscheinlich im sogenannten ›Dünamünde-Konvoi‹, das waren mobile Gaskammern – Autos, bei denen die Abgase nach innen geleitet wurden –, umbrachte. Die Freundin, die uns davon nach dem Krieg berichtete, befand sich im gleichen Deportationszug. Wegen eines Bombenangriffs wurden auf einmal Ärzte benötigt, sodass sie in letzter Minute herausgeholt wurde und wie durch ein Wunder überlebte.

Viele weitere Freunde und Verwandte hatten ähnliche Schicksale erlitten. Tante Jenny nahm sich das Leben, als sie den Deportationsbefehl bekam, ebenso Mie Kottow[107]. Auch Peters Großmutter[108], fast

---

107 Für Marie Kottow wurde in Berlin-Zehlendorf ein Stolperstein verlegt, Griegstraße 30, 14193 Berlin. Sie war, wie Fredy und Shura, 1936 von Heidelberg nach Berlin gezogen.

108 Rose Borchardt, die Mutter von Peters Mutter Verena Borchardt.

neunzig Jahre alt, hatte eine Überdosis Veronal genommen, bevor sie abgeholt werden sollte. Offizielle Auskünfte darüber bekam man nicht, man musste über das Rote Kreuz oder irgendwelche privaten Kontakte Stück für Stück herausfinden, was geschehen war – es war furchtbar![109]

Im vollkommen zerstörten Mannheim gelang es uns, Pauls erste Frau Maria mit ihren Kindern Ruth und Alex ausfindig zu machen, die dort irgendwie überlebt hatten. Maria war nicht-jüdisch, und sie hatte, nachdem Paul sie verlassen hatte, erfolgreich verbergen können, dass der Vater der Kinder nach Nazi-Definition als Jude gegolten hätte. Nicht ungefährlich, aber es war geglückt. Hinzu kam, dass Ruth seit ihrer Erkrankung an Kinderlähmung im Rollstuhl saß. Als die Nazis begannen, Behinderte zwangsweise in Heime einzuweisen, um sie anschließend umzubringen, hatte Maria sie jahrelang zu Hause versteckt gehalten und – weil sie ja nun auch keine Schule mehr besuchen konnte – selbst unterrichtet.

Als wir zu ihnen fuhren, war dieser Horror zwar vorbei, aber das Leben in den Ruinen von Mannheim war elend, und Maria machte sich große Sorgen um den 20-jährigen Alex. Er war mit 16 als Flakhelfer eingezogen worden und ließ sich seit dieser Zeit weder von seiner Mutter noch von anderen Erwachsenen mehr etwas sagen. Als die amerikanischen Besatzer kamen, hatte er angefangen, zusammen mit ein paar Kumpels Schwarzmarktgeschäfte zu betreiben. Maria lebte in ständiger Angst, dass er eines Tages dabei erwischt würde. Sie suchte nach Möglichkeiten, ihn eine solide Ausbildung machen zu lassen – in Deutschland damals ein schwieriges Unterfangen. Als wir kamen und Peter sich die Sache anhörte, schlug er sofort vor, dass Alex zu uns nach Südafrika kommen solle, er werde da schon etwas Passendes für ihn finden. So war Peter!

Und dann gab es da noch Alex' besten Freund, Oliver. Die beiden waren etwa gleich alt. Sie waren gegen Ende des Krieges in der gleichen Flakhelfer-Einheit gewesen, seitdem waren sie unzertrennlich. Oliver hieß mit Nachnamen Storz. Als wir von Alex diesen Namen hörten, stutzten wir: so hatte Pauls zweite Frau Martha vor ihrer Scheidung geheißen, wegen der er Maria damals verlassen hatte. Und nun stellte sich heraus, dass es sich bei Oliver Storz um niemand anderen als ihren Sohn handelte, den sie bei seinem Vater in Deutschland zurückgelassen hatte. Alex und Oliver waren beide

109 In Sonjas Nachlass befindet sich eine ganze Mappe mit ›Suchbriefen‹.

völlig ahnungslos. Ruth hatte den Kindern über die Umstände ihrer Trennung nichts erzählt. Durch unseren Besuch kam die ganze Sache dann heraus. Alex und Oliver erklärten sich daraufhin lachend zu ›brothers by marriage‹. Oliver kam auch auf ein paar Monate nach Südafrika, ging aber wieder nach Deutschland zurück und wurde später ein erfolgreicher Filmregisseur und Schriftsteller.[110]

Alex blieb bei uns in Südafrika. Peter brachte ihn als Lehrling in einer kleinen Firma unter, die mit Rohstoffen handelte – in einer Bergbaustadt wie Johannesburg gab es viele davon. Die Firma gehörte Walter und Isa Grünfeld, Freunden von uns, ebenfalls Emigranten aus Deutschland. Alex erwies sich als sehr begabter Geschäftsmann. Er machte später im internationalen Rohstoffhandel Karriere und wurde damit Millionär.

Alex nahm in unserer Familie später die Rolle ein, die Peter während des Krieges gespielt hatte. Mit seinem Geld half er oft großzügig aus, wenn jemand in Schwierigkeiten geriet.[111]

Alex' Mutter Maria, Pauls erste Frau, und seine an den Rollstuhl gefesselte Schwester Ruth übersiedelten 1950 ebenfalls nach Südafrika. Ruth – sie war hochbegabt – wurde Professorin für Mathematik an der Universität in Johannesburg. Maria und Ruth lebten in unserer Nähe in einer Hochhauswohnung – dort gab es einen Aufzug, sodass Ruth ohne fremde Hilfe zurechtkam.

Als Alex damals zu uns nach Johannesburg kam, brachte er, als selbstbewusster und gutaussehender junger Mann, viel frischen Wind ins Haus. Er war der Liebling meiner Mutter. Flora bestand darauf, dass er ihr immer als Erster seine Freundinnen vorstellte. Wenn Alex sie mitbrachte, mussten sie zuerst zur Begutachtung in ihr Zimmer kommen, bevor wir anderen sie begrüßen durften.

Eine unserer festen Gewohnheiten war es, am Sonntagabend Freunde und Bekannte zum ›cold supper‹ – also einem kalten Abendessen, einzuladen. Das ›kalte Abendessen‹ war eine deutsche

---

110 Um mehr über Oliver Storz und vielleicht auch seine Freundschaft mit Alex zu erfahren, besorge ich mir das autobiografisch geprägte Buch, das er über die Nachkriegszeit geschrieben hat: ›Als wir Gangster waren‹. Es ist lesenswert, aber leider steht nichts über Alex drin.

111 Später, als Sonja krank und pflegebedürftig war, bezahlte er für sie viele Jahre lang einen Pflegedienst, der sie rund um die Uhr zu Hause versorgte, damit sie in ihrer gewohnten Umgebung bleiben konnte und es ihr an nichts fehlte. Dies war auch Ausdruck seiner Dankbarkeit, dass Peter ihm nach dem Krieg die Chance gegeben hatte, nach Südafrika zu kommen und beruflich erfolgreich zu werden.

Cold Supper, Hillbrow, um 1958

Gewohnheit, die wir mitgebracht hatten, und sie kam gut an. Regelmäßig saßen bei uns 20–30 Leute um den Tisch, jemand brachte noch einen Bekannten mit, und so erweiterte sich unser Freundeskreis ständig. Das waren interessante und lustige Gesprächsrunden. Meine Mutter war trotz ihres hohen Alters immer dabei und unterhielt sich angeregt: über Theaterstücke, die sie in ihrer Jugend gesehen hatte, über Literatur, alles, was sie so interessierte. Sie umgab sich gern mit jungen Leuten – ›das hält frisch‹, sagte sie. Und ihre Gesprächspartner staunten, was sie alles erlebt hatte – viele der Jüngeren konnten sich an Europa gar nicht mehr erinnern, selbst wenn sie noch dort geboren waren. Für sie waren Orte wie Berlin oder gar St. Petersburg geradezu exotisch.

Die meisten unserer Freunde und Bekannten in Südafrika waren Emigranten, viele davon aus Deutschland geflohene Juden, aber nicht alle. Zu Letzteren gehörte Kurt Jobst, ein sehr guter Freund unserer Familie. Er war bereits als Achtzehnjähriger während der Inflationszeit aus Deutschland weggegangen und hatte sich in Südafrika ein gutes Leben aufgebaut. Von Beruf war er Goldschmied, er stellte sehr kunstvollen Schmuck her, aber er konnte auch Tausend andere Dinge. Er machte auch Arbeiten aus Schmiedeeisen – er schenkte uns die Menora[112], die du dort siehst. Er malte, betrieb Landwirtschaft, interessierte sich für alles und jedes. Er war ein wahres Allroundtalent, und darin verstand er sich prächtig mit Peter, der neben seinem Beruf Geige spielte und sich für Architektur, Malerei und vieles mehr begeisterte.

Kurt Jobst besaß ein Landhaus, etwa zwei Stunden per Auto von Johannesburg entfernt. Dort besuchten wir ihn oft am Wochenende. Direkt bei seinem Haus gab es einen Fluss. Dort gingen, sobald wir angekommen waren, Peter und er dann erst mal für einige Stunden zum Angeln. Anschließend wurde der Fang von Kurt persönlich zubereitet, er war auch ein vorzüglicher Koch, und dann wurde getafelt.

Nach einem solchen Wochenendausflug zu Kurt fuhren wir im Auto zurück nach Hause. Peter saß am Steuer, Alex neben ihm. Es war sehr heiß. Auf einmal brach Peter zusammen. Alex griff sofort ins Lenkrad und brachte den Wagen zum Stehen. Er hat mir und den Kindern damals das Leben gerettet. Aber Peter war tot, er hatte einen schweren Herzinfarkt erlitten. Das war 1951, er wurde nur 44 Jahre alt.

So hatte ich erst meinen Sohn und wenige Jahre später meinen Mann verloren. Was das für mich bedeutete, können Worte nicht ausdrücken. Jedenfalls veränderte sich unser Leben schlagartig. Ich hatte zwar Paul und meine Mutter um mich, die mich etwas auffingen. Die Kinder waren noch klein. Elizabeth immerhin vierzehn, Michael acht und Stephanie erst vier Jahre alt. Peter hatte uns alle versorgt. Wir hatten das Haus, aber von was sollten wir leben? Ich war gelernte Fotografin, hatte allerdings seit der Berliner Zeit nicht in diesem Beruf gearbeitet, und vieles hatte sich geändert. Peter hatte mir eine moderne Kamera geschenkt, eine Yashica. Damit fing ich an, Porträtaufnahmen zu machen. Meist Familienfotos, aber Freunde vermittelten mir auch Aufträge für Zeitschriften. Ich hatte alle Hände voll zu tun, alles unter einen Hut zu bekommen, und ständig das Gefühl, mich zu wenig um die Kinder zu kümmern. Es ging mir nicht besonders gut in diesen Jahren – ist ja kein Wunder. Das Verhältnis zu meinen Kindern hat in mancher Hinsicht darunter gelitten.

112 Jüdischer siebenarmiger Kerzenleuchter, er stand früher in Sonjas und heute in Stephanies Wohnzimmer.

Politisch wurde es in diesen Jahren in Südafrika immer kritischer. Im Jahr 1948 hatte erstmals die ›Nationale Partei‹ die Wahlen gewonnen, das heißt die Interessenvertretung der sogenannten Buren. Das war die Afrikaans-sprechende, von Holländern abstammende weiße Bevölkerung, die ersten Zuwanderer, die im 17. und 18. Jahrhundert ans Kap gekommen waren. Die Buren waren, wie der Name schon sagt, ursprünglich Bauern und siedelten auf dem Land. Später, unter der britischen Vorherrschaft, kamen englischsprachige Einwanderer, meist in die Städte. Ihnen gegenüber hatten die Buren einen Minderwertigkeitskomplex. Als die Nationalpartei an die Macht kam, wurde schrittweise alles ›Englische‹ in der Gesellschaft zurückgedrängt und galt als potenziell verdächtig. Afrikaans wurde zur Staatssprache erklärt, alle Kinder mussten es jetzt in der Schule lernen. Für meine Kinder war es eine Fremdsprache, aber von einem auf den anderen Tag wurde es verlangt. Die politischen Hauptgegner der Buren waren eigentlich die Engländer. Doch die Minderwertigkeitsgefühle der Buren ihnen gegenüber kamen in der Diskriminierung und Ausgrenzung der schwarzen Bevölkerung zum Ausdruck. In den 1950er-Jahren wurden immer mehr rassistische Gesetze erlassen, die die Schwarzen zu Menschen zweiter Klasse erklärten, ebenso die vielen eingewanderten Inder. Die Schwarzen besaßen nur noch eingeschränkte Bürgerrechte, sie durften nur in bestimmten Gebieten wohnen (daraus wurden die sogenannten ›Townships‹) – na ja, was die Apartheid im Land alles angerichtet hat, ist ja bekannt.

Das war für uns eine beklemmende Erfahrung. Es wurden sehr unangenehme Erinnerungen wach an die Politik der Nazis gegenüber den Juden. Auch Antisemitismus gab es, aber die Verachtung für die Schwarzen überlagerte ihn völlig. Also wurden diesmal nicht wir zur Zielscheibe für den ganzen Hass in der Gesellschaft. Aber die Ausgrenzung der Schwarzen ähnelte dem, wie es in Deutschland begonnen hatte – es war schlimm, dabei zusehen zu müssen. Und man fragte sich, wohin das noch führen würde. Auch für uns gab es Unsicherheiten, denn wer sich dem englischsprachigen Milieu in Südafrika zurechnete – und das taten die eingewanderten Juden – war den Nationalisten potenziell verdächtig. In den 50er-Jahren wurde die Geheimpolizei ausgebaut. Leute, die sich gegen die Regierungspolitik äußerten, wurden eingeschüchtert und sogar verhaftet, und wir fragten uns mitunter: Wann sind auch wir an der Reihe?

Das letzte Foto von Flora, Hillbrow, um 1955

Peter hatte sich darüber so seine Gedanken gemacht. Zwei seiner Geschwister lebten in den USA. Ihnen hatte er geschrieben, um auszuloten, ob wir unter Umständen dorthin übersiedeln könnten. Aber nach seinem Tod hatte ich andere Sorgen und nicht die Möglichkeit, diese Idee weiterzuverfolgen.

1955 starb meine Mutter. Sie erreichte das stolze Alter von 94 Jahren. Immer optimistisch hatte sie mit bewundernswerter Gelassenheit die Wechselfälle des Lebens über sich ergehen lassen. Sie erlitt manches Herzeleid, aber es war ein erfülltes und glückliches Leben.

Als sie nach Südafrika kam, war sie schon 75. Im Grunde genommen war sie völlig entwurzelt. Das Land hatte nichts gemein mit ihren bisherigen Lebensstationen, ihr Englisch war nicht besonders gut, und sie lernte es in dem Alter auch nicht mehr. Doch sie war bis zum Schluss rüstig und an allem interessiert. Sie las viel, schrieb Briefe (manchmal mehrere am Tag, wie sie es ihr ganzes Leben lang getan hatte), oder sie saß einfach ruhig in ihrem Zimmer und legte Patiencen, während Stephanie ihre langen weißen Haare kämmen durfte. Sie versammelte Leute um sich – am liebsten junge Leute! Sie hörte sich deren Geschichten an. Und sie erzählte der jungen

Generation längst vergangene Episoden aus St. Petersburg oder dem Berlin ihrer Kindheit, wie sie 1889 auf der Weltausstellung in Paris gewesen war, wen sie in Europa alles gekannt hatte und so weiter. Die meisten Leute, die wir dort kannten, waren Emigranten wie wir, aber deren Kinder hatten von Europa kaum eine Vorstellung, und die Zeiten, von denen meine Mutter erzählte, waren durch die beiden Kriege in unvorstellbare Ferne gerückt. Sie war eine gebildete Frau und konnte sehr gut und witzig erzählen, so fand sie immer ihre Zuhörer.

Nie war sie länger krank gewesen. Auf einmal ließen dann ihre Kräfte nach, und nach etwa sechs Wochen starb sie. Während ihrer Krankheit sagte sie zu mir eines Tages, und das werde ich nie vergessen: ›Weißt du, ich bin in meinem Leben eigentlich nie einsam gewesen.‹ Ich denke, das ist das Schönste, was ein alter Mensch nach einem so langen Leben sagen kann.

Nun wurde es aber um mich immer einsamer. Meine Mutter hatte ich fast mein ganzes Leben lang um mich gehabt und hatte mich sehr an sie gewöhnt. Ein Jahr später, 1956, starb auch – viel zu jung – mein Lieblingsbruder Paul. Er war in allen Lebenslagen mein wichtigster Gesprächspartner und guter Freund gewesen. Noch heute vermisse ich ihn sehr und würde mich manchmal gern mit ihm austauschen.

Ich habe meine Gefühle damals unterdrückt, ich musste ja irgendwie weitermachen, aber es war wirklich keine glückliche Phase meines Lebens. 1961 machte ich eine Europareise, um Freunde und Verwandte wiederzusehen. Zuletzt war ich 1948 mit Peter dort gewesen. Vor der Abfahrt hatte Kurt Jobst, der neben all seinen anderen Fähigkeiten auch Hobby-Astrologe war, zu mir gesagt: ›Du wirst eine Chance bekommen. Verpasse sie nicht!‹

Auf meiner Reise fuhr ich unter anderem nach Berlin, zu meiner Freundin Elisabeth Padel. Dort war – mehr zufällig – zu dieser Zeit auch Heinz. Ja, und an dieser Stelle muss er weitererzählen, denn seine Geschichte schließt hier an!«

Heinz und die ›selige Witwe‹

Nach acht, Bonn 1987–89

An dieser Stelle übernimmt Heinz die Erzählung mit seiner ruhigen, klangvollen Stimme, die eine ganz leichte Berliner Färbung hat.

»Ich bin in Berlin aufgewachsen und habe auch die 20er-Jahre dort als eine aufregende Zeit wahrgenommen. Bevor ich nach Südafrika auswanderte, kannten Sonja und ich uns noch nicht. Aber wir hätten uns kennen können. Mein Cousin Leo Zuntz zum Beispiel war ein guter Freund von Johanna Maaß, der Moabiter Ärztin, und wohnte gleich um die Ecke. Es gab erstaunlich viele und enge gemeinsame Bekannte – eigentlich eine Ironie, dass wir uns in Berlin nicht begegnet sind. Aber in Südafrika in der Emigration waren unsere Familien dann eng befreundet.

1921, als 18-Jähriger begann ich eine Ausbildung als Kaufmann. Ich wurde Lehrling in der Kaffeerösterei Zuntz, die meinem Onkel August Zuntz gehörte – einem Cousin meiner Mutter.

Die Firma trug offiziell den etwas kuriosen Namen ›A. Zuntz Sel. Witwe‹. Das bezog sich auf die Firmengründerin, meine Urgroßmutter Rahel Zuntz aus Bonn, die legendäre, für die Firma namengebende ›Selige Witwe‹, wie sie im Volksmund genannt wurde.

Als ich dort anfing, war Zuntz eine moderne, aufstrebende Kaffeemarke[113], es gab etwa 800 Angestellte, fast 2000 Verkaufsfilialen und 17 Kaffeestuben. Mein Onkel August ließ das bekannte Markenzeichen, die Dame mit dem großen Hut und der dampfenden Kaffeetasse, entwickeln. Oft dachten die Leute, sie stelle die ›selige Witwe‹ dar – aber so war's natürlich nicht gemeint. Das Bild stammte übrigens von dem bekannten Grafiker Gipkens[114], der auch den heute noch bekannten ›Sarotti-Mohr‹ entworfen hat.[XLII]

113 Die Firmenzentrale befand sich in Berlin-Tiergarten am Magdeburger Platz. Die Gebäude stehen heute nicht mehr.

114 Julius Gipkens (1883–1968), deutscher Zeichner, Maler und Schriftgestalter, Mitglied des Deutschen Werkbundes. Vor allem in der Weimarer Republik war er mit Werbegrafik (u. a. Zuntz, Stollwerck, Sarotti, Riquet, Leiser, Garbáty) sowie als Buchgestalter sehr erfolgreich. Gipkens emigrierte 1933 in die USA. Sein Name wird zuweilen unrichtig als Gipkins angegeben.

Vor allem durch die gemütlich eingerichteten Kaffeestuben, Verkaufsfilialen mit eigenem Kaffeeausschank, war der Markenname Zuntz in aller Munde. Es gab sogar Dichterkreise, die sich regelmäßig bei der ›Seligen Witwe‹ trafen, ähnlich wie im ›Romanischen Café‹.

Bei Zuntz sollte ich alles ›von der Pike auf‹ lernen, um später, sofern ich mich bewährte, eine leitende Funktion zu übernehmen. Mein erster Job war der eines Laufburschen. Im Büro musste ich Briefmarken anlecken und Post sortieren. Ich sollte erst jeden einzelnen Handgriff in der Firma kennen und beherrschen, bevor ich Verantwortung bekam. Die nächste Stufe war das Importgeschäft, die Auslese der Kaffeebohnen, dann deren Röstung. Ich musste verstehen, wie alle Maschinen funktionierten und wie man sie bediente. Und schließlich musste ich den Umgang mit dem fertigen Endprodukt lernen, also wie man den Kaffee in den Zuntz-Kaffeestuben zubereitete und servierte. So arbeitete ich mich allmählich ›durch die Etagen‹.

Als Hitler an die Macht kam, war ich schon zwölf Jahre bei Zuntz, leitete eine der Röstereien und war Prokurist. Den Nazis galten wir auf einmal als Juden. Unsere Familie war jüdischen Ursprungs, das war mir bewusst, aber ich war evangelisch getauft und betrachtete mich selbst nicht als Juden. Schon meine Eltern bzw. Großeltern waren konvertiert, wie in Sonjas Familie, und meine Mutter war eine sehr gläubige Protestantin. Aber nach Nazi-Definition war das nicht maßgeblich. Auch die Firma Zuntz galt als ›jüdisches Unternehmen‹ und musste den angekündigten Boykott im April 1933 fürchten. Mein Onkel leitete das Geschäft bereits seit Jahren zusammen mit einem Kompagnon und guten Freund, Marcus Kruss[115], der keinen jüdischen Hintergrund hatte. Für die Einstufung als nicht-jüdisches Unternehmen forderten die Nazis, dass das Unternehmen von Nicht-Juden geführt sein müsse.

Bei Zuntz wurde also rasch ein ›arischer‹ dritter Teilhaber in die Firmenleitung geholt. Der trat in die Partei ein und sicherte ein gutes Verhältnis zu den Nazis, und das Unternehmen galt als ›arisiert‹. Das reichte fürs Erste, um nicht allzu sehr behelligt zu werden. Mein Onkel hatte mit seinem Freund Marcus Kruss eine Art Gentlemen's

115 Er kam von Kaiser's Kaffeegeschäft. 1925 hatte August Zuntz ihn als Hauptgesellschafter aufgenommen.

Agreement[116]. Offiziell war er nur noch ›Stiller Teilhaber‹ ohne Entscheidungsrechte. Aber immer, wenn der neue, ›braune‹ Teilhaber am Samstagnachmittag die Firma verlassen hatte, kam Marcus Kruss in August Zuntz' Büro und sie trafen dort alle wichtigen Entscheidungen gemeinsam.[XLIII] Auch die Belegschaft behandelte meinen Onkel und alle weiteren in der Firma tätigen Familienmitglieder mit gleichbleibend hohem Respekt. So verlor ich zwar die Funktion als Prokurist, behielt aber – anders als zur gleichen Zeit Peter – meine Stelle.

Deshalb lebte ich während der ersten Jahre der Naziherrschaft in einem relativ stabilen Umfeld. Ich hatte bereits eine Familie mit zwei Kindern, 1931 und 1933 geboren. Meine damalige Frau Almuth war nicht-jüdisch. Wir glaubten, einigermaßen sicher zu sein. Die Verhältnisse würden sich bestimmt wieder bessern.

Ich versuchte, möglichst wenig mit der politischen Sphäre in Berührung zu kommen, was zunächst ganz gut gelang. Wahrscheinlich deshalb habe ich die Gefährlichkeit der Lage eine ganze Zeit lang unterschätzt. Aber dann hatte ich ein paar Schlüsselerlebnisse, die mir die wahre Natur der Nazis so drastisch vor Augen führten, dass ich mich dazu entschloss, so schnell wie möglich auszuwandern.

Ich musste oft Kunden besuchen und hatte einen Dienstwagen zur Verfügung, einen ›Opel Laubfrosch‹, den ich auch privat nutzen durfte. Auf Dienstfahrten und Wochenendausflügen kam ich viel im Berliner Umland herum. Eines Tages fuhr ich in westlicher Richtung aus der Stadt, die Spandauer Heerstraße entlang und dann auf der Landstraße nach Süden Richtung Nauen. Eigentlich war das eine idyllische, ländliche Gegend. Ich war ein paar Monate nicht dort vorbeigekommen. Rechts der Straße lag ein riesiges Militärgelände. Dort wurden plötzlich Start- und Landebahnen und Flugzeughangars gebaut – der Militärflugplatz Gatow. Die Wehrmacht verstieß hier ganz bewusst gegen die Bestimmungen des Versailler Vertrages, wonach Deutschland keine Luftstreitkräfte

116 Die beiden Männer teilten unter anderem die Leidenschaft, moderne Kunst zu sammeln. Marcus (auch Markus) Kruss (1872–1962) besaß eine beachtliche Sammlung moderner Kunst, er betätigte sich auch als Mäzen der ›Brücke‹-Künstler, die von den Nazis als ›entartet‹ betrachtet wurden. Diese Bilder überstanden den Krieg in einem Lagerraum der Firma Zuntz, hinter Kaffeesäcken versteckt. Er schenkte seine Sammlung der Münchner Pinakothek der Moderne. Quelle: Thomas Gaehtgens: Der Bürger als Mäzen. Opladen 1998, S. 38.

besitzen durfte. Aber es geschah unter aller Augen – jeder, der wollte, konnte es sehen. Da wurde mir klar, dass Hitler bewusst auf einen Krieg zusteuerte.

Ausschlaggebend für meinen Entschluss, aus Deutschland wegzugehen, war ein zweites Erlebnis. Es war 1935, während der Leipziger Messe. Ich ging eine Straße entlang, und vor mir war auf einmal eine riesige Menschenmenge. Ich fragte jemanden, was dort los sei. Ich bekam zur Antwort, in dem Hotel gegenüber wohne der ›Führer‹. Man sagte mir, in Kürze werde er sich am Fenster zeigen. Die Leute hatten schon ewig gewartet. Aus Neugierde blieb ich stehen. Eine Weile geschah nichts, dann ging oben ein Fenster auf, und für einen Moment erschien ein kleiner, unscheinbarer Mann am Fenster und machte diesen eckigen Hitlergruß, den man aus den Filmaufnahmen kennt. Nicht mit ausgestrecktem Arm, sondern so komisch angewinkelt. Die Massen um mich herum schrien wie besinnungslos ›Sieg Heil‹ und waren kaum zu halten. Ich sah in die fanatisch verzerrten Gesichter.

In diesem Moment wusste ich, dass ich Deutschland würde verlassen müssen. Es war nicht Hitler, der mich erschreckte. Es waren die Menschen, die diesem armseligen Wicht dort oben zujubelten. Mir wurde schlagartig klar, dass diese Leute vollkommen verblendet waren – und damit zu allem fähig …

Nach diesem Erlebnis versuchte ich fieberhaft herauszubekommen, wohin wir überhaupt gehen könnten. Fast kein Land nahm Flüchtlinge aus Deutschland auf. Südafrika war unter bestimmten Voraussetzungen noch bereit dazu.

Aber man brauchte jemanden im Land, der die finanzielle Bürgschaft übernahm, damit man dem Staat nicht zur Last fiel. Und es ging ja nicht nur um mich, sondern auch um meine Frau und unsere Kinder Heidi und Wolfgang. In meiner wachsenden Verzweiflung fragte ich jeden, den ich kannte, ob er uns irgendwie helfen könnte.

Wer uns half, war eine alte Bekannte aus der Tanzstunde, sie hieß Eva. Sie war mit ihrer Familie 1918 aus Russland geflohen. Als sie in Berlin ankamen, hatten sie kaum Geld, und der Neuanfang war für sie sehr schwer. Die Familie meines Onkels – also meines Chefs August Zuntz – hatte von den Schwierigkeiten der Familie erfahren. Eva und ihre Schwester wurden daraufhin von ihnen regelmäßig zum Tanztee in ihr Haus in Zehlendorf eingeladen, um den Mädchen Ablenkung zu bieten.

Na, du ahnst es schon, diese Eva war natürlich niemand anderes als Sonjas Cousine Eva Hackel[117]. Eva erzählte mir nun, ihre Cousine Sonja sei mit ihrem Mann nach Südafrika ausgewandert. Sie schrieb ihnen, ob sie etwas für mich tun könnten. Für mich völlig unerwartet schrieb Sonja zurück, ihr Mann Peter sei bereit, für mich und meine Familie zu bürgen. Mit einer solchen Großzügigkeit hatte ich nicht gerechnet. Aber so war Peter!

So kam es, dass wir am 31. Januar 1936 in Genua an Bord eines Schiffes nach Südafrika gehen konnten. Unsere Anfänge dort waren bescheiden. Um niemandem auf der Tasche zu liegen, nahm ich jede Arbeit an, die ich finden konnte. Zuerst lebten wir in Kapstadt. Für sehr wenig Geld half ich in einem Büro, wo ich den ganzen Tag Adressen auf Briefumschläge schreiben musste. In meiner nächsten Stelle sollte ich für einen Kaffeehändler verschiedene Kaffeeröstungen auf Geschmack und Qualität beurteilen. Mir kam zugute, dass ich eine sehr feine Nase habe. Noch heute kann ich riechen, aus welchen Sorten eine Kaffeemischung besteht und auf welche Weise sie geröstet ist. Das war besonders nützlich, wenn die Konkurrenz eine erfolgreiche Marke herausgebracht hatte und wir das Rezept herausfinden wollten. Diese besondere Begabung verhalf mir schließlich in Pretoria zu einer Festanstellung bei der niederländischen Kaffeefirma DV Coffee Works (Diepewehn & Voorhoeve).

Privat hatten wir nicht so viel Glück. 1942, kurz nachdem unser drittes Kind, unsere Tochter Erika, zur Welt gekommen war, trennte sich meine Frau Almuth von mir. In dieser schwierigen Phase waren Sonja und Peter mir sehr treue Freunde. Zum Teil lebten unsere beiden größeren Kinder bei ihnen, während Almuth und ich unser Leben auseinandersortierten.

117 Eva Hackel (1903–1990) war verheiratet gewesen mit dem Mediziner Hermann Guillery, die Ehe wurde 1932 geschieden. Eva wurde rechtzeitig vor der drohenden Verhaftung gewarnt, floh mit ihren beiden Kindern 1938 auf abenteuerliche Weise aus Berlin erst in die Niederlande (ihren neunjährigen Sohn Rainer musste sie zunächst allein in die Schweiz schicken und konnte ihn später zu sich holen) und gelangte von dort 1939 nach England. Evas ältere Schwester Nora (1901–1993) emigrierte erst nach Paris, wurde im Lager Gurs interniert, floh von dort über Südfrankreich nach Marokko. Von Casablanca gelangte sie schließlich über Lissabon in die USA. Sie war eine Pionierin der modernen Sozialarbeit. Unter der Leitung von Walter Friedländer hatte sie im Jugendamt Prenzlauer Berg gemeinsam mit ihrer Freundin Marianne Welter ein Abendheim für gefährdete junge Mädchen aufgebaut. 1933 wurde sie entlassen.

Nach der Trennung – ich war fast 40 – stellten sich mir ein paar elementare Fragen. Meine Ehe war gescheitert, um uns herum ging die Welt in Flammen auf. In Südafrika lebten wir zwar in Sicherheit – aber sollte ich dort einfach nur sitzen und abwarten? Was war meine Aufgabe im Leben?

Ich entschloss mich, in eine Freiwilligeneinheit der südafrikanischen Armee einzutreten, die an der Seite der Engländer in Europa kämpfte. Nach ein paar Monaten Grundausbildung in Ägypten nahm ich am alliierten Feldzug in Italien teil. Unsere Einheit kämpfte in der entscheidenden Schlacht am Monte Cassino. Nach vier Monaten hatten wir an diesem Bergmassiv im Mai 1943 die deutsche Wehrmacht geschlagen, und der Vormarsch ging Stück für Stück weiter durch Italien.

Kurz nach Kriegsende kam ich ins zerstörte Berlin. Nach neun Jahren sah ich die Stadt wieder, in der ich aufgewachsen war. Nichts war mehr so wie vorher. Einerseits die Verwüstungen: Von der Gedächtniskirche konnte man bis zum Potsdamer Platz durchgucken, zwischendrin war kein Stein mehr auf dem anderen, der Tiergarten verwüstet und die Bäume gefällt. Und andererseits die Menschen: Die Deutschen hatten sich von Hitler willig in die Katastrophe führen und zu Verbrechern machen lassen. Geahnt und theoretisch gewusst hatte man das. Aber dann zu erleben, was von Deutschland – auch moralisch – übrig war im Jahr 1945, das war eine andere Sache. Meine Eltern waren noch 1939, kurz bevor die Nazis sie holen konnten, nach England entkommen. Mein Vater war wenig später gestorben, entwurzelt und verzweifelt. Meine drei Geschwister waren ausgewandert, die meisten Freunde und Verwandten auch. Ein bisschen hatte ich vielleicht die Hoffnung gehabt, nach dem Nazi-Spuk könnte es wieder werden wie früher, man könnte dort wieder anfangen. Aber als ich Berlin so sah, wusste ich: Das war nicht mehr meine Stadt.

Nach ein paar Monaten ließ ich mich demobilisieren und fuhr per Schiff zurück nach Südafrika. Meine geschiedene Frau Almuth und die Kinder holten mich am Schiff ab. Sie erkannten mich kaum, sie hatten mich ja ein paar Jahre nicht gesehen – und ich hatte mir inzwischen den Schnurrbart wachsen lassen, den ich seitdem trage.

In Südafrika arbeitete ich wieder für DV Coffee Works. Nach ein paar Jahren kaufte ich von meinen Ersparnissen eine kleine Farm außerhalb von Pretoria, wo ich als Nebenerwerb eine Pfirsichplantage betrieb. Dort war es wunderbar, besonders wenn die Bäume blühten. Ich heiratete wieder, meine zweite Frau Edith war auch eine Emigrantin aus Deutschland. An den Wochenenden kamen meine Kinder zu mir.

Die Farm kaufte ich etwa zu der Zeit, als Peter starb. Durch die viele Hilfe, die ich von ihm und Sonja erfahren hatte, war eine tiefe Freundschaft zwischen unseren Familien entstanden. In den folgenden Jahren kamen Sonja und ihre Kinder gelegentlich an den Wochenenden zu uns herüber.

So weit hätte das alles ein ganz schönes Leben sein können, wäre da nicht wieder die Politik gewesen. Besonders Edith konnte nach ihren Erfahrungen in Nazideutschland die Verhältnisse in Südafrika nur schwer ertragen. Sie war politisch schon immer aktiv gewesen und engagierte sich bei Protestaktionen. Das war nicht ungefährlich, denn der Staat betrachtete jede Kritik an der Regierungspolitik als feindliche Aktion. Es gab damals, wie in den USA in den McCarthy-Jahren, eine öffentliche Hatz auf angebliche Kommunisten – alle Gegner wurden zu Kommunisten erklärt. Wiederholt kam Edith mit der Obrigkeit in Konflikt. Ich geriet ins Visier der Geheimpolizei. Man lud mich zum Verhör. Einmal warf man mir vor, ich hätte an einer kommunistisch unterwanderten Versammlung teilgenommen. Gemeint war ein privates Treffen mit Bekannten, bei dem das Gespräch auch auf politische Themen gekommen war. Ein Spitzel hatte dabeigesessen und berichtet, wir hätten kritisch über die Regierung gesprochen. Ein anderes Mal beschuldigte man mich, ich würde meine schwarzen Arbeiter zu gut behandeln und sei deshalb Kommunist!

Mich beschlich die Ahnung, dass ich auch dieses Land wohl oder übel wieder würde verlassen müssen. Hinzu kam, dass bei Edith starke Stimmungsschwankungen zutage traten. Zuerst schob ich das auf ihre Verzweiflung an der politischen Lage. Phasen sprühender Aktivität wechselten sich ab mit tiefen Depressionen. Heute weiß ich, dass Edith manisch-depressiv[118] war, aber dieses Krankheitsbild war damals weder erforscht noch gab es geeignete Therapien oder Medikamente, schon gar nicht in Südafrika. Ediths Ausbrüche, Höhen und Tiefen, wurden mit der Zeit heftiger. Sie steigerte sich in bestimmte Dinge so sehr hinein, dass sie irgendwohin floh, völlig unansprechbar. Ich wusste manchmal tagelang nicht, wo sie

118 Heute wird das Krankheitsbild eher als ›bipolare Störung‹ bezeichnet, aber Heinz benutzte die damals gängige Terminologie.

war. Während einer ihrer Krisen bestand Edith darauf, nach Kapstadt umzuziehen. Ich verkaufte die Farm in Pretoria und folgte ihr. Eigentlich war unsere Ehe längst zerbrochen, aber ich machte mir Sorgen um sie, wollte sie nicht im Stich lassen. Eines Tages beschloss Edith, sie könne es keinen Tag länger in Südafrika aushalten und fuhr Hals über Kopf nach London. Aus dieser sehr schwierigen persönlichen Lage heraus brach ich alle Zelte in Südafrika ab, das war 1957. Ich folgte Edith, um mich weiter um sie zu kümmern. Nach England zu gehen war nicht einfach. Ich war Mitte 50 und hatte dort nur geringe Chancen auf eine gute Arbeit. Ich nahm, was ich nur kriegen konnte, arbeitete als Vertreter bei einer Firma, die importierte Maschinen für Kaffeeröstereien vertrieb. Aber von dem geringen Gehalt konnte ich kaum existieren. Ein Zusammenleben mit Edith war nicht mehr möglich. Wenn ich in ihrer Nähe war, machte sie mich verantwortlich für ihre Lage. Ihre Krankheit war in ein kritisches Stadium getreten, sie war nicht mehr zugänglich, unternahm mehrere Selbstmordversuche. Wir lebten dauerhaft getrennt voneinander, hatten kaum noch Kontakt. Edith starb schließlich an einer Überdosis Schlaftabletten.

Mein Leben sah damals einem Scherbenhaufen nicht unähnlich – aber es nützte nichts. Ich musste versuchen, etwas Vernünftiges daraus zu machen. Eigentlich hatte ich vorgehabt, in England zu bleiben, aber beruflich sah es für mich dort weiterhin nicht gut aus.

Da kam auf einmal die Familie Zuntz wieder ins Spiel, beziehungsweise das Familienunternehmen A. Zuntz Sel. Witwe, bei dem ich meine Laufbahn begonnen hatte. Was war mit August Zuntz inzwischen geschehen? Mein Onkel war der festen Überzeugung gewesen, Hitler sei eine vorübergehende Erscheinung. Aus Deutschland wegzugehen kam für ihn nicht in Frage, und er glaubte, durch die frühe ›Arisierung‹ die Weichen richtig gestellt zu haben, um das Unternehmen nicht zu beschädigen. Diese nach innen stabile Situation ließ ihn die tatsächliche Gefahr lange Zeit unterschätzen. Er war fest entschlossen zu bleiben. Buchstäblich in letzter Minute, am Tag nach der ›Kristallnacht‹ 1938, wurde er gewarnt, seine Verhaftung durch die Gestapo stehe bevor. August Zuntz floh auf abenteuerliche Weise nach London, wohin er auch seine Familie in Sicherheit bringen konnte.

Mein Onkel wurde in Abwesenheit enteignet, aber sein Kompagnon Marcus Kruss verwaltete den ganzen Krieg über die Firma so, wie es in seinem Sinne gewesen wäre. Das muss man ihm hoch anrechnen.

Kruss nahm nach dem Krieg wieder den Kontakt zu den Mitgliedern der Familie Zuntz auf. Einer der Ersten, die er ausfindig machen konnte, war ich. Er schrieb mir 1947 nach Südafrika über die desolate Situation der Firma:

> Wir verkaufen außer den bewirtschafteten Lebensmitteln [...] noch sogenannte freie Waren. Dieses sind aber sämtlich Ersatzprodukte, die nur der Not gehorchend vom Publikum aufgenommen werden. [...] Die Umsätze sind lächerlich klein. [...] Wie lange dieser Zustand andauert, weiß ich nicht, daher dringe ich darauf, dass Herr Zuntz nach hier kommt, um zu sehen, wieviel Interesse er noch an der Firma hat [...] denn ich hatte ihm seinerzeit versprochen, die Firma für ihn zu halten. [...] Es ist zu bedauern, dass kein jüngeres Familienmitglied da ist, welches bereit ist, die Firma zu übernehmen, denn vielleicht wird in einigen Jahren das Verhältnis wieder normal und man könnte dann auch an ein Kaffeegeschäft denken.[XLIV]

In den 50er-Jahren wurden die von den Nazis enteigneten Geschäftsanteile an August Zuntz rückübertragen. Aber die erzwungene Flucht aus Deutschland hatte ihm sehr zugesetzt. Er hatte in England wieder bei null anfangen müssen. Es war ihm gelungen, dort ein neues Geschäft mit Rohkaffee aufzubauen. Er war bereits in fortgeschrittenem Alter und wollte die Vergangenheit hinter sich lassen, eine Rückkehr nach Deutschland kam für ihn nicht mehr in Frage.

Die Firma Zuntz war durch den Krieg und die anschließende Notzeit ziemlich heruntergewirtschaftet und kaum noch etwas wert. Wer konnte sich darum kümmern? Einer meiner entfernten Cousins, Peter Zuntz, erklärte sich schließlich bereit, die Berliner Niederlassung zu übernehmen. Aber für den Stammsitz in Bonn wurde noch jemand gebraucht, der die Firma gut kannte, möglichst ein Familienmitglied. Und da kam ich ins Spiel.

Ich fuhr nach Berlin zu Peter Zuntz und hörte mir die Sache an. Zuntz war ursprünglich eine Bonner Firma gewesen, dort stand noch eine halbwegs intakte Kaffeerösterei. Allerdings waren viele Gebäude im Krieg zerstört worden, der Betrieb vegetierte vor sich hin. Es wurde jemand gesucht, der aus diesen kläglichen Überbleibseln vielleicht noch etwas machen konnte. Ich bekam also 1961 das Angebot, Prokurist bei Zuntz in Bonn zu werden.

Das war nach den vielen Jahren der Unsicherheit endlich eine berufliche Perspektive. Aber sie war verbunden mit der Rückkehr nach Deutschland, die ich eigentlich nicht geplant hatte. Ich zögerte. Um mir eine Meinung zu bilden, kaufte ich mir Bücher: neue deutsche Literatur. Dabei geriet ich unter anderem an Heinrich Böll. Und Böll gab den Ausschlag. Als ich seine Bücher las, dachte ich: ein Land, in dem solche Schriftsteller Erfolg haben, ist nicht mehr das Deutschland, das ich unter den Nazis verlassen musste. Ich kann den Versuch wagen, zurückzukehren.«

An dieser Stelle schaltet sich Sonja wieder ein:

»Ja, und unter diesen Umständen traf ich Heinz 1961 in Berlin. Es war eher Zufall, dass wir gleichzeitig dort waren. Aber wir nahmen es als gute Gelegenheit für ein Wiedersehen und verabredeten uns. Es war ja schon ein paar Jahre her, seit Heinz aus Südafrika fort war, um Edith hinterherzureisen. Heinz lud mich zu einer Autofahrt durch Berlin ein. Wir wollten zu ein paar Orten fahren, die wir beide von früher her kannten. Aber es kam anders. Es scheint – das habe ich ja schon gesagt – mein Schicksal zu sein, dass ich immer wieder genau zu der Zeit an genau den Orten bin, wo sich gerade Weltgeschichte ereignet. Es war ein Sonntag, an dem ich mich mit Heinz in Berlin verabredet hatte, der 13. August 1961 – der Tag, an dem die Mauer gebaut wurde. Wir fuhren in Berlin umher und trauten unseren Augen nicht, was da geschah. Sofort schoss uns durch den Kopf, ob wieder ein Krieg kommen würde und all solche Sachen, wir hatten ja weiß Gott schon so einiges erlebt. Aber auch sonst hatten wir uns viel zu erzählen. Während wir in Berlin unterwegs waren, stellten wir fest, dass wir wohl mehr füreinander waren als einfach nur alte Freunde – und am Ende des Tages machte Heinz mir einen Heiratsantrag. Die ganze Situation kam mir im ersten Moment vollkommen verrückt vor. Aber ich dachte an Kurt Jobst, der gesagt hatte: ›Du wirst eine Chance bekommen …‹. Und ich nutzte sie und sagte Ja!«

Spurensuche, Concord, California, 2015

Als ich bei Stephanie zu Besuch bin, erzählt sie mir von ihren Erinnerungen an die Zeit in Südafrika:

»Klar, Sonja hatte als alleinerziehende Mutter wenig Zeit für uns. Das hatte Vor- und Nachteile. Ich denke, die schwierigste Beziehung zu meiner Mutter hatte meine Schwester Elizabeth. Sie hatte zu meinem verstorbenen Bruder Andreas ein sehr enges Verhältnis gehabt, und unbewusst gab sie Sonja wohl eine Mitschuld an seinem Tod. Man hätte sicherlich mit einer Familientherapie daran arbeiten können, aber so etwas gab's damals noch nicht, und schon gar nicht in Südafrika. Mein Bruder Michael und ich hatten es da leichter. Wir hatten diesen Schock nicht selbst erlebt. Natürlich hatte der Tod unseres Vaters auch bei uns tiefe Spuren hinterlassen, die wir erst viel später erkennen und begreifen konnten. Aber Sonjas Berufstätigkeit ließ uns auch eine Menge Freiheit. Meine Mutter konnte sehr fordernd sein. ›We were never good enough‹, sagte mein Bruder lakonisch, als er mich kürzlich besuchte. Und da war es ganz gut, wenn sie manches nicht mitbekam. Eine Anekdote dazu ist, dass Michael eines Tages über einen Schulfreund ein Interesse für die jüdische Religion entwickelte. Meine Eltern waren eigentlich völlig areligiös und standen auf dem Standpunkt, wir Kinder sollten entscheiden, ob wir zu einer Religion gehören wollten, wenn wir alt genug dazu wären. Andererseits hatte Sonja damals nach dem Krieg klargestellt, dass sie nicht für eine Hinwendung zur jüdischen Religion zu haben sei. Darüber wurde nicht viel gesprochen, aber diese Ansicht teilte sich uns Kindern mit. Also entschied Michael, es sei besser, nicht mit meiner Mutter darüber zu sprechen, und er ging ohne ihr Wissen einmal in der Woche nach der Schule mit seinem Freund zum religiösen Unterricht in einer nahe gelegenen Synagoge. Nach ein oder zwei Jahren hatte er dort, ebenfalls heimlich, seine Bar-Mizwa. Sonja kriegte das erst mit, als sie per Post vom Rabbiner eine Rechnung bekam.«

Und Stephanie lacht ein herzhaftes Lachen, das dem Sonjas sehr ähnlich ist.

»Und als meine Mutter 1961 dann diese Europareise machte, war ich mit meinen Geschwistern zu Hause in Südafrika – meine Schwester war ja bereits erwachsen. Eines Tages kam ein Brief von Sonja. Meine Schwester machte ihn auf, las ihn – und sagte völlig unvermittelt zu mir: ›Mummy ist going to marry Heinz, and you will live with them in Germany.‹ Und ich konterte sofort: ›If he thinks I call him Dad he can forget about it!‹

Ich nannte Heinz tatsächlich nicht Papa. Aber das war nicht nötig, denn er wurde mir so etwas wie ein Vater – den ich ja kaum gehabt hatte – und darüber hinaus ein echter Freund.

Zunächst war die Nachricht, die meine Schwester mir da vor den Latz geknallt hatte, natürlich ein Schock für mich. Ich konnte nichts Richtiges damit anfangen. Aber ich war erst 13 und wurde nicht nach meiner Meinung gefragt. Sonja kam zurück, wir packten, gaben eine große Abschiedsparty, und 1962 fuhren wir per Schiff nach Deutschland. Meine Schwester Elizabeth war schon 25, hatte ihr ganzes bisheriges Leben in Südafrika verbracht. Europa und besonders Deutschland sagten ihr nichts, also war klar, dass sie dort blieb. Michael, er war gerade volljährig, wollte zuerst mitkommen nach Deutschland, blieb dann aber wegen seiner Freundin auch in Südafrika und wanderte später nach Israel aus.

Unser Schiff kam in Bremerhaven an. Heinz holte uns mit dem Auto dort ab. Wir hatten sehr viel Gepäck, und Heinz' Auto war ein DKW, nicht besonders groß. Heinz, pedantisch wie er war, hatte ein Metermaß dabei. Bevor wir das Auto packten, wurde alles genau vermessen – auch mein Hintern – um jeden Zentimeter bestmöglich auszunutzen.

In Bonn wohnten wir zuerst in Endenich, damals noch ein richtiges Dorf. Von unserem Fenster aus schaute man auf ein Feld mit Kohlköpfen. Die Vermieter waren Bauern, gut katholisch. Nach einer Weile kriegten sie mit, dass Sonja und Heinz noch gar nicht verheiratet waren, denn es fehlten irgendwelche Papiere, die erst aus Südafrika geschickt werden mussten, und das dauerte. Aber das war zu viel für diese biederen Leute, eine ›wilde Ehe‹ unter ihrem Dach! Sie kündigten uns. Zum Glück fanden wir rasch eine neue, sogar viel schönere Wohnung in Plittersdorf in der Steinstraße, in der Nähe des Rheins. Sonja und Heinz wohnten dort über 20 Jahre. Die Papiere kamen schließlich auch, sodass ordentlich geheiratet werden konnte. Ich war Brautjungfer.

Am Anfang hatte ich natürlich furchtbares Heimweh. Ich konnte noch nicht richtig Deutsch. In Südafrika hatten wir zu Hause Englisch gesprochen, und als ich in die Schule kam, musste ich Afrikaans lernen. Deutsch sprachen meine Eltern nur, wenn wir Kinder etwas nicht verstehen sollten. Eine Ausnahme war meine Großmutter Flora, die meinem Bruder und mir immer Deutsch beibringen wollte. Sie kam aber nicht sehr weit damit, ihr fehlte die Geduld mit uns. Wenn einer von uns eine falsche Antwort gab, schlug sie mit einem Lineal auf den Tisch und rief laut: ›ju eidiot‹ – denn ihr gesprochenes Englisch war nicht besonders gut. Darüber mussten wir so lachen, dass von ihren Deutsch-Lektionen nicht viel hängen blieb.

Aber Bonn machte es mir leicht. In der gerade erst provisorisch eingerichteten Hauptstadt lebten viele ausländische Diplomaten. Für deren Kinder war eine Schule mit extra Deutschkursen gegründet worden. Auf dem Nicolaus-Cusanus-Gymnasium fand ich Freunde aus allen möglichen Ländern. Das passte zu mir, ich musste nicht immer erst erklären, was es mit mir und unserer Familie auf sich hatte. Der Durchbruch kam, als Sonja mir in Aussicht stellte, ich dürfte in den Sommerferien 1964 nach Südafrika fahren, wenn meine Deutschkenntnisse und sonstigen Noten ein bestimmtes Niveau hätten. Das spornte mich tatsächlich an, ich erfüllte ihre Erwartungen. Bei meinem anschließenden Südafrika-Urlaub kam ich zwar irgendwie nach Hause, ich spürte aber dennoch ganz klar, dass dieses Kapitel für mich abgeschlossen war. Zu viel hatte sich dort verändert, und zu sehr hatte ich mich verändert. Wieder zurück in Bonn hatte ich kein Heimweh mehr.«

Nach acht, Bonn 1987

Heinz fährt mit seiner Geschichte fort:

»Nun war ich mit bald 60 Jahren wieder bei Zuntz gelandet. Das war schon merkwürdig. 1921 hatte ich in ebendieser Firma – unter völlig anderen Vorzeichen – meine berufliche Laufbahn begonnen und wäre vermutlich in die Firmenleitung aufgestiegen, wenn die Nazis nicht gekommen wären. Und nun war ich nach all den Wechselfällen meines Lebens auf einmal Prokurist der Bonner Niederlassung.

In den 20er-Jahren war Zuntz ein modernes und dynamisches Unternehmen gewesen, eine Marke, die jeder kannte. Jetzt allerdings, Anfang der 60er-Jahre, war es nur noch ein Schatten seiner selbst.

Bevor ich davon weitererzähle, muss ich die Familienverhältnisse bei Zuntzens erläutern, denn von ihnen wurde die Firma – und damit mein eigener Werdegang – sehr geprägt. Meine Mutter Julie war eine geborene Zuntz. Sie war in wohlhabenden Verhältnissen in Bonn aufgewachsen. Ihr Vater Nathan Zuntz war ein bekannter Mediziner, der als Arzt praktizierte, aber auch auf verschiedensten Gebieten forschte. Er gilt als der Begründer der Luftfahrtmedizin, denn er untersuchte unter anderem die Wirkung von Höhenveränderungen auf den Organismus. Er war sehr angesehen, bekam aber, obwohl konvertiert, wegen des antisemitischen Klimas in der Kaiserzeit nie eine ordentliche Professur. Meine Mutter war bereits als

Kind evangelisch getauft worden und nahm diesen Glauben sehr ernst. Für jüdische Angelegenheiten interessierte sie sich wenig. Aber es gab bei ihr trotzdem einen ausgeprägten Familienstolz auf die bedeutenden Persönlichkeiten, die diese alte, ursprünglich jüdische Familie im Laufe der Jahrhunderte hervorgebracht hatte. Die Zuntz' kann man fast bis ins Mittelalter zurückverfolgen, was für jüdische Familien nicht selbstverständlich ist, denn die meisten Juden hatten bis ins 19. Jahrhundert keine Familiennamen. Der Name Zuntz leitet sich von dem malerischen Städtchen Zons am Niederrhein ab.[119]

Der erste Zuntz, der namentlich bekannt ist, hieß Pesach aus Zons: er zog nach Frankfurt am Main, wo er 1488 starb. Die Frankfurter Judengasse, ein übervölkertes Ghetto, das nur aus dieser einen Straße bestand und abends verschlossen wurde, war für gut dreihundert Jahre der Wirkungsort der Familie Zuntz – benannt nach dem Ort, von wo sie gekommen war. Zahlreiche bedeutende Rabbiner oder Gelehrte gingen aus ihr hervor.[120]

Einer davon, ein entfernter Vorfahr von mir, war der Gelehrte Dr. Leopold Zunz (er schrieb sich nur mit -z am Ende, aber es ist die gleiche Familie). Er war einer der wichtigsten Vertreter der jüdischen Emanzipationsbewegung im 19. Jahrhundert. Seit der napoleonischen Zeit durften Juden endlich wohnen, wo sie wollten, konnten ihre Berufe frei wählen und waren nicht mehr auf Handel und Geldverleih beschränkt. Viele nutzten die neuen wirtschaftlichen Chancen sehr erfolgreich. Aber die Lebensweise der Juden – entstanden durch die lange Isolierung vom Rest der Gesellschaft – passte nicht in die neue Zeit. Die religiöse Tradition war in der Vergangenheit erstarrt. Zahlreiche Juden, denen Religion nicht viel bedeutete, traten zum Christentum über. Manche wären im Grunde ihres Herzens gerne Juden geblieben, aber dann riskierte man weitere Diskriminierung.

119 Das Städtchen existiert bereits seit der Römerzeit. Die Garnisonsstadt trug damals den Namen Sontium, im Mittelalter wurde daraus eine kurkölnische Zollfeste. Einer Legende zufolge gab es dort bereits seit der Römerzeit eine jüdische Gemeinde, aber dies ist nicht belegt.

120 Im Laufe der Jahrhunderte spielten zahlreiche Angehörige der Familie Zuntz in historischen Ereignissen eine Rolle, etwa dem Clever Rabbinerstreit oder dem ›Fettmilch-Aufstand‹. Die Zuntz' waren unter anderem mit den berühmten Bankiers Rothschild verwandt.

Leopold Zunz wollte dieser Tendenz etwas entgegensetzen. Statt den jüdischen Glauben aufzugeben, wollte er zu seiner Modernisierung beitragen. Er vertrat die Meinung, man müsse die religiösen Traditionen wissenschaftlich erforschen und den Nichtjuden erklären. Nur dann werde das Judentum von der modernen Gesellschaft akzeptiert. Man nennt ihn deshalb auch den ›Begründer der Wissenschaft des Judentums‹. Er publizierte neben vielen wissenschaftlichen Schriften eine Neuübersetzung des Alten Testaments. Er arbeitete auch als Journalist, begründete ein jüdisches Lehrerseminar und engagierte sich 1848 in der Demokratiebewegung.

Leopold Zunz fand viel Zuspruch unter den aufgeklärten Intellektuellen seiner Zeit. Alexander von Humboldt und Karl August Varnhagen von Ense gehörten zu seinen Bewunderern. Er war auch befreundet mit Heinrich Heine. Heine hat dies wunderbare, leider unvollendete Büchlein ›Der Rabbi von Bacherach‹ geschrieben. Darin wird viel über jüdische Traditionen erzählt. Heine selbst kam aus einem bereits stark assimilierten Haushalt, er wusste darüber so gut wie nichts, aber sein Freund Zunz, der mit den jüdisch-religiösen Regeln aufgewachsen war, hat ihn ausführlich beraten.

Wie gesagt: Leopold Zunz war nur ein entfernter Vorfahr, aber Persönlichkeiten wie er verliehen dem Namen Zuntz eine gewisse Aura.[121]

Ein weiterer wichtiger Baustein des Zuntz-Familienmythos war schließlich die Kaffeerösterei und ihre Geschichte. Der merkwürdige Name der Firma, ›A. Zuntz Sel. Witwe‹ stand eigentlich für ›Witwe von Amschel Zuntz selig‹. Die so bezeichnete Firmengründerin Rahel Zuntz, sehr jung verwitwet, hatte von ihren Eltern einen kleinen Lebensmittelladen in Bonn geerbt[122]. Es war damals sehr ungewöhnlich, fast anstößig, dass eine Frau allein ein Geschäft führte. Vermutlich deshalb trug ihre 1837 gegründete Firma den Namen ihres Mannes, mit dem klaren Hinweis, dass dieser verstorben sei.[123]

---

121 Leopold Zunz (1794 Detmold–1886 Berlin). Sein Grabstein ist erhalten geblieben, er befindet sich auf dem alten jüdischen Friedhof an der Schönhauser Allee in Berlin.

122 Es befand sich in der ehemaligen Bonner Judengasse, die seit der Franzosenzeit Tempelstraße hieß – heute der westliche Teil der Friedrichstraße.

123 Ihr Mann, Amschel Zuntz (er war noch in der Frankfurter Judengasse geboren und von dort nach Bonn gezogen), starb wenige Tage nach der Geburt des einzigen Sohnes Leopold – dieser ist aber nicht identisch mit dem Gelehrten Leopold Zunz.

Rahel war eine versierte Geschäftsfrau. Sie nahm neue, stark nachgefragte Produkte in ihr Angebot auf. Eines davon war Kaffee. Er wurde im Geschäft in der Pfanne geröstet, die Bohnen per Hand gewendet. Ihr Sohn war ein tüchtiger Kaufmann und baute den kleinen Laden zu einer erfolgreichen, über Bonn hinauswachsenden Kaffeehandlung aus. Sein ganzes Leben stellte er in den Dienst dieser Firma – er wurde meiner Generation immer als Beispiel für Zuntz'sche Pflichterfüllung präsentiert.

Nach der Reichsgründung 1871 erlebte die Firma einen starken Aufschwung. Nun war Berlin das Wirtschaftszentrum, 1879 wurde dort eine Niederlassung gegründet, die später Hauptsitz wurde. Rasch kamen weitere Städte hinzu. 1891 wurde am Stammsitz eine große moderne Rösterei erbaut – deren Reste ich später übernahm. Sie lag in Poppelsdorf, damals noch außerhalb des Bonner Stadtgebietes. Gleich um die Ecke, in der Argelanderstraße, stand – und steht noch heute – das damalige Wohnhaus der Familie.

Der weitere Erfolg schien sicher. Aber nach dem Ersten Weltkrieg geriet das Unternehmen in eine Führungskrise. Alle potenziellen Nachfolger für Leitungspositionen waren als Soldaten gefallen, ein neuer Geschäftsführer musste her. August Zuntz, mein späterer Chef, hatte ursprünglich Arzt werden wollen. Im Familienrat fiel die Wahl auf ihn. Er übernahm höchst widerwillig, machte aber seine Sache so gut, dass die Firma erfolgreicher denn je wurde.

Auf diese lange Reihe tüchtiger und pflichtbewusster Vorfahren gründete sich das Standesbewusstsein meiner Mutter. Ihre unmissverständliche Erwartung an uns war, dass wir uns dieser Herkunft als würdig erweisen sollten.

Übrigens blieb mein Vater bei diesem Thema komplett außen vor. Er stammte auch aus einem wohlhabenden Elternhaus, aber in den Augen meiner Mutter war damit deutlich weniger Prestige verbunden. Die Familie Berg war erst eine Generation zuvor aufgestiegen, davor waren sie arme ›Landjuden‹ gewesen. Nicht, dass sie daraus nicht einen gewissen Stolz abgeleitet hätten. Aber er war anders gelagert als bei meiner Mutter.

Die Familie Berg konnte man nur bis zu meinem Urgroßvater zurückverfolgen, einem Bauern[124] und Zimmermann in dem kleinen Ort Schwarzenau im Wittgensteiner Land. Er war eine robuste

124 Jakob Berg, 1797–1892.

Natur und uns wurde erzählt, er habe im Alter von 95 Jahren noch Heu gemacht.[125] Den Juden war seit dem Mittelalter neben vielen Berufen auch der Erwerb von Agrarland generell verboten – deswegen wurden die meisten Juden Geschäftsleute und lebten in Städten. Aber in abgelegenen Gegenden der früheren deutschen Kleinstaaten gab es dennoch jüdische Handwerker und Bauern. Die Erinnerung an diese eher untypische Familienherkunft und den naturverbundenen, vitalen Urgroßvater hielt man in der Familie Berg wach.

Mein Großvater – ein mittelloser Junge vom Land – ging Mitte des 19. Jahrhunderts nach Berlin, um Arbeit zu suchen. Er wurde Gehilfe in einer Manufaktur für Korsetts, die aus Fischknochen hergestellt wurden. Korsetts waren schwer in Mode und entsprechend nachgefragt. Mein Großvater hatte nur die Volksschule besucht, aber er arbeitete sich empor vom ungelernten Arbeiter zum Geschäftsführer und Teilhaber der Firma und starb als reicher Mann. Ich erinnere mich an sein stattliches Haus in der Berliner Chausseestraße 121. Die Wohnung lag im Vorderhaus im 1. Stock, die Manufaktur im Hinterhof.[126] Meine Schwester und ich wurden bei den Großeltern Berg manchmal in den Ferien abgestellt, während meine Eltern verreisten.

Mein Großvater erwartete jedoch nicht, dass seine Kinder die Firma übernahmen. Nein, sie sollten ihren Neigungen folgen, mehr aus sich machen, und er stattete sie dazu finanziell großzügig aus. Mein Vater, Otto Berg, studierte Physik. Er hatte Lehraufträge an den Universitäten Freiburg, Greifswald (wo ich geboren wurde) und Göttingen. Eigentlich hatte er vor, Professor zu werden. Doch das Klima an den Universitäten war schon in der Kaiserzeit judenfeindlich. Mein Vater war evangelisch getauft, aber mehrfach wurde er Opfer übler antisemitischer Attacken. Das belastete ihn so sehr, dass er 1908 die Universitätslaufbahn an den Nagel

125 Heinz erzählte, dass das Haus seines Urgroßvaters am Fuß eines Hügels stand, deswegen habe er den Familiennamen Berg bekommen. Wahrscheinlicher ist jedoch, dass dies zurückgeht auf die Herkunft aus dem Herzogtum Berg – und sich vielleicht in der Familienüberlieferung mit einer dörflichen Benennung vermischt hat. Im frühen 19. Jahrhundert mussten die Juden feste Nachnamen wählen. Zuvor trug in den meisten Familien jede Generation nur den Namen des Vaters anstelle eines Nachnamens.

126 Im Berliner Adressbuch von 1910 findet sich zu Heinz' Großvater der Eintrag: Philipp Berg, Fischbeinfabrik, vorm. Mann, Isaac, begr. 1750, preisgekrönt mit silbernen, Gold- und Staatsmedaillen.

hängte und ganz von vorn anfing. Um Architektur zu studieren, ging er nach Darmstadt an die Technische Universität – Frau und Kinder kamen mit. Das war ungewöhnlich, aber mein Vater ging diesen Weg sehr überzeugt. 1913 machte er seinen Abschluss und wir zogen wieder um, zurück in seine Heimatstadt Berlin. Dort wollte er sich als selbstständiger Architekt niederlassen. Aber er brachte es in seinem Leben nur auf ein einziges Haus. Er baute es für Freunde in Jugenheim im Odenwald, südlich von Darmstadt. Als das Haus gerade fertig war, brach der Erste Weltkrieg aus. Er wurde eingezogen, war vier Jahre als Soldat in der Türkei stationiert – und kam zum Glück unversehrt wieder. Nach dem Krieg begannen Wirtschaftskrise und Inflation. Es wurde kaum gebaut, Architekten hatten nichts zu tun. Nun war ihm seine erste Laufbahn als Physiker von Nutzen. Er fand eine Anstellung im Forschungslabor von Siemens. In den 20er-Jahren war er beruflich endlich angekommen, schien keine Diskriminierung fürchten zu müssen. Aber leider holte ihn der Antisemitismus wieder ein. Die Nazis zwangen die Betriebe, alle Juden zu entlassen – da stand er auf der Straße. Einmal Jude – immer Jude. Andere bestimmen, was du bist und was du werden darfst. Kein Entkommen. Das war eine bittere Lebensbilanz für ihn.

1939 gelang es meinen Eltern mit knapper Not, nach England zu fliehen. Aber für meinen Vater war es zu viel. Er hatte alles verloren, sah keine Chance, wieder Fuß zu fassen. Er starb im selben Jahr.

Wenn ich zurückdenke, hat meine Mutter mich mehr geprägt als mein Vater. Sie war eine liebevolle Frau, aber auch streng.

Als mein Vater in den Krieg musste, war ich elf Jahre alt. Meine Mutter übertrug mir, dem ältesten Sohn, viel Verantwortung für Familie und Haushalt. Wir wohnten in Schlachtensee, in einer Mietwohnung zwar und mussten sparsam wirtschaften, aber in einem gediegenen Umfeld. Ich ging auf das humanistische Gymnasium in Zehlendorf. Neben der Schule kümmerte ich mich um meine kleineren Geschwister, machte mit ihnen Schularbeiten, brachte sie hin, holte sie ab. Meine Mutter erwartete, dass wir alle unsere Pflicht taten. Dazu gehörte für sie, dass wir die Augen nicht verschlossen vor dem Elend anderer. Das soziale Gewissen und ein entsprechendes Engagement hat meine Mutter mir damals vermittelt. Als ich älter war, nach dem Krieg, war ich in einer kirchlichen Jugendgruppe, die von einem sozialpolitisch aktiven Pfarrer geleitet wurde. Ich begleitete Jugendfreizeiten mit Kindern aus armen Familien. Wir fuhren mit ihnen zu Zeltlagern ins Berliner Umland. Die gemeinsamen Fahrten in die Mark Brandenburg waren für diese Arbeiterkinder oft der erste Kontakt mit Natur überhaupt. Sie hatten Berlin noch nie verlassen, kannten nur die Weddinger oder Neuköllner Hinterhöfe, in denen sie aufgewachsen waren. Die Arbeit mit ihnen war für mich eine sehr prägende Erfahrung.

Aber zurück zu meiner Mutter. Wie gesagt: Mit dem Familiennamen Zuntz war ein hohes Standes- und zugleich Pflichtbewusstsein verbunden. Von Familienmitgliedern wurde erwartet, dass persönliche Interessen hinter den Notwendigkeiten der Kaffeefirma zurückstanden. Damit in Zukunft keine Engpässe beim Führungspersonal mehr aufträten, wurde im Familienkreis potenzieller Nachwuchs für die Firmenleitung ausgesucht. Meine Mutter bestimmte über unsere Köpfe hinweg, dass mein Bruder Richard und ich die Pflicht hätten, in das Familienunternehmen einzutreten. Meine Schwester Eva und mein Bruder Wolfgang durften studieren. Wir hatten da nicht mitzureden, ebenso wenig mein Vater. Er war ja kein Zuntz.

Mein Bruder Richard – er war acht Jahre jünger als ich – fing 1929 eine Laufbahn in der Firma an. Mein Onkel hielt ihn für den Begabtesten unter uns und hatte ihn als zukünftigen Geschäftsführer im Blick. Aber Richard hatte seinen eigenen Kopf. Er war schon in den 20ern aktiv bei den ›Werkleuten‹, einer sozialistisch-jüdischen Jugendorganisation. Er re-konvertierte zum Judentum, was meine Mutter, stolz auf ihren assimilierten Status und gläubige Protestantin, sehr missbilligte. Als die Nazis an die Macht kamen, zögerte er nicht lange und wanderte 1934 mit den ›Werkleuten‹ nach Palästina aus. Man kann sich leicht vorstellen, dass meine Eltern und mein Onkel August alles andere als begeistert waren. Sie fanden, das sei völlig überzogen: jugendlicher Leichtsinn, unvernünftiges Abenteurertum, Verschwendung von Talent! Die Verhältnisse in Deutschland würden sich wieder bessern, bis dahin müsse man eben durchhalten. Richard sagte später, es sei eine der richtigsten Entscheidungen seines Lebens gewesen, dass er damals nur auf sich selbst gehört habe. Er und seine ›Werkleute‹ gründeten 1936 in der Nähe von Haifa einen der ersten Kibbuzim, Hasorea. Vor der Auswanderung hatten sie einen Lehrgang für Landwirtschaft und Gartenbau auf einem landwirtschaftlichen Betrieb in Brandenburg, Gut

Winkel bei Spreenhagen, absolviert[127] – denn die meisten von ihnen waren Bürgerkinder aus Berlin. Sie hatten zwar eine gute Schulbildung, aber kaum einer besaß praktische Kenntnisse, wie man sie in dem neuen Land brauchen würde.

Der Anfang in Palästina war sehr schwer. Jahrelang lebten sie in Zelten. Das Land musste erst einmal urbar gemacht werden.

Mein Bruder änderte seinen Namen von Richard Berg in Rafael Tabor (hebräisch für Berg). In Hasorea verwirklichten er und seine ›Werkleute‹ ihre radikalsozialistischen Ideen: völliger Verzicht auf Privateigentum und eigenes Einkommen – alle bekommen das Gleiche; gemeinschaftliches Leben und Arbeiten, usw. Es gibt in den Häusern keine Küchen, denn alle Mahlzeiten werden gemeinsam eingenommen. Alles wird von der Gemeinschaft entschieden, der sich alle unterordnen müssen.

Sie waren damit ziemlich erfolgreich. Wo damals Geröll herumlag, sind heute Felder und Obstbaumplantagen. Die Landwirtschaft bringt gute Erträge, von der die Gemeinschaft existieren kann. Hasorea liegt landschaftlich wunderschön. Die Hänge der Hügel haben sie aufgeforstet. Rafael wirkte in den 60er-Jahren mit am Aufbau einer Fabrik für Plastikfolien. Die waren für den Gemüseanbau wichtig. Rafael ist in Hasorea sehr glücklich und hat vier Kinder.[128] Wir besuchen ihn regelmäßig. Nachdem ich aus Südafrika weggegangen war, hatte ich überlegt, dass ich – falls alle Stricke reißen – vielleicht auch dort hingehen würde. Aber es kam anders.

Wenn ich auf mein Berufsleben zurückblicke, so hat meine Mutter, auch wenn ich es mir nicht aussuchen konnte, keine schlechte Wahl für mich getroffen. Das Kaufmännische lag mir, und mein Onkel August war ein fürsorglicher und anständiger Chef. Eine

127 Eine Schlüsselfigur für diese Ausbildungsgüter war der jüdische Landwirtschafts- und Gartenbaulehrer Martin Gerson (1902–1944). Als Zionist setzte er sich für die Auswanderung junger Juden nach Palästina – und ihre entsprechende berufliche Vorbereitung – ein. Gerson war zeitweise Koordinator der ›Hachschara‹, der ›jüdischen Berufsumschichtung‹ für ganz Deutschland. Er leitete nacheinander die landwirtschaftlichen Ausbildungsgüter Groß Gaglow bei Cottbus, Gut Winkel bei Spreenhagen und Groß Breesen bei Breslau. Gerson und seine Familie wurden in Auschwitz ermordet. Quelle: Wikipedia

128 Rafael starb dort im Jahr 2002 im Alter von 91 Jahren. Durch Zufall stieß ich im Bauhaus in Dessau auf Holzmöbel aus Hasorea. Eine Ausstellung war der Verbreitung der Bauhaus-Idee durch emigrierte Architekten gewidmet. Fotos zeigten, dass der Gemeinschafts-Speiseraum von Hasorea einem Bauhaus-Entwurf folgt, und in der Möbelwerkstätte des Kibbuz wurden Bauhausmöbel hergestellt.

besonders nette Geste war, dass er mir – ich war noch sehr jung, vielleicht 20 – an den Wochenenden manchmal sein Auto lieh. Damit kam ich in meinem Bekanntenkreis gut an. Als die AVUS gerade eröffnet hatte, 1924, fuhr ich mit seinem großen schnellen Wagen dort zum ersten Mal über 100 Stundenkilometer! Später bekam ich sogar einen eigenen Dienstwagen, der war zwar deutlich bescheidener, aber immerhin. Autofahren gehörte schon damals zu meinem Beruf, denn man musste die Kunden und die verschiedenen Betriebsteile besuchen. So habe ich bereits 1921, da war ich 18, den Führerschein gemacht. Mein alter Führerschein hat mich all die Jahre begleitet, in die Emigration und wieder zurück. Letztes Jahr – nach 65 Jahren ohne Unfall! – habe ich ihn freiwillig abgegeben. Ich sehe nicht mehr gut genug. Der Beamte hat gestaunt, als er dieses alte Dokument gesehen hat. So etwas hatte er vorher noch nie in der Hand gehabt, und ich musste ihm von meiner Fahrschulzeit erzählen: Es gab damals nur wenige Autos, und der Fahrschulwagen war so ein ganz altmodischer, offen, mit einem Verdeck aus Stoff. Gangschaltung und Handbremse waren außen auf dem Trittbrett angebracht, man kennt das nur noch aus ›Dick und Doof‹-Filmen. Das Steuer war rechts, wie heutzutage in England – damals gab es noch keinen Standard dafür, es war bei manchen Autos so und bei manchen anders. Deshalb hatte ich später in Südafrika und England wenig Schwierigkeiten mit der Umstellung.[129]

Aber wir schweifen ab. Ich muss dir noch erzählen, wie es mir und der Firma Zuntz in Bonn erging. Meine Aufgabe als Prokurist, also als Bevollmächtigter des Inhabers, war zunächst zu beurteilen, welche Betriebsteile zu retten waren, und diese in vertretbarem Rahmen flottzumachen. Zusammen mit einigen tüchtigen Mitarbeitern konnten wir die Produktion steigern und die Umsätze verbessern. Leider trafen uns viele Rückschläge. Unser Geschäftsführer starb plötzlich und riss eine große Lücke. Auch war inzwischen die Konkurrenz durch Tchibo, Eduscho oder Jacobs sehr stark. Ich sah, dass wir zwischen ihnen auf die Dauer kaum würden bestehen können. Um 1970 erklärte August Zuntz, er wolle sich endgültig aus dem Geschäft zurückziehen. Er war über 80 und ohne Nachfolger – das

129 Bei meinem ersten Besuch erzählte Heinz, dass sie die letzte Fahrt im eigenen Auto zu dem von beiden sehr geschätzten Heinrich Böll in die Eifel unternommen hatten, kurz vor Bölls Tod. Der gemeinsame Freund Lew Kopelew hatte das Treffen vermittelt.

Logo der Firma Zuntz auf der erhaltenen Mauer der ehemaligen Rösterei, Bonn, 2015

alte Problem. So wurde der Verkauf der Firma beschlossen[130]. Mir fiel die traurige Pflicht der Abwicklung zu. 1976 wurde Zuntz von Dallmayr übernommen, ich ging mit 73 Jahren in den Ruhestand. Ein paar Jahre später, 1980, wurde die alte Rösterei in Bonn geschlossen, die Gebäude abgerissen. Nur die markante neugotische Giebelwand der Rösterei hat man erhalten. Sie erinnert ein wenig an das traditionsreiche Geschäft, das leider seinen 150. Geburtstag nicht mehr erlebt hat.«

1987, als Heinz mir dies erzählte, wäre Zuntz 150 Jahre alt geworden. Heinz sieht mich an, schweigt einen Moment, etwas Wehmut liegt in seinem Blick. Dann richtet er sich auf, zuckt die Schultern. »Na ja, der Lauf der Dinge …«, sagt er mit seinem feinen Lächeln.

130 Die Berliner Niederlassung war bereits 1962 verkauft worden.

Wiedergefundene Familien

Nach acht, Bonn 1987

Heinz blickt Sonja an, sie nickt ihm ein wenig zu, und so fährt er fort:

»Ja, so sind wir hier gelandet, nun ist das auch schon eine halbe Ewigkeit her.

Es war eine gute Entscheidung, dass wir hergekommen sind. Schwer daran ist nur, dass unsere Familien buchstäblich in alle Winde verstreut sind. Kurz nachdem wir nach Deutschland zurückgekehrt waren, gingen auch meine Töchter Heidi und Erika aus Südafrika fort. Das gesellschaftliche Klima dort wurde immer unangenehmer, spätestens nach dem ›Sharpeville-Massaker‹[131] wusste man, mit was für einer Art Regierung man es zu tun hatte.

Sie zogen beide nach England. Heidi ist 1973 an einem Gehirntumor gestorben. Erika ist Ärztin und lebt mit ihrer Familie in Edinburgh in Schottland. Mein Sohn Wolfgang blieb in Südafrika und wurde Geologe.

Meine ältere Schwester lebte als Lehrerin in England. Sie besuchte uns oft in Bonn. Mein Bruder Wolfgang war Physiker. Er war vor den Nazis nach England entkommen und lehrte seit den 60er-Jahren als Professor an der Technischen Hochschule in Zürich, wo er mit seiner Familie wohnt. Mein jüngster Bruder Rafael lebt wie gesagt mit Familie im Kibbuz Hasorea in Israel, ihn besuchen wir immer, wenn wir nach Israel fahren.«

Hier übernimmt wieder Sonja:

»Meine beiden großen Kinder, Elizabeth und Michael, sind in Südafrika geblieben. Michael entschloss sich nach dem Sechs-Tage-Krieg, nach Israel überzusiedeln. Er kämpfte in der israelischen

131 Am 21. März 1960 kam es zur blutigen Niederschlagung einer Demonstration in der Township Sharpville, bei der 69 Demonstranten durch die südafrikanische Polizei mit Maschinengewehren erschossen und zahlreiche weitere verletzt wurden. Das Massaker führte zu landesweiten Unruhen, die Regierung rief den Ausnahmezustand aus. Es markiert den Übergang von der Entrechtung der Schwarzen zum Ausbruch offener Gewalt auf beiden Seiten und war der Beginn der internationalen Isolierung Südafrikas, das kurze Zeit später aus dem Commonwealth austrat, um seinem Ausschluss zuvorzukommen. Der 21. März wurde 1966 von den Vereinten Nationen zum Internationalen Tag gegen den Rassismus erklärt und 1995 zum ›Tag der Menschenrechte‹.

Armee – das gefiel mir überhaupt nicht – und ging dann in einen Kibbuz mit ziemlich strengen Regeln, es gibt dort kein individuelles Einkommen und Vermögen. Deswegen hat er nur selten die Möglichkeit, uns zu besuchen.

Stephanie lebte zunächst mit uns in Bonn. Nach dem Abitur stellte sich für sie die Frage, wo eigentlich ihre Heimat sei. Sie ging eine Weile nach Israel und machte freiwillige soziale Arbeit in einem Kibbuz im Süden. Kaum war sie da, begann der Sechs-Tage-Krieg. Der Kibbuz wurde bombardiert und es gab Tote, auch unter den Kindern, die sie betreute. Sie telegrafierte uns, dass sie sofort nach Hause wolle und wir schickten ihr Geld für ein Flugticket. Damit war das Kapitel Israel für sie abgehakt. Anschließend machte sie ein Auslandsjahr in Paris und eines in London, lebte und arbeitete danach ein paar Jahre wieder in Bonn und ging schließlich nach New York. Sie sagt, es sei das Richtige für sie. Dort musst du niemandem erklären, wer du bist und wo du herkommst.

Unsere Rückkehr nach Europa bedeutete auch, dass wir familiäre und freundschaftliche Kontakte wieder aufnehmen konnten, die durch die Nazizeit und die Emigration unterbrochen waren.

Meine Brüder Fredy und Paul waren zum Zeitpunkt unserer Rückkehr schon lange tot, aber mit ihren Nachkommen hatten wir viel Kontakt.

Pauls Sohn, mein Neffe Alex, den wir nach Südafrika geholt hatten, siedelte sich in der Schweiz an, nachdem er viele Jahre lang überall auf der Welt geschäftlich unterwegs gewesen war. Seine Schwester, meine Nichte Ruth, blieb bis zu ihrem Tod in Südafrika, ebenso ihre Mutter (Maria, Pauls erste Frau).

Fredys Frau und Sohn, Shura und Serjoscha, besuchten wir in England. Shura lebte, nachdem sie nicht mehr die Geheimdienstler an der Joint Services School in Cambridge unterrichtete, als orthodoxe Nonne in Oxford. Sie war eine stadtbekannte Erscheinung. Eine energische, sehr kleine Frau, immer in lange schwarze Gewänder gehüllt. Und Serjoscha war inzwischen Dozent für Russisch an der University of Sussex und außerdem russisch-orthodoxer Priester.

Ganz besonders wichtig war aber, dass ich nun auch zu Peters Familie wieder Kontakt aufnehmen konnte. Richtiger muss man sagen – erst jetzt, lange nach Peters Tod, konnte ich sie richtig kennenlernen. Mit den meisten von ihnen hatte ich vor dem Krieg nur flüchtig Bekanntschaft gemacht, manche kannte ich gar nicht.

Meine Beziehung mit Peter hatte im Herbst 1932 begonnen. Kurz darauf kamen die Nazis an die Macht. Am 1. Mai 1933 wurde Peter entlassen und im September musste er schon aus Deutschland fort. Da war nicht viel Zeit gewesen für eine Einführung in seine Familie.

Peter und ich hatten in Südafrika gute Jahre miteinander. Aber er starb so früh. Als ich nach Europa zurückkam, war er bereits über 10 Jahre tot. Mit Peters Mutter stand ich von Südafrika aus in Briefkontakt. Sie hat eindrucksvolle Memoiren geschrieben, die sie extra für mich fortführte. Leider habe ich sie persönlich kaum gekannt. Sie starb 1954, als ich noch in Südafrika lebte. Vieles über Peter, über seine Kindheit etwa, habe ich erst nach meiner Rückkehr von seinen Geschwistern erfahren.

Von Bonn aus fuhren wir oft in die Schweiz zu Peters ältester Schwester, Eva-Maria Borer. Zu ihr entwickelte sich ein sehr enges und herzliches Verhältnis. Sie war eine patente Frau. Mit ihrem Mann lebte sie am Zürichsee, in Rüschlikon. Sie war Chefredakteurin der Frauenzeitschrift ›Annabelle‹, angelehnt an die französische ›Elle‹, die dem damaligen konservativen Rollenmodell für Frauen etwas Selbstbewusst-Modernes entgegensetzen wollte. Eva, so nannte ich sie, erzählte mir von Peter und seiner Familie. Das war mir sehr wichtig. Es gab da eine große Lücke zu füllen – das wurde mir jetzt erst richtig bewusst.[132]

Die Rosenbergs waren eine überaus interessante Familie, eigentlich viel interessanter als meine eigene.

Peter und seine vier Geschwister[133] wuchsen in Tübingen auf und führten dort ein weitgehend unbeschwertes Leben. Eva-Maria erzählte, dass sie einen großen Garten besaßen, dahinter begann eine Wildnis. Sie und Peter, die beiden Großen, trieben sich den ganzen Tag draußen herum. In der Familie herrschte eine Atmosphäre von Freiheit und Selbstbestimmtheit, die für die damalige Zeit, die 1910er- und 20er-Jahre, höchst bemerkenswert war.

Das war natürlich in erster Linie ein Verdienst ihrer Eltern, Hans-Oswald und Verena Rosenberg (alle nannten sie nur Hans und Vera). Aber auch in den Generationen davor gab es eine Reihe

132 Eva-Maria Borer war, kurz bevor ich Sonja kennenlernte, im Januar 1987 gestorben.

133 Peter hatte vier Geschwister. Eva-Maria (1905–1987) war die Älteste, Peter kaum zwei Jahre jünger (1907–1951). Darauf folgte Thomas (1909–1963) und dann die 1912 geborenen Zwillinge Reinhard und Renate.

höchst unkonventioneller und anregender Menschen, deren Einfluss über Jahrzehnte nachwirkte.

Hans, Peters Vater, habe ich leider nur ein paarmal getroffen. Als ich Peter kennenlernte, war er Professor für Astronomie in Kiel und ein gefragter Mann, der wenig Zeit hatte. Er starb 1940 in der Emigration, sodass weder Peter noch ich ihn nach unserem Weggang aus Deutschland noch einmal wiedersahen.

Hans kam aus einem sagenhaft reichen Elternhaus. Sein Vater war Bankier, ein Multimillionär mit Villa in der Berliner Tiergartenstraße, eigenen Reitpferden und so weiter. Hans interessierte sich schon als Kind für Astronomie, und seine Eltern unterstützten diese Leidenschaft. Geld spielte keine Rolle. Sie kauften ihm allerhand Fernrohre, mit denen er nachts im Garten den Himmel beobachtete. Auch bei der Berufswahl schrieb sein Vater ihm nichts vor, solange er ganz seinen Neigungen folge – und das war die Astronomie. Hans studierte also Astrophysik. Der Vater stellte ihm in Aussicht, ihm zum 30. Geburtstag an einem Ort seiner Wahl eine Sternwarte mit den neuesten technischen Errungenschaften zu bauen. Bedingung war, dass er sich vorher als Assistent ein möglichst großes Wissen aneignen solle. Nach Studium[134] und Promotion[135] bekam er 1910 eine Stelle als Privatdozent an der Universität Tübingen. Die dortige Sternwarte war technisch veraltet. Um seine Forschungen vorantreiben zu können, finanzierte sein Vater ihm wie versprochen neben seinem Haus[136] 1912 eine kleine private Sternwarte. Das war komfortabel für ihn, erregte aber verständlicherweise den Neid vieler Kollegen. In dieser Zeit bekam auch Hans zum ersten Mal den Antisemitismus an den Universitäten zu spüren.

Mit der Bequemlichkeit war es bald vorbei, denn er musste als Soldat in den Ersten Weltkrieg. Die Niederlage und die anschließende Inflation bedeuteten das Ende des Rosenberg'schen Reichtums. Hans' Vater, der Bankier Hermann Rosenberg, war sehr deutsch-patriotisch eingestellt. Einen beträchtlichen Teil seines Vermögens hatte er in Kriegsanleihen investiert, die waren nun

---

134 In Straßburg.

135 In Göttingen.

136 Auf dem Tübinger Österberg, Hauffstraße 20. Zit. nach Rosenberg, a. a. O., S. 53, Fußnote 1.

auf einmal futsch. Hermann starb 1918[137], seine Frau Else, die mit Geld nicht umgehen konnte, verkaufte die riesige Villa zu einem Schleuderpreis an Spekulanten. Der Erlös wurde von der Inflation aufgefressen, und die Erben waren plötzlich damit konfrontiert, kein Geld mehr zu haben. Sie mussten sich auch von der kostbaren Bibliothek des Vaters und großen Teilen der Gemäldesammlung trennen. Immer, wenn wieder Geld gebraucht wurde, verkauften sie eines der kostbaren Bilder. In Peters Elternhaus nannte man das ›von der Wand in den Mund leben‹. Hans, der als Privatdozent bis dahin kein regelmäßiges Einkommen gehabt hatte, war zum Glück sehr stoisch. Er beklagte sich nie darüber, sondern sagte nur: ›Erben ist sowieso unmoralisch!‹

1925 bekam Hans in Kiel seine erste ordentliche Professur. Er verkaufte Haus und Sternwarte in Tübingen und zog mit Familie dorthin – Peter und zwei seiner Geschwister waren bereits erwachsen und lebten in Berlin.

Als die Nazis an die Macht kamen, hätte Hans-Oswald Rosenberg nach der Nazi-Logik eigentlich als Jude gegolten (schon seine Großeltern waren konvertiert, aber bei einem solchen Namen und dieser Familienbiografie entging man der Aufmerksamkeit der Nazis nicht) und seinen Job verloren (›Gesetz zur Wiederherstellung des Berufsbeamtentums‹). Aber Hans hatte im Ersten Weltkrieg gekämpft, und für ›Frontkämpfer‹ galt zunächst eine Ausnahme. Den Antisemitismus bekam er trotzdem zu spüren. Er glaubte nicht daran, dass die Nazis sich lange halten würden. Von 1934–37 übernahm er eine Gastprofessur in den USA am Yerkes-Observatorium der Universität Chicago, in der Hoffnung, dass sich inzwischen die Verhältnisse in Deutschland bessern würden. Die beiden jüngsten Kinder gingen mit in die USA und blieben später dort. Ungünstigerweise ließ sich Hans' Gastprofessur in den USA nicht verlängern. Sein Visum lief ab, sodass er und seine Frau 1937 wieder nach Deutschland zurückkehren mussten.

In der Zwischenzeit war in Deutschland sein Haus zwangsenteignet worden. Die Nazis hatten als eine der Schikanen gegen Juden die sogenannte ›Reichs-Fluchtsteuer‹ eingeführt. Emigranten sollten gezwungen werden, ihren Besitz vor der Ausreise – meist unter dem

137 In den meisten Quellen wird fälschlich 1917 als sein Todesjahr angegeben. Als richtig zugrunde gelegt wird hier das Briefdatum von Hedwig Pringsheim, in dem sie über Rosenbergs Tod an Maximilian Harden schreibt. Pringsheim, a. a. O., S. 231.

tatsächlichen Wert – zu verkaufen. Taten sie das nicht, wurden sie faktisch enteignet. Denn diese sogenannte ›Steuer‹ war die vollständige Beschlagnahmung des zurückgelassenen Vermögens durch den Staat. Die Nazis hatten Hans' Gastprofessur in Chicago als Emigration eingestuft und waren zur Tat geschritten. Aber er kam zurück, damit hatten sie nicht gerechnet. Und Hans, der sehr energisch war, setzte sich entschieden zur Wehr. Er schaltete einen Anwalt ein, übrigens ein NSDAP-Mitglied, klagte gegen die Nazi-Verwaltung – und bekam tatsächlich Recht. Er erhielt sein Haus und Vermögen wieder zugesprochen, das muss man sich mal vorstellen – im Jahr 1937! Natürlich hat er nichts davon gehabt, denn er sah ja, wie sich die politischen Verhältnisse entwickelten. In Deutschland konnte er nicht mehr arbeiten, der ›Frontkämpfer-Bonus‹ war längst abgeschafft worden. Im Herbst 1938 gelang es ihm, einen Lehrauftrag an der Universität Istanbul zu bekommen. Er fuhr hin, um sich eine Meinung zu bilden. Währenddessen wurden in Deutschland in der sogenannten Kristallnacht den Juden die Fensterscheiben eingeworfen und die Möbel zertrümmert. Als Hans davon hörte, blieb er kurz entschlossen in Istanbul und bat Vera, seine Frau, so schnell wie möglich zu ihm zu kommen, was gerade noch gelang. Nur mit ein paar Koffern waren sie nun in Istanbul gelandet. Leider ist auch Hans nicht alt geworden: im Sommer 1940 erlitt er mit 61 Jahren einen Herzinfarkt und starb.

Vera, plötzlich verwitwet, saß nun während des gesamten Krieges allein und mittellos in Istanbul fest. Es muss eine schreckliche Zeit für sie gewesen sein. Sie nutzte diese Einsamkeit in einem Zimmerchen mit Blick auf das ›Goldene Horn‹, um eindrucksvolle Memoiren zu schreiben. Nach dem Krieg zog sie zu ihrer Tochter Eva in die Schweiz, wo sie noch einige Jahre lebte. Von Südafrika aus hatte ich Briefkontakt mit ihr. Sie schickte sie mir nach Peters Tod ihre Aufzeichnungen, damit ich auf diese Weise mehr über ihn erfahren konnte.[138]

Vera war eine sehr willensstarke Frau. Ihr Vater war Bankier in Berlin, wie Hermann Rosenberg – jedoch drei Nummern kleiner. Sie kam aus einem strengen Elternhaus, in dem Kinder wenig Liebe erfuhren und keine eigenen Wünsche zu äußern hatten, ließ sich aber

138 Vera Rosenberg schreibt im Vorwort: »Wenn ich heute nach wohl 10-jähriger Pause versuche, meine Erinnerungen an vergangene Zeiten etwas weiterzutreiben, so geschieht es vor allem Sonja zuliebe, die gern etwas über die Geburt und die ersten Lebensjahre ihres Peter erfahren würde.« Zit. nach Rosenberg, a. a. O., S. 209.

davon nicht brechen. Wohl deshalb erzog sie ihre eigenen Kinder später bewusst zu Unabhängigkeit und selbstbestimmtem Handeln.[139]

Die Rosenberg-Geschwister wurden durch die Nazizeit auseinandergerissen, nach Südafrika, Dänemark, die USA[140]. Eva, Peters älteste Schwester, war auf abenteuerliche Weise in die Schweiz gelangt: um 1933, als Peter Berlin verließ, war sie in einer kommunistischen Untergrundgruppe aktiv. Sie verteilte Flugblätter gegen Hitler. 1934 wurde sie geschnappt und zu anderthalb Jahren Zuchthaus verurteilt. Sie bezeichnete es als ihr Glück, dass sie gleich zu Anfang der Nazi-Jahre in Haft saß. Später wäre sie in ein KZ gekommen. Anfangs wurden Nazigegner noch in die regulären Gefängnisse gesperrt, wo die Insassen vor Willkür und Grausamkeiten der braunen Schergen einigermaßen geschützt waren. Nach ihrer Entlassung[141] floh sie 1937 über die ›Grüne Grenze‹ in die Schweiz, wo sie später Journalistin wurde.

Wie ich schon gesagt habe, stand dieser besondere, freiheitliche Geist, der in Peters Elternhaus geherrscht haben muss, nicht nur in der Tradition seiner Eltern, sondern auch einer ganzen Reihe weiterer hochinteressanter Persönlichkeiten.

---

139 Veras Bruder, zu dem sie ein enges Verhältnis hatte, war der Dichter Rudolf Borchardt. In der Zeit vor dem Ersten Weltkrieg war er ziemlich bekannt, er gehörte zum Kreis um Stefan George und Hugo von Hofmannsthal. Heute ist er weitgehend vergessen. Im Elternhaus herrschte wenig Verständnis für die musischen Neigungen des Bruders, er brach mit den Eltern, aber Vera hielt ihm die Treue.

140 Peters Bruder Thomas (1909–1963) wanderte 1933 nach Dänemark aus und arbeitete in Kopenhagen mit Niels Bohr zusammen. Er hatte eine Doppelbegabung als Physiker und Cellist. Als Dänemark von den Nazis besetzt wurde, floh er mit seiner Familie auf abenteuerliche Weise in einem kleinen Boot über die Ostsee nach Schweden. Seine Nachkommen leben heute in Dänemark. – Die beiden jüngsten Geschwister Reinhard und Renate waren mit den Eltern 1934 in die USA gegangen, es gelang ihnen, dort zu bleiben. Reinhard wurde Flugzeugkonstrukteur und später Professor in San Francisco, seine Zwillingsschwester Renate wurde Ärztin und lebte später in der Schweiz.

141 Eva wurde 1936 aus der Haft entlassen. Ihre Eltern waren zu dieser Zeit in den USA, sodass sie von zwei Schwestern ihres Vaters, Käthe Rosenberg und Ilse Dernburg, aufgenommen wurde, die gemeinsam das aus dem Rosenberg'schen Millionenerbe übriggebliebene Sommerhaus am Kleinen Wannsee (Conradstr. 8 in der Villenkolonie Alsen) bewohnten. Käthe Rosenberg (1883–1960), war Übersetzerin, Ilse Dernburg (1880–1964 oder 65), eine der ersten Innenarchitektinnen Deutschlands und gelegentliche Bühnenautorin. Die beiden Schwestern emigrierten später in die Schweiz. Ilse war von 1900–1914 verheiratet gewesen mit dem seinerzeit bekannten Architekten Hermann Dernburg, Bruder des Staatssekretärs Bernhard Dernburg, die beide zum Freundeskreis Walther Rathenaus gehörten.

Hermann Rosenberg, Berlin (vermutl. Tiergarten), um 1900

Peters Großvater, den schwerreichen Hermann Rosenberg, kenne ich nur aus Erzählungen. Als ich Peter kennenlernte, waren er und seine Frau Else schon lange tot, der Reichtum zerronnen, die sagenhafte Villa in der Tiergartenstraße gehörte der Familie nicht mehr.

Hermann Rosenberg[142] war ein Self-Made-Millionär. Er stammte aus kleinen Verhältnissen und hatte sich vom Buchhalter zum Direktor der ›Berliner Handelsgesellschaft‹ hochgearbeitet, einer Industriebank, die während der Industriellen Revolution vor allem Eisenbahnen und Industrieanlagen finanzierte. Gesellschaftlich gehörte er zum gediegenen Establishment des damaligen Berlin. Aber er verhielt sich privat viel freigeistiger, als das in seiner Schicht üblich war. Seine Abendgesellschaften waren legendär. Dort verkehrten

142 Hermann Rosenberg (1847–1918), Bankier und Kunstmäzen, geboren in Heiligenbeil, Gymnasium in Königsberg, kam Mitte der 1860er-Jahre nach Berlin. Eltern Selig (Felix) Salomon Rosenberg (Schnittwarenhändler – d. h. Textilgeschäft – in Heiligenbeil/Ostpreußen) und Johanna, geb. Schey.

nicht nur Bankiers, sondern vor allem Schriftsteller, Künstler und Politiker. Walther Rathenau, der 1922 als Außenminister von rechten Terroristen ermordet wurde, war ein guter Freund der Familie. Hermann Rosenberg war ein großer Kunstliebhaber, Bildersammler und Mäzen. Er war der Förderer des Malers Walter Leistikow und privat gut bekannt mit Franz von Lenbach, Max Liebermann, dem Kunsthistoriker Wilhelm Bode[143] und vielen anderen.

Die Schwester seiner Frau Else Rosenberg[144] war Hedwig Pringsheim[145], die Schwiegermutter von Thomas Mann[146]. Sowohl die Pringsheims als auch die Familie Mann waren häufige Gäste in der Villa Rosenberg. Später gab es nur noch wenig Kontakt, aber zu Peters Kindertagen spielten diese familiären Bindungen eine wichtige Rolle.[XLV] Klaus Mann hat geschrieben, Else Rosenberg sei seine Lieblingstante gewesen.[XLVI]

Else Rosenbergs Eltern, Ernst und Hedwig Dohm, waren ebenfalls bedeutende Persönlichkeiten. Ernst Dohm[147], Peters Urgroßvater, war Journalist und Schriftsteller. Im Jahr 1848, als während der Revolution in Berlin die Pressezensur fiel, hatte er das Satiremagazin ›Kladderadatsch‹[148] gegründet. Die Zeitschrift war in der Bismarckzeit sehr erfolgreich und unter der Leitung Ernst Dohms ziemlich kritisch und unangepasst. Er hatte deswegen ständig Ärger, einmal

---

143 Wilhelm von Bode (1845–1929), bedeutender Kunsthistoriker, Gründer des Kaiser-Friedrich-Museums (heute Bode-Museum) auf der Berliner Museumsinsel und Generaldirektor der staatlichen Kunstsammlungen.

144 Else Rosenberg (1856–1922), zweitälteste Tochter des Journalisten Ernst Dohm und der Frauenrechtlerin Hedwig Dohm. 1878 Heirat mit dem Bankier Hermann Rosenberg.

145 Hedwig Pringsheim (1855–1942), älteste Tochter von Ernst und Hedwig Dohm. Verheiratet mit dem Mathematikprofessor Alfred Pringsheim. Die gemeinsame Tochter Katia heiratete Thomas Mann.

146 Die Mann-Kinder waren Cousins zweiten Grades von Peter Rosenberg.

147 Ernst Dohm (1819–1883), Journalist und Übersetzer (frz.), Mitbegründer und Herausgeber der Satirezeitschrift ›Kladderadatsch‹. Prominente Persönlichkeit in der Berliner Literaten- und Künstlerszene der 1850-er und -60er-Jahre, u. a. durch einen ›literarischen Salon‹. Geboren unter dem Namen Elias Levy als Sohn eines Kaufmanns in Breslau konvertierte die Familie in den 1820er-Jahren und änderte alle Vor- und Nachnamen so, dass kein jüdischer Bezug mehr erkennbar sein sollte.

148 ›Kladderadatsch‹ – bedeutendes deutsches Satiremagazin des 19. Jahrhunderts. In den ersten Jahren seines Bestehens ein unangepasstes Blatt, das häufiger mit der preußischen Zensur in Konflikt geriet, seit Mitte der 1860er-Jahre eher auf nationalliberaler Linie. Nach dem Tod des langjährigen Herausgebers Ernst Dohm wurde der ›Kladderadatsch‹ zunehmend zum Sprachrohr eines aggressiven deutschen Nationalismus.

musste er sogar wegen Majestätsbeleidigung ins Gefängnis[149]. Ernst Dohm war ein Berliner Original. In seiner Dreizimmerwohnung an der Potsdamer Straße gab er jeden Montag legendäre Künstlerpartys. Er war ständig pleite, meist gab es nur Würstchen mit Kartoffelsalat, aber alles, was unter Künstlern und Schriftstellern einen Namen hatte, ging dort ein und aus. Dohm war weithin berühmt für seinen Witz und seine intelligenten Kolumnen. Auch Bismarck, der politisch meist andere Standpunkte vertrat und im ›Kladderadatsch‹ nicht selten aufs Korn genommen wurde, hat die Zeitschrift jede Woche gelesen. Er schätzte gute Satire und begegnete Dohm mit großem Respekt.

Gegen Ende des 19. Jahrhunderts ist der ›Kladderadatsch‹ leider zu einem nationalistischen Hetzblatt verkommen, aber das hat Ernst Dohm nicht mehr miterlebt.

Unbedingt erwähnen muss ich auch seine Frau, Hedwig Dohm[150]. Leider ist sie heute fast vergessen, aber sie war eigentlich noch bemerkenswerter als er. Als Sozialistin, Schriftstellerin und vor allem Frauenrechtlerin war sie ihrer Zeit weit voraus. Hedwig Dohm besaß ein enormes philosophisches, künstlerisches und gesellschaftspolitisches Wissen. Dabei hatte sie keine besondere Schulbildung, sie war eine reine Autodidaktin. Bereits in den 1870er-Jahren, einer gesellschaftlich extrem konservativen Zeit, trat sie in ihren Schriften für die umfassende rechtliche und soziale Gleichstellung der Frau ein – das galt damals als schier ungeheuerlich. Ebenso ihre Forderung nach dem Frauenwahlrecht. Sie war gut befreundet mit Reformern wie Ferdinand Lassalle oder Gertrud Bäumer. Jahrzehntelang unterhielt sie einen eigenen ›Salon‹, in dem Intellektuelle und Künstler verkehrten. Sie kannte Alexander von Humboldt, Franz Liszt, Theodor Fontane, Rudolf Steiner, Cosima Wagner und unzählige andere, die im Laufe der Jahrzehnte künstlerisch und gesellschaftlich eine Rolle spielten.

---

149 Anlass war ein Spottgedicht auf die Fürstin Reuß gewesen, dessen Abdruck im Jahr 1863 Dohm als Leiter des Blattes zu verantworten hatte, und Dohm verbrachte einige Wochen im Gefängnis, wurde aber auf Bismarcks Ersuchen vom Kaiser vorzeitig begnadigt. Die Fürstin hatte den ›Kladderadatsch‹ vor einem preußischen Gericht verklagt wegen ›Beleidigung eines ausländischen Staatsoberhauptes‹ (formell lag das Fürstentum Reuß aus preußischer Perspektive damals noch im Ausland).

150 Hedwig Dohm (1831–1919), geb. Schleh (Schlesinger), bedeutende Frauenrechtlerin und Schriftstellerin, aus einer ursprünglich jüdischen, dann konvertierten Berliner Familie stammend.

Hedwig Dohm ist sehr alt geworden. Sowohl Peter als auch seine Schwester Eva konnten sich noch gut an diese Urgroßmutter erinnern[151]. Ihr äußerst fortschrittliches Gedankengut hat auf die ganze Rosenberg-Familie großen Einfluss ausgeübt. Auch wenn die nachfolgende Generation – geprägt durch die Bismarckzeit – deutlich konservativere politische Ansichten hatte, so blieben doch bestimmte Grundsätze Hedwig Dohms durch alle Zeiten in der Familie bestehen. Mädchen erhielten eine gleichwertige Ausbildung wie die Jungen. Alle Kinder sollten sich ausschließlich nach ihren Fähigkeiten und Neigungen richten. Auch wenn ich die große Epoche der Dohms und Rosenbergs nicht kennengelernt habe, so teilte sich durch Peters Persönlichkeit viel davon mit. Ich verstand erst nach seinem Tod, durch den Kontakt mit den verbliebenen Mitgliedern der Rosenberg-Familie, wie stark er durch dieses Milieu geprägt worden war.«

Spurensuche, Berlin, 2017

In den Memoiren von Peters Mutter Vera, die Sonja in ihrem Nachlass aufbewahrte, finde ich folgenden kleinen Passus persönlicher Erinnerung:

> Hedwig Dohm lebte im Hause Rosenberg in einer kleinen, abgeschlossenen Mansardenwohnung. Es war unendlich reizvoll und gemütlich bei ihr. Solange ich mich besinnen kann, ging Großmuttchen (Else Rosenberg, geb. Dohm) nachmittags um 5 Uhr zu ihr herauf, wo täglich eine Art Familienreunion stattfand. Ihre zwei anderen in Berlin lebenden Töchter stellten sich dann auch ein, und die Enkelinnen waren gewöhnlich auch zugelassen. In der Familie wurde Mimchen auf's innigste geliebt und verehrt. Als Vorkämpferin für das Frauenrecht war sie auch allgemein politisch interessiert. […] In ihren Mansarden empfing sie nicht nur alles, was zur Frauenbewegung gehörte, sondern auch viele, die für irgendetwas ›kämpften‹, was sie an sich sehr liebte. So hörte ich dort einmal Rudolf Steiner, der für Theosophie kämpfte, und Isadora Duncan,

151 Nach Ernst Dohms Tod bezog Hedwig Dohm eine Wohnung mit eigens eingebautem Aufzug in der Tiergartenvilla ihres reichen Schwiegersohns Hermann Rosenberg. Zwischen ihnen bestand eine intensive Freundschaft, die noch in die Zeit vor seiner Hochzeit mit Else, der Tochter der Dohms, zurückreichte.

> die dafür kämpfte, mit nackten Beinen tanzen zu dürfen. Frauen wie Lily Braun, Gertrud Bäumer, Gabriele Reuter etc. waren natürlich oft dort zu finden.[XLVII]

Und Peters Schwester, Eva-Maria Borer, zitiert in ihren Erinnerungen die gemeinsame Urgroßmutter mit den Worten:

> »Wenn ihr Urenkelinnen keinen Beruf ergreift, dann kommt die alte Ur-Mamuse aus dem Grab hervor und droht dir![XLVIII]«

Die Tiergartenstraße

Spurensuche, Berlin, 2017

Aus heutiger Sicht ist das Leben der Rosenbergs vor dem Ersten Weltkrieg eine Erzählung aus einer untergegangenen Welt.

Peters Großvater Hermann Rosenberg starb 1918, sein Vermögen war zerronnen. Die ›Berliner Handelsgesellschaft‹ existiert längst nicht mehr. Hermann Rosenberg hatte sie gemeinsam mit dem prominenteren Carl Fürstenberg seit 1883 geleitet. Beide hatten sich als Berufsanfänger bei der ›Diskonto-Gesellschaft‹, einer von David Hansemann (Paulskirchenabgeordneter von 1848 und bedeutender Liberaler) gegründeten, damals innovativen Bank kennengelernt. Die ›Berliner Handelsgesellschaft‹ wurde unter ihrer Leitung zu einem der bedeutendsten Finanziers von Eisenbahnlinien und Industrieanlagen. Hermann Rosenberg schied 1902 aus dem Geschäft aus und erwarb sich einen Ruf als versierter Kunstsammler und Mäzen, bei dem Literaten und Künstler ein- und ausgingen. Seine Villa, die bedeutende, über 1000 Bände umfassende Bibliothek und große Teile der Kunstsammlung wurden nach seinem Tod verkauft. Die ›Berliner Handelsgesellschaft‹ wurde 1933 ›arisiert‹. Ihr Name verschwand endgültig 1970[152]. In ihren Annalen kommt der Name des Direktors, der maßgeblich zu ihrem Aufstieg beitrug, kaum vor.

In der Nazizeit wurden Hermann Rosenbergs Nachkommen verfolgt und sämtlich aus Deutschland vertrieben. Die Erinnerung an berühmte jüdische Bankiers und Kunstmäzene wurde durch die Nazis so weit wie möglich getilgt. Nach dem Krieg kümmerte sich niemand um eine Rehabilitierung.

Ich überlege, ob man in der heutigen Tiergartenstraße noch etwas vorfinden mag, das an die Villa der Rosenbergs erinnert? Das Tiergartenviertel ist im Bombenkrieg fast völlig vernichtet worden. Bis zum Zweiten Weltkrieg hatten zahlreiche Botschaften dort ihren Sitz. Alte Fotos zeigen riesige, prachtvolle Häuser in großen Gärten. Auf der gegenüberliegenden Straßenseite liegt der Tiergarten, in dem die vornehmen Herrschaften ausritten.

Ich erinnere mich an das West-Berlin der 1980er-Jahre. Die Tiergartenstraße lag in der Nähe der Mauer, ein abgelegener Winkel. Sie diente im geteilten Berlin als Durchfahrt von der riesigen Brache des

152 Bei einer weiteren Fusion mit der Frankfurter Bank.

im Niemandsland gelegenen Potsdamer Platzes zum Großen Stern. Der Tiergarten war stellenweise verwildert, ein richtiger Wald stand dort. Im Unterholz gab es einen Trampelpfad entlang der Mauer, der zum Brandenburger Tor führte. Die Tiergartenstraße hatte etwas Gespenstisches: viele Grundstücke waren nach dem Krieg nicht wieder bebaut worden, dazwischen standen die Ruinen alter Botschaftsgebäude. Die Nazis hatten bevorzugt Niederlassungen verbündeter Staaten im Tiergartenviertel angesiedelt – Italien, Japan, Spanien – faschistische Architektur in unterschiedlicher Ausprägung und unterschiedlichen Stadien des Verfalls. Unter den schwachen Straßenlaternen der düsteren Tiergartenstraße standen abends Prostituierte und warteten auf vorbeifahrende Freier.

Heutzutage hat sich die Szenerie von Neuem gewandelt. Die japanische und italienische Botschaft sind im Originalstil wieder aufgebaut, nichts erinnert an die rußgeschwärzten Trümmer, auf deren Dächern Gras und Bäume wuchsen. Die Tiergartenseite ist gepflegt, der Straßenstrich hat sich anderswohin verlagert. Neue, moderne Botschaften, Landesvertretungen und andere offizielle Gebäude hat man auf die einstigen Trümmergrundstücke gebaut. Mit den Vorkriegsbildern hat die Straße nichts mehr gemein. Ich finde keinen sichtbaren Anhaltspunkt, wo die Nummer 19, die Villa Rosenberg, gestanden haben mag[153]. Das Grundstück ist bis auf ein paar Baracken, die zu den Museen des Kulturforums gehören, unbebaut. Hinter einem schlichten grünen Maschendrahtzaun wächst Gras.

Ich gehe um die nächste Ecke, suche die Matthäikirchstraße 4, wo Else Rosenberg nach dem Verkauf der großen Villa noch ein paar Jahre bei ihrer Tochter (Ilse Dernburg) wohnte.[XLIX] Auch von dieser Wohnung ist keine Spur zu finden. Die Matthäikirche, einst Mittelpunkt des Viertels, steht verloren herum. Die Reste des früheren Millionärsviertels passten nicht in die Nachkriegszeit, wurden abgeräumt, die Straßenführung verändert. Ungefähr dort, wo sich das Haus befand, steht heute die Philharmonie. Das immerhin, denke ich, hätte den kunst- und kulturbegeisterten Rosenbergs gefallen.

---

153 Das Berliner Adressbuch von 1905 verzeichnet die Villa von Hermann Rosenberg unter der Anschrift Tiergartenstraße 19. Später änderte sich die Hausnummer zu 18e, vermutlich durch Teilung und Mehrfachbebauung des Grundstücks.

Bonner Jahre

Nach acht, Bonn 1987

Sonja fuhr fort: »Als unser Leben in Bonn ein wenig zur Ruhe kam, fragten wir uns – nach all dem, was wir an Weltgeschichte bis dahin erlebt hatten – ob wir im Kleinen dazu beitragen könnten, die Welt besser zu machen. Das war um die Mitte der 60er-Jahre – mehr Demokratie wagen, wie Willy Brandt gesagt hat. Viele Freunde, die wir in Bonn fanden, hatten eine ähnliche Einstellung. Bei uns kam aber noch etwas hinzu: in unserem wechselvollen Leben hatten uns immer so viele Leute geholfen. Wenn das nicht gewesen wäre, wer weiß – vielleicht hätten wir nicht überlebt. Dafür empfinden wir große Dankbarkeit und möchten gern anderen Menschen ein Stück von dem geben, was wir bekommen haben.

Wir engagierten uns unter anderem in der Gesellschaft für Christlich-Jüdische Zusammenarbeit[154]. Dort lernten wir Carola Stern[155] kennen, sie war Journalistin beim Westdeutschen Rundfunk in Köln, und eine eindrucksvolle Persönlichkeit. Sie hatte die deutsche Sektion von Amnesty International mitbegründet.[156]

---

154 Die Gesellschaft für Christlich-Jüdische Zusammenarbeit setzt sich seit den 1950er-Jahren für Dialog und Aussöhnung zwischen Christen und Juden ein. Sie war eine der ersten Organisationen, die sich im Nachkriegsdeutschland für die Bekämpfung des Antisemitismus und eine Aufarbeitung des Holocaust einsetzte.

155 Carola Stern (1925–2006) war eine deutsche Journalistin und Publizistin, die 1961 u. a. mit Gerd Ruge die deutsche Sektion von Amnesty International gründete und sich für die Ostpolitik Willy Brandts engagierte.

156 Eine Organisation aus Privatleuten, die sich um das Schicksal politischer Gefangener kümmerte, war damals etwas völlig Neues, gewissermaßen das Urbild der heutigen NGOs. In Zeiten vor dem Internet kam Auslandskorrespondenten von Zeitungen und Rundfunk, die vor Ort lebten, eine Schlüsselrolle zu. Auf ihre Initiative, ihr Verantwortungsgefühl jenseits ihrer eigentlichen Arbeit, ging Amnesty zurück. Aus Diktaturen gab es kaum andere Nachrichtenquellen. Amnesty, so wie Sonja und Heinz es aufbauten und mit Leben füllten, muss man im damaligen Kontext anders bewerten. Heute können Informationen blitzschnell an Millionen Interessierte und Unterstützer verbreitet werden. Damals war alles Handarbeit. Privatpersonen schrieben Briefe an Gefängnisdirektoren, baten um Freilassung politischer Gefangener, faire Prozesse oder Hafterleichterungen. Sofern möglich, schrieben sie an die Gefangenen selbst, gaben ihnen das Signal: ›Jemand weiß von dir, kann dir vielleicht helfen.‹ Die betreffenden Regierungen reagierten in vielen Fällen, wenn sie z. B. allzu schlechte Presse für sich fürchteten.

Davon erzählte sie auf einer Veranstaltung und warb um Beteiligung. Bei der anschließenden Diskussion fasste ich mir ein Herz, meldete mich und fragte: ›Was kann jemand wie ich, Deutsch, Englisch und Russisch sprechend, zu einer solchen Organisation beitragen?‹ Die Antwort, die ich bekam, war geradezu überschwänglich: da sei ich genau die Richtige! Es gehe darum, fremdsprachige Briefe zu verfassen, Fälle zu recherchieren, Kontakte herzustellen … In dem anschließenden Gespräch mit Carola Stern vereinbarten wir die Gründung einer Bonner Amnesty-Gruppe, die fortan den Namen ›Gruppe 1059‹ trug. Etwa zwölf Leute fanden sich am Anfang zusammen, viele wurden enge Freunde von uns, und wir bearbeiteten Fälle in zahlreichen Ländern. Weil ich als eine von sehr wenigen Russisch sprach, ergab sich für meine Arbeit fast von allein der Schwerpunkt Sowjetunion.

Zwar hatte nach Stalins Tod die Phase der totalen Willkür aufgehört, wo Leute ohne irgendeinen Grund nachts abgeholt und in Lager gesperrt oder erschossen wurden. Aber auch unter Chruschtschow und Breschnjew ging der Staat erbarmungslos gegen jeden vor, der auch nur die leiseste und harmloseste Kritik am System übte. Die Bevölkerung wurde durch den KGB systematisch überwacht. Briefe wurden gelesen und Telefone abgehört. Wer durch negative Äußerungen gegenüber Partei und Staat auffiel oder sogenannte ›abweichende Meinungen‹ vertrat, musste damit rechnen, denunziert, verhaftet und zu drakonischen Strafen verurteilt zu werden. Im sowjetischen Strafgesetzbuch gab es zwei berüchtigte Paragrafen, die regelmäßig in solchen Fällen Anwendung fanden. Einmal gab es den Artikel 70, er lautete auf ›antisowjetische Agitation und Propaganda‹. Außerdem Artikel 190,1 ›Verleumdung der Sowjetunion‹. Darunter fiel die Verbreitung von Flugblättern und Petitionen, aber auch anderen selbst verfassten Texten (z. B. Gedichten und dergleichen), die nicht von der staatlichen Zensur genehmigt worden waren. Für dieses ›Vergehen‹ gab es den Sammelbegriff ›Herstellung von Samisdat-Literatur‹. Nach Artikel 70 standen darauf bis zu sieben Jahren Haft[L]. Artikel 190 war viel allgemeiner und unpräziser. Er sah weniger harte Strafen vor, war aber viel breiter anwendbar.[LI] Samisdat bedeutet Selbstverlag. Ganze Bücher, die in der Sowjetunion nicht erscheinen durften, wurden per Schreibmaschine abgetippt. Das bekannteste ist ›Der Archipel Gulag‹ von Solschenizyn. Mit Kohlepapier wurden bis zu acht Durchschläge pro Seite angefertigt. Jeder Untergrund-Leser, an den Samisdat-Literatur weitergegeben wurde, musste sich verpflichten, selbst vier bis vierzehn Kopien des Textes herzustellen und weiterzugeben, ähnlich wie bei einem Kettenbrief.

Einer der ersten Fälle, die Amnesty in den 60ern betreute, war der des Schriftstellers Joseph Brodsky – allerdings konnten wir für ihn nichts ausrichten. Nach seiner Verhaftung wurde er zu mehreren Jahren Arbeitslager verurteilt und schließlich 1972 ausgebürgert[LII]. Das geschah oft: Leute, die nicht mehr erwünscht waren, setzte man in ein Flugzeug nach Wien, drückte ihnen 50 Dollar in die Hand – all ihre Habseligkeiten im Land wurden konfisziert – und setzte sie buchstäblich vor die Tür, jedwede Rückkehr war ausgeschlossen[157].

Ein anderer Fall, für den wir mehr tun konnten, war Pjotr Grigorjewitsch Grigorjenko. Er war ein hochdekorierter Generalmajor der Sowjetarmee und Weltkriegsteilnehmer. Er begann Anfang der 60er-Jahre, Kritik zu üben an erneuten Anzeichen des Personenkults (den Chruschtschow ja scharf kritisiert hatte) in der Sowjetarmee. Grigorjenko berief sich dabei auf Lenin. Deshalb und seiner militärischen Ehren wegen wagte man nicht, ihn gleich einzusperren. Er wurde zwangsversetzt und kaltgestellt, setzte jedoch unbeirrt seine Kritik fort. 1967 brachte er ein selbst verfasstes Samisdat-Manuskript in Umlauf, über die stalinistischen ›Säuberungen‹ und ihre Auswirkungen auf die Sowjetarmee. Er schlussfolgerte, dass die russischen Verluste im Zweiten Weltkrieg vor allem deshalb so hoch gewesen waren, weil Stalin kurz zuvor fast alle fähigen und gut ausgebildeten Offiziere hatte umbringen lassen. Daraufhin wurde Grigorjenko für geisteskrank erklärt und in eine psychiatrische Anstalt eingewiesen. Aber auch von dort aus gelang es ihm, sich zu Wort zu melden: Er schrieb Petitionen gegen den sowjetischen Einmarsch in der Tschechoslowakei, für die Rechte der Krimtataren, und so weiter. Schließlich verbannte man ihn nach Fernost und machte ihm 1970 in Abwesenheit den Prozess. Er verlor alle militärischen Ränge und landete schließlich in der Gefängnispsychiatrie von Tschernigowsk (früher Insterburg in Ostpreußen). In diesen Jahren kümmerten wir uns um ihn, schrieben unzählige Briefe. 1974 wurde er entlassen und 1975 in den Westen abgeschoben. Mit ihm ausreisen durfte seine Frau, die in all den Jahren seiner Verfolgung treu zu ihm gehalten

157 Die Bestimmung im heutigen europäischen Asylrecht, dass ein politisch Verfolgter – von dem Moment an, in dem er den Boden eines europäischen Staates betritt – Anspruch auf Prüfung seines Asylgesuchs hat, geht auf die Ausbürgerungspraxis der Sowjetunion und anderer Ostblockstaaten zurück.

hatte. Sie gingen nach New York. Er wurde von anderen Emigranten unterstützt, darunter waren natürlich auch stramm antikommunistische Kreise. Er lebte davon, Vorträge zu halten, und reiste viel. In diesem Zusammenhang kam er auch nach Deutschland, begleitet von seiner Frau. Wir beherbergten die beiden zwei Wochen lang bei uns zu Hause. Pjotr Grigorjewitsch war ein eindrucksvoller Mann, menschlich absolut integer, nett und charmant. Aber er stand total unter dem Pantoffel seiner Frau. Nichts passte ihr, sie machte ihm in unserer Gegenwart ständig Szenen. Es machte ihr nichts aus, dass ich verstand, was sie sagte. Sie könne es nicht mehr aushalten und wolle augenblicklich nach New York zurück. Meine Freundin Cornelia Gerstenmaier, die Grigorjenko in Deutschland betreute, fand eine diplomatische Lösung. Nach einer dieser Szenen besorgte sie ein Flugticket nach New York und sagte ganz freundlich, sie habe ihren Wunsch erfüllen können, sie könne am nächsten Tag nach Hause fliegen. Da konnte sie dann nicht Nein sagen!« Sonja lacht.

»Cornelia Gerstenmaier war mir eine wichtige Mitstreiterin in diesen Jahren. In den 1960er-Jahren hatte sie mit einem Auslandsstipendium an der Lomonossow-Universität in Moskau studiert, Geschichte und Slawistik. Dort war sie mit Oppositionellen in Kontakt gekommen und mit einem Samisdat-Manuskript in eine Polizeikontrolle geraten. Sie wurde verhaftet, ausgewiesen und bekam Einreiseverbot auf unbegrenzte Zeit. Zurück in Deutschland engagierte sie sich für russische Menschenrechtler und gründete eine eigene Organisation, die ›Gesellschaft Kontinent e. V.‹. Ich lernte Cornelia in den frühen 70er-Jahren auf einem Kongress kennen. Sie fiel mir auf, weil sie so gut Russisch sprach. Ich ging hin, sagte ›sdrastwujtje‹ (russisch: Guten Tag). Sie war sehr erstaunt über mein Russisch – und so kamen wir ins Gespräch. Ihre Mutter stammte aus Russland und hatte eine ganz ähnliche Emigrationsgeschichte wie ich.[158] Wir verstanden uns gut und pflegten in den darauffolgenden Jahren eine informelle Zusammenarbeit.

Es war schwierig, etwas für politische Gefangene in der Sowjetunion zu erreichen. Man schrieb Briefe an Pontius und Pilatus, aber nie wurden sie beantwortet. Man konnte bloß raten, was hinter den

158 Ihr Vater war Eugen Gerstenmaier, CDU-Abgeordneter und langjähriger Bundestagspräsident. Nach ihm ist der ›Lange Eugen‹ benannt, das Hochhaus im ehemaligen Bonner Regierungsviertel, in dem sich die Büros der Abgeordneten befanden.

Kulissen geschah. Tatsächlich war es so, dass es die Behörden nicht ganz kalt ließ, wenn sich draußen zu viel Öffentlichkeit für einen bestimmten Fall interessierte. Aber man brauchte Leute, die Hinweise geben konnten, was sinnvolle nächste Schritte wären, an wen man als Nächstes schreiben musste, um eine Sache in Bewegung zu halten.

Ein wichtiger Kontakt war Kronid Ljubarskij, ein Astrophysiker, der seit den 60er-Jahren mehrere Samisdat-Publikationen zu Menschenrechtsverletzungen in der Sowjetunion geschrieben und verbreitet hatte. Nach mehreren Jahren Arbeitslager war er ausgewiesen worden, lebte in München und arbeitete – wie viele andere russische Emigranten – für Radio Free Europe, einen von den USA finanzierten Radiosender mit antikommunistischer Ausrichtung. Ljubarskij hatte immer viele auch für die Amnesty-Arbeit wichtige Informationen. Er arbeitete unermüdlich und gab eine bemerkenswerte Zeitschrift ›Strana i Mir‹ (Land und Welt) heraus.«[159]

Spurensuche, Berlin, 2017

Ich unterbreche meine Erinnerung an Sonjas Erzählung für einen Moment, denke zurück an die Zeit vor dem Fall des Eisernen Vorhangs. Auch von westlicher Seite war Menschenrechtsarbeit mit Bezug auf die Sowjetunion nicht immer einfach. Es bestand das Risiko, von antikommunistischen Kreisen vereinnahmt zu werden, denen es mehr um Weltanschauung als um Menschen ging. Umgekehrt witterte das linke politische Spektrum allzu rasch den Antikommunismus – es gab viel Gelegenheit, sich zwischen die Stühle zu setzen.

Aber weil es ihr eben um Menschen ging, scherte sich Sonja nicht viel um die ideologischen Schützengräben. Ihr Engagement war glaubhaft aufgrund ihrer eigenen Biografie, da konnte sie ganz gut als Grenzgängerin agieren.

Ein etwas differenzierteres Bild von russischen Dissidenten bekam die deutsche Öffentlichkeit, als der Schriftsteller Lew Kopelew

---

159 Kronid Ljubarskij (1934–1996) kam nach mehreren Jahren Haft 1977 in die Bundesrepublik Deutschland. 1991 ging er zurück nach Russland und verfasste dort u. a. Teile der neuen russischen Verfassung. Er leitete in den 1990er-Jahren eine bedeutende russische Menschenrechtsgruppe. Quelle: https://en.wikipedia.org/wiki/Kronid_Lyubarsky

Anfang der 80er-Jahre ausgebürgert wurde. Er sprach mehrere Sprachen fließend und hatte viele prominente Freunde und Bekannte in Westeuropa. Wahrscheinlich aufgrund dieser Weltläufigkeit verfiel er nicht in antikommunistische Denkschemata. Dass es den Hardlinern nicht gelang, ihn vor ihren Karren zu spannen, hatte auch mit der Protektion – und ganz praktischen Hilfe – durch Heinrich Böll zu tun, der den Kopelews in Köln eine Wohnung besorgte und ihnen half, Fuß zu fassen. Zwischen Sonja und Lew Kopelew, vor allem aber dessen Frau Raissa Orlowa-Kopelewa entstand eine innige Freundschaft. Sie tauschten sich aus über ihre gemeinsamen und unterschiedlichen Erfahrungen. Die Kopelews hatten die Stalinzeit durchlebt, die Sonja nur aus der Außenansicht kannte. Lew hatte in seinen Büchern beschrieben, wie die Menschen darauf reagiert hatten – sich selbst eingeschlossen. Kopelews konnten berichten, wie sich manche Dinge eben doch veränderten – unendlich langsam zwar, aber mit einem gewissen Anlass zur Hoffnung. Raissa – Sonja nannte sie Raja – schrieb zu Beginn der Perestroika ein Buch[LIII] über neue sowjetische Schriftsteller, die sich allmählich wagten, etwas mehr zu sagen. Gemeinsam mit Sonja und Heinz war ich in Köln bei der Buchvorstellung. Raissas Buch erschien 1987. Etwa zeitgleich wurde in der Sowjetunion ein bereits in den 1950er-Jahren geschriebener Roman verlegt, der die Stalinzeit thematisierte: ›Die Kinder vom Arbat‹, von Anatoli Rybakow[160]. Raissa nahm dies als eindeutiges Zeichen, dass sich etwas fundamental veränderte, endlich Tabus gebrochen wurden. Die Perestroika wurde greifbar. Raissa erlebte die weitere Entwicklung nicht mehr, sie starb im Mai 1989 an Krebs, worüber Sonja sehr trauerte.

Nach acht, Bonn 1987

»Viele Fälle, um die ich mich bei Amnesty kümmerte, waren die jüdischer Dissidenten. Zwar hatte der ärgste Antisemitismus in der Sowjetunion mit Stalins Tod aufgehört, aber auch unter Chruschtschow und Breschnjew gab es immer wieder Kampagnen, in denen Juden unter Generalverdacht gestellt wurden, sie würden dies und das anstreben, was den Interessen der sowjetischen Gesellschaft zuwiderlaufe.

160 Russischer Schriftsteller (1911–1998).

Unter dem Eindruck dieser öffentlichen Stigmatisierung war die typische Reaktion vieler Juden, sich möglichst konform zu verhalten, keine Verdachtsmomente zu liefern – und, wenn man konnte, nicht mehr als Jude zu gelten. Denn man muss wissen: Juden waren registriert als Sowjetbürger jüdischer ›Nationalität‹, so stand es in den Papieren. Durch Heirat oder bei einem Umzug in eine andere Sowjetrepublik boten sich manchmal Möglichkeiten, die ›Nationalität‹ zu wechseln, dann verschwand das Wort Jude aus dem Pass.

Andererseits stand die israelische Staatsbürgerschaft allen Juden auf der Welt offen. Sowjetische Juden konnten, sofern man sie hinausließ, in Israel eine Heimat finden. So eine Perspektive hatten alle anderen Sowjetbürger nicht. Für diejenigen, die gerne hinauswollten, konnte es also ganz attraktiv sein, als Jude zu gelten. Seit etwa 1970 stieg die Zahl der Ausreiseanträge nach Israel, und pro Jahr konnten mehrere Tausend Juden die Sowjetunion verlassen. Allerdings fürchteten die Behörden die massenhafte Abwanderung von gut qualifizierten Fachkräften und traten wieder auf die Bremse. Alle paar Jahre ließ man etwas Druck aus dem Kessel und machte dann wieder zu. 1975 kam es zu einer größeren Ausreisewelle, dann wurde es ein paar Jahre erschwert. Das Gleiche geschah noch einmal vor der Olympiade 1980.

Diejenigen, deren Anträge nicht bewilligt wurden, waren die sogenannten ›Refuseniks‹. Diese abgelehnten Ausreisewilligen setzten alles Mögliche in Bewegung, verfassten Petitionen und organisierten sich, was sie rasch in Konflikt mit den sowjetischen Gesetzen brachte – Verbreitung von Samisdat-Literatur, Diffamierung der Sowjetunion, das ganze Programm. Außerdem muss man wissen, dass alle, die einen Ausreiseantrag stellten, sofort unter erheblichen Druck gesetzt wurden: oft verloren sie ihre Arbeitsstelle, wurden aus Vereinen und Ähnlichem ausgeschlossen, auch Nachbarn und Bekannte wandten sich manchmal von ihnen ab. Der bekannteste Fall war der von Ida Nudel, einer jüdischen Aktivistin, die siebzehn Jahre lang um ihre Ausreise kämpfte. Es war eine kleine Sensation, als sie endlich 1987, unter Gorbatschow, herausgelassen wurde.

Wenn ich Fälle aus dem Milieu der ›Refuseniks‹ betreute, hatte ich die Schwierigkeit, dass mir Informationen fehlten, wer sich gerade in welcher Lage befand, wie man am effektivsten helfen konnte, wer zu den Netzwerken der Aktivisten gehörte, und so weiter.

Eines Tages kam mir der Zufall zu Hilfe. Wir waren zu Besuch in Israel, bei Heinz' Bruder Rafael in Hasorea. Ich las die ›Jerusalem Post‹. Dort gab es eine Rubrik, in der Namen israelischer Neu-Einwanderer veröffentlicht wurden, und dort fand ich jemanden aus der Sowjetunion, dessen Fall ich betreut hatte und der, ohne dass ich davon Kenntnis bekommen hatte, nach Israel hatte ausreisen dürfen und nun in Tel-Aviv lebte. Ich war wie elektrisiert und hätte diese Person gern ein paar Dinge gefragt. Rafael meinte nur: ›Na, dann lass uns hinfahren.‹ Über die Auskunft fanden wir die Adresse heraus und Rafael brachte uns im Auto hin. Kurze Zeit später saß ich zum ersten Mal leibhaftig jemandem gegenüber, dessen Fall ich jahrelang betreut hatte, und der freigekommen war. Das an sich war schon ein tolles Gefühl. Aber ich konnte nun auch endlich meine Fragen an jemanden stellen, der die Situation der Refuseniks aus eigener Anschauung kannte. Ich schilderte das Problem, dass man immer das Gefühl hatte, im Nebel herumzustochern, weil auf die Briefe nie eine Antwort kam. Zu meiner Verblüffung sagte die Frau meines Gegenübers: ›Weißt du, Sonja, warum rufst du nicht einfach an?‹ Anrufen? Damals musste man Telefongespräche in die Sowjetunion über das Fernamt anmelden, und es dauerte Stunden, manchmal Tage, bis eine Verbindung zustande kam. Außerdem wurden die Gespräche vom KGB abgehört, und sobald man etwas politisch Verdächtiges sagte, wurde die Leitung unterbrochen. Aber hier wurde mir erklärt, wie der Trick funktionierte. Wenn das Gespräch zustande kam, brauchte der KGB ein oder zwei Minuten, um reagieren zu können. Also musste man als Erstes wie aus der Pistole geschossen die Frage stellen, auf die man eine Antwort brauchte. Zum Beispiel: Verurteilung nach Artikel 70 oder 190? Gefängnis oder Arbeitslager? Wie viele Jahre? Der Gesprächspartner hatte, wenn man schnell genug war, noch die Chance, eine knappe Antwort zu geben, bevor das Gespräch unterbrochen wurde. Oder, wenn man Leute besser kannte, verabredete man Codes: Eins oder Zwei?

Als ich zum ersten Mal ein solches Telefonat führte, war ich so aufgeregt, dass ich vorher zwei Beruhigungstabletten nehmen musste.« Sonja lacht.

»Obendrein bekam ich von meinem israelischen Kontakt eine Liste mit den Namen vieler weiterer Refuseniks, die auf die Ausreise warteten, und ihre ›Falldaten‹: welcher Vergehen sie angeklagt wurden, in welchen Gefängnissen oder Arbeitslagern sie einsaßen, und so weiter. Außerdem besaß ich Adressen und Telefonnummern vieler Leute, die zum Netzwerk der Refuseniks gehörten und die man im Zweifelsfall um Auskunft bitten konnte. Als ich wieder nach Hause kam und bei Amnesty davon berichtete, wurde ich regelrecht gefeiert. Meine Liste bekam den legendären Namen ›Liste aller Listen‹. Mit diesen Informationen konnten wir tatsächlich viele weitere Menschen unterstützen.

Allerdings gab es auch problematische Erfahrungen mit denen, die ich hatte herausholen können. Vielen Dissidenten hatte man arg zugesetzt, bevor sie endlich die Sowjetunion hatten verlassen dürfen, sei es in der Haft oder durch vielerlei Schikanen im Alltag. Sobald sie herausgekommen waren, entwickelten die meisten einen starken antikommunistischen Reflex. Und nicht nur das, sie verabscheuten alles, was sie irgendwie politisch links verorteten. Auch in ihren Exilländern konnte ihnen die Politik gar nicht rechts genug sein. Grigorjenko, von dem ich schon erzählt habe, war eigentlich ein kluger und besonnener Mann. Aber im Wahlkampf 1980 äußerte er auf einmal öffentlich seine Sympathie für Franz-Josef Strauß. Einer der Dissidenten, denen ich half nach Israel auszureisen, war Natan Scharanski. Er hatte ursprünglich ganz vernünftige Ansichten, aber er entwickelte sich dort zu einem scharfen Rechtsaußen-Politiker[161].

Natürlich respektiere ich, wenn jemand mit bestimmten Erfahrungen daraus andere politische Schlussfolgerungen zieht, als ich es tue. Aber was mich doch immer wieder aufs Neue erschüttert hat, war die Unbarmherzigkeit, mit der diese Leute, die selbst verfolgt gewesen waren, nun bereit waren, andere zu verfolgen und ihrerseits Ungerechtigkeiten zu begehen, zum Beispiel gegenüber den Palästinensern.«

161 Natan Scharanski (geb. 1948) war einer der Gründer der ›Refusenik‹-Bewegung in der Sowjetunion. Nach über zehn Jahren Haft in sowjetischen Gefängnissen bzw. Straflagern wurde er 1986 an der Glienicker Brücke gegen einen sowjetischen Spion ausgetauscht. Er ging anschließend nach Israel, wo er zunächst eine Einwanderer-Partei gründete, später für die Likud-Partei Ministerämter bekleidete. Er trat aus Protest gegen den geplanten Truppenabzug aus dem Gazastreifen zurück und gehört zu einem der schärfsten Kritiker der Annäherung zwischen Israelis und Palästinensern. Seit 2009 ist er Leiter der ›Jewish Agency‹, der staatlichen israelischen Einwanderungsorganisation. Quelle: https://de.wikipedia.org/wiki/Natan_Scharanski

Spurensuche, Berlin, 2017

Ich erinnere mich, dass der letzte Fall, den Sonja bearbeitete, ihr sehr zu schaffen machte. Es war ein Lastwagenfahrer aus Leningrad, der wegen Verbreitung von Samisdat-Literatur zu Lagerhaft verurteilt worden war. Sensationell war, dass er 1989 im Zuge der Perestroika begnadigt und freigelassen wurde. Sonja korrespondierte mit ihm. Sie freute sich und erwartete vielleicht auch eine gewisse Dankbarkeit – über seine Reaktion war sie sehr irritiert. Aus seinen Briefen wurde erkennbar, dass er Antisemit war und Sympathien für den aufkommenden ultrarechten Nationalismus hegte. Bald darauf wurde Sonja krank und die Korrespondenz brach ab. Dieser ehemalige Gefangene betreibt heute aus St. Petersburg einen Internet-Blog, in dem er noch die gleichen Ansichten wie damals vertritt.

Ein knappes Jahr vor ihrer Krankheit, zum Jahreswechsel 1988/89, gab Sonja die Leitung der Amnesty-Gruppe ab. Sie sei eigentlich schon lange zu alt dafür, nun aber wirklich! So sagte sie. Dieser Schritt fiel – zufällig – zusammen mit größeren Veränderungen der Organisation. Man betreute keine Einzelfälle mehr, sondern es wurden Kampagnen zu bestimmten Themen und Ländern ins Leben gerufen. Der persönliche, improvisierte Charakter der Hilfe für politisch Verfolgte verschwand. Amnesty professionalisierte sich, wurde zu einer typischen NGO, der jedermann gegen Zahlung eines Mitgliedsbeitrags beitreten konnte. Zuvor gab es eine gewisse Exklusivität: Interessenten mussten ein persönliches Aufnahmegespräch über ihre Motivation durchlaufen, bevor sie reguläre Mitglieder werden durften. Mitglieder von Sonjas früherer Gruppe erinnern sich an reizende Gesprächsnachmittage mit Sonja und Heinz, nach denen sie in den – ziemlich familiären – Kreis aufgenommen wurden. Sonjas Abschied markierte, ohne dass sie es beabsichtigt hatte, auch hier eine Art Zeitenwende.

Die falsche Sonja

Nach acht, Bonn 1987

»Ich werde sie auch im Alter nicht los, diese Verflechtung meiner Biografie mit der Weltgeschichte. Eine Episode, die ich dir dazu erzählen muss, ist folgende: In unserem Haus in der Steinstraße in Godesberg lebte in der Nachbarwohnung eine Dame – sie war ein ganzes Stück jünger als ich –, mit der ich mich über die Jahre hinweg anfreundete. Wir waren dort eine enge und nette Hausgemeinschaft. Man half sich gegenseitig aus. Wenn man verreiste, goss man gegenseitig die Blumen, und so lernte man mit der Zeit alle kennen. Zufällig hieß unsere Nachbarin auch Sonja mit Vornamen – Sonja Lüneburg. Sie war die persönliche Sekretärin des damaligen Wirtschaftsministers Bangemann von der FDP. Wie gesagt: wir hielten oft zusammen ein Schwätzchen, besuchten uns gegenseitig – ein freundschaftliches Verhältnis.

Als meine Tochter Stephanie in die USA übersiedelte, war Sonja Lüneburg die Erste, die sie dort anrief und fragte, ob alles gut geklappt habe. Wir sahen sie wirklich als gute Freundin an. Von ihren Dienstreisen nach Brüssel brachte sie uns immer etwas mit, belgische Pralinen und solche Dinge. Eines Tages, im Sommer 1985, war Sonja Lüneburg spurlos verschwunden. Uns hatte sie gesagt, sie wolle mit Bekannten über ein langes Wochenende an die Nordsee fahren, nach Holland oder Belgien. Aber sie erschien nach dem Urlaub nicht wieder zum Dienst. Niemand wusste, was passiert war. Wir machten uns Sorgen, sie könnte einen Unfall gehabt haben oder Opfer eines Verbrechens geworden sein. Eine Vermisstenanzeige wurde aufgegeben, und die Polizei kam, um in der Wohnung nach möglichen Hinweisen zu suchen. Ebenfalls in unserem Haus wohnte ein pensionierter Polizist. Er hatte einen Schlüssel zur Wohnung, denn auch er goss dort gelegentlich die Blumen. Er ließ nun seine Kollegen herein. In der Wohnung sah es allerdings nicht so aus, als ob Sonja Lüneburg in Urlaub gefahren sei. Es war ziemlich unordentlich. Dinge waren offenbar hastig aus den Schränken geräumt worden, wie bei einem überstürzten Aufbruch. Außerdem fand man Teile einer Ausrüstung, mit der man Dokumente abfotografieren konnte. Parallel fand man heraus, dass die Geschichte mit der Reise an die Nordsee nicht stimmte. Die Bekannten, mit denen sie angeblich hatte fahren wollen, wussten von nichts, hatten sie länger nicht gesehen. Und so kam Schritt für Schritt heraus, dass Sonja Lüneburg eine DDR-Spionin gewesen war. Als ihr Chef, Wirtschaftsminister Bangemann, davon erfuhr, sagte er: ›Das glaube ich einfach nicht!‹ Und so ging es mir auch. Ich hatte sie jahrelang als meine Freundin betrachtet – nicht die allerengste vielleicht, aber wir mochten uns gern. Ich war zutiefst erschüttert. Ich hatte nicht die leiseste Ahnung, hatte in all den Jahren nichts bemerkt. Und ich war ihr gegenüber absolut offen gewesen. Sie wusste von meinem Engagement bei Amnesty. Ich hatte ihr von meinen Fällen in der Sowjetunion erzählt. Russische Dissidenten hatten zum Teil bei uns gewohnt. Mit Kopelews war ich eng befreundet. Ich machte mir Vorwürfe. Was, wenn sie bestimmte Dinge an den KGB weitergegeben hatte? Hatte ich dadurch vielleicht Menschen gefährdet? Immer wenn wir verreist waren, hatte sie unseren Wohnungsschlüssel und hätte alles durchsuchen können.«

Heinz schaltet sich beruhigend ein:

»Natürlich ist so etwas eine sehr unangenehme Erfahrung. Wir wissen nicht, ob sie bei uns spioniert hat, deshalb können wir sie nicht verurteilen. Sie war auf Bangemann und die Bundespolitik angesetzt. Da hat sie sicher wichtigeres Material zu fotografieren gehabt als die russischen Amnesty-Fälle. Demgegenüber dürften wir nicht so von Interesse gewesen sein. Ich denke, wir müssen uns keine Sorgen machen.«

Sonja schaut ein wenig bedrückt:

»Ein ungutes Gefühl bleibt doch in mir zurück.« Aber dann lacht sie: »Na ja – auf jeden Fall ist es eine ziemliche Räuberpistole!«

Spurensuche, Berlin, 2017

Während der Arbeit an diesem Buch recherchiere ich auch den Fall Sonja Lüneburg noch einmal nach und stoße dabei auf folgende Fortsetzung der Geschichte:

Nach der deutschen Wiedervereinigung wurde 1991 in einer Plattenbauwohnung in Bernau bei Berlin eine ältere Dame namens Johanna Olbrich verhaftet und als die Spionin identifiziert, die seinerzeit unter dem Namen Sonja Lüneburg für den Wirtschaftsminister gearbeitet hatte. Bei Sonja Lüneburg handelte es sich um eine von der Stasi geraubte Identität. Die echte Person dieses Namens war aus der DDR nach West-Berlin geflohen, 1965 aber in den Osten zurückgekehrt. Bei der Einreise nahm man ihr die westdeutschen Papiere ab und wies sie – wegen angeblicher psychischer Störungen – in die Psychiatrie ein. Man setzte sie unter Medikamente und hielt sie dort viele Jahre lang fest.[LIV] Mit den Papieren und der gestohlenen Identität der echten Sonja Lüneburg wurde kurze Zeit später die frisch angeworbene Spionin Johanna Olbrich in die Bundesrepublik eingeschleust. Sie bewarb sich Ende der 1960er-Jahre als Bürokraft bei der FDP in Bonn und arbeitete sich dort über die Jahre hinweg nach oben. Ihr erster Chef war der Bundestagsabgeordnete William Borm[162], der seinerseits DDR-Spion war, wovon beide aber gegenseitig nichts wussten. Anschließend arbeitete sie für den FDP-Generalsekretär Karl-Hermann Flach und schließlich für Bangemann, dem sie erst nach Brüssel zum EU-Parlament und dann ins Wirtschaftsministerium folgte.

Vor ihrem plötzlichen Verschwinden aus Bonn war Folgendes geschehen: Sie hatte bei der Rückkehr von einem Treffen in der DDR – über Rom, damit es nicht so auffiel – dort in einem Taxi ihre Handtasche vergessen, worin sich zwei Pässe befanden. Daraufhin entschied der DDR-Auslandsgeheimdienst, das Risiko einer Enttarnung sei zu groß, sie müsse abgezogen werden. Johanna Olbrich kehrte nur kurz nach Bonn zurück, um in der Wohnung ein paar Spuren zu beseitigen und wurde dann von Verbindungsleuten des DDR-Auslandsgeheimdienstes per Boot über die Ostsee in die DDR eingeschleust – der Bundesgrenzschutz durfte nichts merken.

Nach ihrer Entdeckung in den 1990er-Jahren wurde sie zu einer Bewährungsstrafe verurteilt. Ihr ehemaliger Chef Bangemann sah die Sache locker und nahm den Kontakt wieder auf, schickte ihr Blumen zum Geburtstag. Bis zu ihrem Tod 2004 war Johanna Olbrich in der örtlichen PDS in Bernau aktiv. Zu ihrer Beerdigung hielt Markus Wolf, der ehemalige Chef der DDR-Auslandsspionage, eine sehr persönliche Rede, und auch andere ehemalige DDR-Größen waren zur Trauerfeier der mit mehreren Orden geehrten alten ›Kundschafterin‹ (so nannten sich DDR-Spione untereinander) gekommen.

---

162 William Borm (1895–1987) war von 1965–72 Mitglied des Deutschen Bundestages und von 1960–82 Mitglied des FDP-Bundesvorstandes. Seit Ende der 1950er-Jahre spionierte er bis zu seinem Lebensende für die DDR-Staatssicherheit. Zu seinen Lebzeiten blieb die Agententätigkeit unentdeckt. Quelle: https://de.wikipedia.org/wiki/William_Borm

Bei meinen Recherchen stoße ich auf eine Website[LV] früherer Stasi-Leute. Sie steht unter dem Motto »Ehemalige Aufklärer klären auf«. Dort kann man unter anderem lesen:

»Die Kundschafter der Hauptverwaltung A des MfS und des Bereiches Aufklärung der NVA gehören zu jener Gruppe von Opfern, die vor und nach der Einverleibung der DDR durch die Bundesrepublik der Rache und Vergeltung der Bonner Politik in besonderem Maße ausgesetzt waren und sind.«

Was es alles gibt, denke ich. Mir geht ein Satz aus Bobbys letztem Brief durch den Kopf:

»Unsere Wahrheit ist nicht eine Wahrheit für alle.«

Auf der Website findet sich ein Verweis auf persönliche Erinnerungen der ›falschen Sonja‹. Vielleicht hat sie ihr Leben in Bonn, Freunde, vielleicht Sonja erwähnt? Ich besorge mir das Buch mit dem vielsagenden Titel »Spitzenquellen der DDR-Aufklärung erinnern sich«. Olbrichs Bericht liest sich betont harmlos, wie ein Schulaufsatz. Ihre Spionagetätigkeit sei »eine spannende Zeit« gewesen. Die DDR-Auslandsspionage habe sich um sie wie um ein Familienmitglied gesorgt. Kein Moment des Zweifelns über das jahrzehntelange Doppelleben. Doch – an einer Stelle finde ich einen Hauch von Selbstkritik. Da schreibt sie:

> Meine Mutter und die übrigen Verwandten nahmen an, ich sei im Auswärtigen Dienst in Nordkorea […]. Sie wussten nicht, dass die meisten Briefe, die sie von mir bekamen, nicht von mir, sondern von einem meiner Betreuer geschrieben wurden, der wunderbar meinen Briefstil adaptiert hatte. Weitaus stärker bedrückte mich die Tatsache, dass ich auch Informationen bei Freunden im Einsatzgebiet ›abschöpfte‹. Nicht mit Vorsatz, aber wenn ich von ihnen Relevantes hörte, habe ich es verwandt. Auch wenn ich überzeugt davon war, dass meine illegale Arbeit ihnen und ihrem Land genauso diente wie mir und dem meinen, hatte ich ein ungutes Gefühl. Es handelte sich mitunter eben doch um einen Vertrauensbruch: Sie hätten vielleicht geschwiegen, wenn sie gewusst hätten, wohin die Nachricht floss.[LVI]

Könnte es sein, dass damit auch Sonja gemeint war? Dass Johanna Olbrich alias Sonja Lüneburg über Sonja Berg Berichte geschrieben hat? Ich finde dafür keinen konkreten Hinweis, halte es aber für durchaus möglich.

Perestroika

Spurensuche, Berlin, 2017

Als ich Sonja 1987 kennenlernte, hatte sie sich über das Schicksal ihres verschwundenen Bruders Bobby alias Jewgenij schon seit Langem eine Version der Ereignisse zurechtgelegt. Sie lebte damit und rechnete nicht mehr mit neuen Erkenntnissen.

Wenn es nicht Gorbatschow und die Perestroika gegeben hätte.

Als ich begann, Sonjas Geschichte aufzuschreiben, erinnerte ich mich nur dunkel, dass es eine Fortsetzung zu Bobby gegeben hatte. Es muss etwa 1991 gewesen sein. Heinz war gestorben und Sonja bereits längere Zeit krank, ihr Erinnerungs- und Konzentrationsvermögen war beeinträchtigt. Ich besuchte sie, und Sonja erzählte mir – innerlich offenbar ziemlich aufgewühlt – ein paar unzusammenhängende Dinge über Russland, ihren Bruder, ihren Neffen, auf die ich mir keinen Reim machen konnte. Irgendetwas hatte sich endlich herausfinden lassen über Bobbys Schicksal …

Erst als ich die Telefoninterviews mit Stephanie führte, erfuhr ich die Einzelheiten dessen, was damals geschehen war.

Die Fortsetzung der Geschichte nahm ihren Ausgang bei Serjoscha Hackel, Sonjas Neffen in England, Fredys Sohn. Er lebte als russisch-orthodoxer Priester in Sussex und betreute dort eine kleine Gemeinde, der vorwiegend russische Emigranten bzw. deren Nachfahren angehörten. Als 1987 in der Sowjetunion die Perestroika begann, lockerte Gorbatschow auch das Korsett für die Religionsgemeinschaften. Die russisch-orthodoxe Kirche begann, wieder Kontakte ins Ausland aufzubauen. Und so lud man unter anderem den höchsten orthodoxen Geistlichen in England, den Metropoliten von London, zu einer Reise in die Sowjetunion ein. Dieser war mit Serjoscha gut bekannt und bat ihn, ihn auf der Reise zu begleiten. Serjoscha sprach fließend Russisch – seine Mutter Shura hatte es zeitlebens ausschließlich mit ihm gesprochen. So kam Serjoscha zum ersten Mal in seinem Leben nach Russland und besuchte auch Leningrad, die Stadt, um die die Gedanken und die wissenschaftliche Arbeit seines Vaters stets gekreist hatten und von deren geistiger Anziehungskraft er nie loskam. Serjoscha hätte in Leningrad allzu gerne nach Spuren seiner Familie gesucht, aber er wurde auf Schritt und Tritt vom KGB überwacht und wagte keinen Schritt außerhalb des vorgegebenen Programms, um den Erfolg der Reise nicht zu gefährden.

Der Fortgang der Perestroika machte es möglich, dass in den nächsten Jahren weitere Einladungen folgten. Serjoscha merkte, dass die Überwachung nachließ. Beim zweiten oder dritten Besuch in Leningrad fasste er sich ein Herz und nahm sich in seinem Hotel das Leningrader Telefonbuch. Unter G fand er den Eintrag, den er suchte: ›Gakkel‹. Er notierte sich die Adresse und fuhr dorthin. An der betreffenden Tür klingelte er. Jemand öffnete ihm, er stellte sich vor. Vielleicht gebe es da eine Verwandtschaft? Serjoscha hatte ins Schwarze getroffen! Bobbys hochbetagte Witwe Rosa stand vor ihm, dazu ihr Sohn und dessen Frau.

Sonja erfuhr also von Serjoscha die wahre Geschichte ihres verschollenen Bruders: Bobby war, entgegen Sonjas Befürchtungen, nicht Opfer der stalinistischen Säuberungen geworden. Er hatte zwar Ende der 30er-Jahre politische Schwierigkeiten gehabt und die Leitung des Theaters niedergelegt, doch er war nicht verhaftet worden. Etwa um die Zeit seines letzten Briefkontaktes mit der Familie heiratete er ein zweites Mal: Rosa, die er in seinem letzten Brief erwähnte. Es lässt sich nur raten, warum er damals, 1937, den Kontakt abbrach, warum er Flora und seine Geschwister an seinem eigenen Familienglück nicht teilhaben ließ. Wahrscheinlich tat er es, um Frau und Sohn Leonid in den Jahren des großen Terrors, in einem immer weiterwachsenden Klima der Angst, zu schützen, falls ihm etwas zustoßen sollte. Sein Brief enthält kryptische Anspielungen auf den möglicherweise nahenden Tod – mit Sicherheit sagte er das nicht nur so daher, sondern versuchte, seine Angstgefühle zu artikulieren.

Stephanie hat sich vor einigen Jahren mit ihrem zuvor unbekannten Cousin Leonid getroffen und sich diesen bis dahin fehlenden Teil der Familiengeschichte berichten lassen.

Rosa war eine berühmte Schauspielerin – Rosa Swerdlowa[163]. Ihre Karriere hatte noch in der Stummfilmzeit begonnen, sie galt als das russische Pendant zu Mary Pickford. Stalin soll ihre Filme gemocht haben. Vielleicht war es letztlich darauf zurückzuführen, dass Bobby unbehelligt blieb. Im Krieg, während der Belagerung

163 Rosa Swerdlowa (Sverdlova) (1908–2003), bekannte sowjetische Filmschauspielerin. Im Internet verfügbare Filmografien geben an, dass sie zwischen 1928 und 1964 in mindestens 13 Filmen mitwirkte. Ihre erste Hauptrolle hatte sie bereits 1929 in ›Do Sawtra‹ (›Bis morgen‹). Ihre Filmkarriere erfuhr offenbar eine Unterbrechung zwischen 1937 und 1956. Einige ihrer Filme sind online verfügbar.

von Leningrad, wurden Rosa, Jewgenij und Leonid nach Kasan evakuiert, ein Indiz dafür, dass sie als Künstler noch in einer gewissen Gunst der Partei standen oder jedenfalls nicht in Ungnade gefallen waren. In Kasan arbeiteten beide als Schauspieler am Theater. 1945 kehrten sie nach Leningrad zurück. Bobby arbeitete nun wieder am TJuS. Er war zu diesem Zeitpunkt schon herzkrank und starb im Jahr 1954 mit knapp 60 Jahren. Rosa – sie war deutlich jünger als er – überlebte ihn um fast 50 Jahre.

Bobby hatte seiner Frau und seinem Sohn nicht zu erzählen gewagt, dass ein Teil seiner Familie im Westen lebte. Nachdem über Serjoscha der Kontakt wieder hergestellt war, kam es zu einem Telefonat zwischen Sonja und Bobbys Witwe Rosa. Das war es, was Sonja versucht hatte, mir damals zu erzählen. Aber sie war zu aufgewühlt gewesen für eine Schilderung, die ich hätte verstehen können.

Sonjas Version von Bobbys Geschichte, die sie sich, getrieben von Sorge und Schmerz, zurechtgelegt hatte, stimmte nun nicht mehr. Ihre Wahrheit war gewesen, dass sie ihren Bruder damals verloren hatte, und Flora den Sohn. Jahrzehntelang hatte sie gegolten, die ›Wahrheit in der Ungewissheit‹. Warum hatte Bobby den Kontakt abgebrochen? Das musste ihm doch wehgetan haben … Wie ging er damit um, sensibel wie er war? Ob er zweifelte, den Kontakt wieder herstellen wollte, sobald die Gefahr nachließ? Oder hatte er sie alle irgendwo innerlich begraben, in dem Wissen, dass es keinen Ausweg gab – keine Chance auf ein Wiedersehen?

All diese Fragen hätte Sonja Bobby sicher gerne gestellt. Nun konnte sie dies alles für sich nicht mehr klären. Sonja hätte sich vielleicht gefreut, hätte sich freuen sollen – aber sie war nicht mehr in der Lage, diese ganz andere Version der Geschichte zu verarbeiten und für sich in eine erträgliche, mit dem Verstand fassbare Form zu bringen.

Vergangenheit

Spurensuche, Berlin, 2017

Seit ich die Geschichten zum ersten Mal hörte, sind 30 Jahre vergangen. Mein erster Besuch bei Sonja und Heinz fand am 26. März 1987 statt. Ich habe alte Taschenkalender mit den Eintragungen von damals gefunden. Ich bin überrascht, wie oft wir uns trafen. Mindestens jeden Monat einmal steht eine Verabredung darin. Aber eigentlich kein Wunder. Die ›ganze Geschichte‹ brauchte ihre Zeit, um komplett erzählt zu werden. Unser letztes Zusammentreffen in der vertrauten Konstellation war am 24. September 1989. Ich hatte gerade Freunde in der DDR besucht und berichtete von der Gründung des ›Neuen Forums‹, war optimistisch, dass es Veränderungen geben würde. Sonja und Heinz lächelten wohlwollend, blieben aber skeptisch: »So etwas hatten wir schon öfter. Leider ist nie etwas daraus geworden. Denk an den Prager Frühling, an Ungarn … Wir wollen nicht hoffen, dass es so kommt. Aber nachgeben werden sie auch diesmal nicht.«

Zweieinhalb Jahre – was für ein Glück, dass wir so viel Zeit hatten. Ich hatte, ausgehend von meinen ersten naiven Fragen zur Revolution, einen ganzen Kosmos von Erinnerungen kennengelernt

Es folgte die Phase von Sonjas Krankheit, Heinz' Tod. Besuche bei Sonja, bei denen sie immer weiter in eine Gedankenwelt abglitt, die anderen nicht mehr zugänglich war.

Ihr Schicksal war es, wie sie sich ausdrückte, dass permanent die Weltgeschichte bei ihr anklopfte. Damit kannte sie sich aus, hatte sich mit den schmerzhaften Aspekten arrangiert. Nach 1989 brach das ganze politische und in gewisser Weise auch das seelische Koordinatensystem zusammen, in dem Sonja sich seit Jahrzehnten orientiert hatte. Sie verlor ihr früheres Interesse am politischen Geschehen völlig und zog sich mehr und mehr in vergangene Zeiten zurück. Der Fall des Eisernen Vorhangs, die deutsche Wiedervereinigung, das Ende der Sowjetunion – Sonja konnte all das nicht mehr aufnehmen, sich nicht mehr darüber freuen, sich nicht mehr ärgern. Im Sommer 1995 starb sie. ›Ihr‹ Jahrhundert war zu Ende.

Reise nach St. Petersburg

Spurensuche, Sankt Petersburg, Juni 2015

Ich muss nach Petersburg. Ich kann das Buch nicht abschließen, ohne einen Eindruck von Sonjas Geburtsstadt zu haben. Und ich möchte mit Leonid Gakkel, dem Sohn von Bobby alias Jewgenij – also Sonjas Neffen – ein Interview führen über seinen Vater und die russische Perspektive der Familiengeschichte.

Stephanie hat ihren Cousin angerufen und mich angekündigt. Die Verständigung ist schwierig, denn er spricht nur wenig Englisch, aber seine Frau kann helfen.

Eine Freundin mit Russischkenntnissen hat angeboten, mitzukommen, um zu übersetzen. Meine Frau und ich beschließen, für ein verlängertes Wochenende mit ihr nach St. Petersburg zu fliegen. Nach einer Weile der Ungewissheit schreibt Leonid mir endlich, dass er Zeit habe, mich zu treffen, und wir beginnen mit den Vorbereitungen.

Die Beantragung des Visums ähnelt einer Zeitreise in die Ära des Eisernen Vorhangs. Zuerst versuche ich es in der russischen Botschaft. Eigentlich praktisch, denke ich, denn sie liegt nicht weit von meinem Büro. Ich muss zur Rückseite des riesigen Gebäudes. Das Fahrrad muss auf der anderen Straßenseite abgestellt werden – Sicherheitsbereich! Im Sockel der hohen Steinfassade befindet sich eine Metalltür, von Kameras und Polizei bewacht, mit der Aufschrift ›Visaanträge‹. Ich klingele. Aus dem Lautsprecher bellt eine Stimme etwas Unverständliches auf Russisch. Ich nenne mein Anliegen. Der Summer ertönt, und ich trete in einen düsteren Gang. Bevor ich mich in dem Dunkel orientieren kann, werde ich vom Arm eines Uniformierten aufgehalten. Er blafft mich unfreundlich auf Russisch an und zeigt auf einen ausgedruckten Zettel, der an einem Metalldetektor klebt: Termine für Visabeantragung nur nach Voranmeldung über eine Internetseite. Ich kehre um und beschließe, stattdessen das Visum über ein spezielles Reisebüro zu beantragen. Ich erfahre, dass ich trotzdem erst online einen Antrag bei der Botschaft stellen muss. In diesem Antrag – er heißt ›Propusk‹ – so wenig ändern sich die Zeiten! – darf man keinen Fehler machen, sonst wird das Visum verweigert und obendrein eine Strafgebühr fällig.

Unangenehme Erinnerungen an frühere Ostblock-Grenzen gehen mir durch den Kopf.

Endlich ist es so weit. Der Flug von Schönefeld dauert knapp zwei Stunden. Der Flughafen Pulkovo ist modern, die Passkontrolle routiniert und unkompliziert, wir sind in St. Petersburg!

Mit der Metro geht es in die Stadt. Sie verläuft sehr tief unten, gefühlte 10 Minuten geht es die Rolltreppe abwärts. Am unteren Ende ein Häuschen, in dem eine uniformierte russische Matrone alles in strengem Blick behält, die Kommandantin der Rolltreppe. Der Bahnhof ist im Stalin-Stil mit Fresken von Traktoristen und sonstigen heroischen Werktätigen ausgeschmückt. An der Station Admiraltejskaja steigen wir aus. Als wir nach endloser Fahrt treppauf endlich ins Freie treten, tauchen wir mit einem Mal in das alte St. Petersburg ein. Wir biegen um eine Ecke und sehen die spitze goldene Nadel auf dem Dach der Admiralität vor uns. Eine Ecke weiter die Isaakskathedrale. Die gewaltige goldene Kuppel und die Pracht der umstehenden Gebäude überwältigen uns. Mir wird bewusst, dass ich an dem Schauplatz angekommen bin, an dem Sonjas Geschichte begann. Ich bin überrascht, wie viel alte Bausubstanz noch vorhanden ist, trotz Revolution, Krieg, Blockade, jahrzehntelangem Verfall.

Unser Hotel liegt in der Nähe der Admiralität, in nicht allzu großer Entfernung von der Adresse Mojka 84, wo Hackels damals lebten. Ich weiß, dass das Haus noch steht. Die Flucht ist nun 97 Jahre her. Was mag noch übrig sein?

Unser Hotel ist äußerlich ein schmuckloser Altbau. Er stammt aus der vorrevolutionären Zeit, nach dem Stil zu urteilen in den 1890er-Jahren gebaut, wie die das gesamte Viertel. Das Haus ist frisch renoviert. Es will stilistisch an vorrevolutionäre Pracht anknüpfen: pastellfarbene Wandbemalung, nachgemachter üppiger Stuck, Ölgemälde mit schneidigen Offizieren. Unser Zimmer hat silberne Tapeten und das Bad einen goldenen Fußboden, er ist glühend heiß – mitten im Sommer läuft die Heizung auf Hochtouren.

Nachdem wir uns etwas ausgeruht haben, erkunden wir die Umgebung. Wir laufen in Richtung Mojka. Wir schauen den Fluss – eigentlich ist es eher ein Kanal – entlang: auf beiden Seiten ist die alte Bebauung noch intakt. Die Uferbrüstung besteht aus wunderbar gemustertem rotem Granit mit gusseisernen Gittern, wohl aus den ersten Jahren des 19. Jahrhunderts. Später sehen wir, dass jeder Kanal und jede Brücke in St. Petersburg ein eigenes gusseisernes Erkennungsmuster besitzt.

Ehemalige Wohnung der Hackels, Mojka 84, St. Petersburg (zweite Etage rechts)

Ich kann Sonja nicht mehr danach fragen, aber ich bin sicher, dass sie diese Gitter und Granitsteine sofort wiedererkannt hätte. Als kleines Kind an der Hand eines Erwachsenen muss dies einen Eindruck in ihrer frühkindlichen Erinnerung hinterlassen haben. Ab und zu führen schmale Treppchen hinunter ans Wasser, wahrscheinlich konnten Kähne dort festmachen. Bestimmt möchten alle kleinen Kinder bei einem Spaziergang dort hinauf- und hinunterklettern, fasziniert von der Möglichkeit, ins Wasser zu fallen oder zumindest nasse Füße zu kriegen. Ob die Hackel-Kinder, behütet von ihrem Kindermädchen, das durften?

Wir gehen die Mojka entlang, folgen den Hausnummern, der Kanal macht eine leichte Biegung nach rechts. Die Mojka wird überspannt von einer filigranen eisernen Fußgängerbrücke – ich lese später, dass man sie die Postamtsbrücke nennt. Ihre Tragseile laufen an den Uferpfeilern in weit geschwungenen gusseisernen Bögen aus – auch sie müssen sich dem Gedächtnis der Hackel-Kinder fest eingeprägt haben: Wenn sie diese geschwungenen Stangen sahen, waren sie gleich zu Hause.

Nur ein paar Schritte von der Brücke entfernt stehen wir vor dem Haus Mojka 84. Es ist ein breites, vierstöckiges Gebäude mit drei

Eingängen. Nach der Fensteranordnung hat es pro Etage drei große Wohnungen, zwei davon mit Erker. Sicher ist der Blick von dort sehr schön, nach Südwesten über die Stadt. Die Fassade ist frisch renoviert, hellgrau gestrichen. Damals entstand in St. Petersburg binnen weniger Jahre eine bürgerliche Mittelschicht, die sich vorwiegend hier ansiedelte. Ich erinnere mich an eine Briefstelle von Flora an Jenny, wo sie berichtet, dass durch Sonjas bevorstehende Geburt wieder ein Umzug in eine größere Wohnung fällig wird – wahrscheinlich war das Haus damals erst ein paar Jahre alt. An einem Fenster im ersten Stock rechts hängt ein großes Schild – die Wohnung ist zu verkaufen, hat 177 Quadratmeter, erfährt man. Der Größe nach würde sie für eine Familie mit vier Kindern und zwei oder drei Hausangestellten passen.

Wir betreten das Haus durch die Toreinfahrt. Eine der Erdgeschosswohnungen hat ein Fenster, das zur Einfahrt hinausgeht – da muss die Hausmeisterwohnung gewesen sein. Sonjas Geschichte zufolge war es der Hausmeister, der den Hackels von der Ermordung Rasputins erzählte – vielleicht hier, aus diesem Fenster?

Der große Hof des Hauses ist noch ein echtes Stück Sowjetunion: bucklige, harte Erde, struppige Bäume und Büsche wachsen darauf, dazwischen betonierte Abschnitte. Darauf Mülltonnen und Autos in wildem Durcheinander. Wir schauen zur Rückseite des Hauses hinauf. Auch nach dieser Seite haben die Wohnungen große Fenster, aber die Schauseite des Hauses geht nach vorne. Seitlich liegen die Treppenhäuser, mit Zugang vom Hof aus. Am anderen Ende des Hofes schließen sich Seitenflügel und Hinterhaus an, etwas weniger vornehm als das Vorderhaus, aber immer noch stattlich.

Wir gehen zurück auf die Straße. Ich werfe einen Blick in alle Richtungen, versuche mir alles genau einzuprägen und überlege, was Sonja hier wiedererkennen würde. Ob die Atmosphäre noch dieselbe ist wie damals, als Gustav mit seinen Kindern von hier aus sonntags zur Eremitage ging? Die Mojka, mit den vielfarbigen Bürger- und Geschäftshäusern, dazwischen prächtige Fürstenpalais, erinnert entfernt an Venedig. Natürlich stehen heute ein paar Autos herum, aber die rote Ufereinfassung, der Fluss und die Brücken haben sich wohl nicht verändert. Nur gleich auf der anderen Seite der kleinen Eisenbrücke ragt freistehend ein merkwürdiges Gebäude im Stalin-Stil auf. Es wirkt unproportioniert, ist auffallend hoch, schon im Verfallszustand. Ein großes Relief mit Arbeiterhelden an der Giebelwand ist mit grünen Netzen verhängt. Fußgänger sollen gegen herabstürzende Trümmer geschützt werden. Offenbar ein sowjetischer Versammlungsort, vielleicht ein Kulturhaus für den Stadtbezirk? Ich frage mich, was dort früher gestanden hat. Von der Hackel'schen Wohnung schaut man genau darauf. Ich hoffe, dass wir morgen mit Leonid wieder herkommen werden, dann will ich ihn danach fragen.

Ich versuche mir vorzustellen, wie das Haus, in dem Hackels lebten, damals ausgehen hat. Was geschah nach der Flucht mit der Wohnung? Alles, was nicht in ein paar Koffer passte, blieb darin zurück. Eine endgültige Flucht war ja nicht unbedingt geplant, der Aufbruch war eilig. Blieb Elena Adolfowna, die Hausangestellte, mit der Hackels noch aus Berlin korrespondierten, in der Wohnung und passte auf? Oder ließen Sonjas Eltern den Schlüssel beim Portier?

Im August 1918 wurde das Privateigentum auf Immobilien in Städten abgeschafft. Da die Wohnung gemietet war, betraf das die Hackels nicht direkt. Allerdings begann schon die ›Kampagne zur Umverteilung von Wohnraum‹. Wenn die Wohnung mehr Zimmer als Bewohner hatte, musste man mit Zwangseinquartierungen ›Proletarischer Elemente‹ rechnen[LVII]. Vermutlich blieben die Hackels vor ihrer Flucht davon noch unbehelligt.

Als Hackels bereits in Berlin lebten, hörten sie, wie es Freunden erging, die in Petersburg geblieben waren. Flora hatte in einem Brief vom 20. 10. 1919 an Sonja geschrieben:

> Franks [...] sollten aus ihrer Wohnung nur Betten, zweimal Wäsche, einen Tisch und pro Person einen Stuhl mitnehmen. Indem er rechts und links 10 Rbl Scheine und nach oben einen Tausender verteilte, erreichte Frank, dass er die Möbel in eine kleine Wohnung des Hinterhauses tragen lassen durfte. Dieser Umgang mit [...] Trinkgeldern kostete 19 000 Rubel.

Und Bobby schrieb am 1. März 1921 aus Moskau an Gustav:

> Von Ella habe ich auch eine Unterstützung von 150 000 R. aus der Liquidation unseres Quartiers bekommen ...

Möglicherweise wurde die Hackel'sche Wohnung also erst Anfang 1921 mit dem Verkauf der verbliebenen Möbel aufgelöst. Bei Ella, von der hier die Rede ist, handelt es sich entweder um die Hausangestellte Elena Adolfowna oder die Frau von Gustavs Bruder Arthur, dem Apotheker, die erst 1921 Russland verließ.

Ich frage mich, wie viel 150 000 Rubel in der grassierenden Hyperinflation tatsächlich noch wert waren[164].

Wahrscheinlich landeten die Möbel auf einem der vielen Gebrauchtwarenmärkte, die mangels Neuware nach der Revolution überall aus dem Boden schossen.

Ich weiß von Stephanie, dass Leonid noch das Klavier der Hackels besitzt, und zahlreiche deutsche Bücher. Vielleicht sorgte Ella dafür, dass das Klavier und die Bücher – vielleicht auch andere persönliche Sachen – von dem aus dem Krieg heimkehrenden Bobby übernommen werden konnten? Auch das will ich Leonid morgen fragen.

Nach der Auflösung des Haushaltes wird diese Wohnung, wie alle bürgerlichen Quartiere im Zentrum, zu einer ›Komunalka‹ umgewandelt worden sein. Solche Gemeinschaftswohnungen waren bis zum Ende der Sowjetunion alltäglich. In jedem Zimmer lebte eine Familie, manchmal mehrere. Die offizielle Norm betrug zunächst fünf, zuletzt neun Quadratmeter pro Person, Küche und Bad wurden gemeinschaftlich genutzt. Je nach Größe der Wohnung lebten auf diese Weise bis zu 50 Menschen zusammen.

In der Straße, wo unser Hotel liegt, kann ich in einigen Häusern erkennen, dass sich hier noch heute Komunalkas befinden, wo Menschen offenbar in großer Enge leben: die Fenster fast blind vor Schmutz, die gesprungenen Scheiben werden mit Klebeband zusammengehalten, sind stellenweise mit Fliegendraht vernagelt, von innen mit Laken verhängt oder mit Zeitungspapier beklebt. Abends, wenn Licht brennt, kann man hineinschauen. Die Wände sind vom Alter schwarz, Putz fällt herunter, an der Decke hängt eine nackte Glühbirne. Die Zimmer sind vollgestellt mit eisernen Stockbetten und dürftigem Mobiliar.

Am nächsten Morgen bin ich etwas nervös: Was, wenn Leonid nun aus irgendeinem Grund doch nicht kommt? Wenn man es bedenkt, eine ziemlich merkwürdige Sache, dass jemand Wildfremdes extra aus Deutschland anreist, um ein Buch zu schreiben über seine Tante und andere Verwandte, die er selbst nie kennengelernt hat.

---

164 Laut Wikipedia hatte der Rubel 1921 statistisch gegenüber 1913 um den Faktor 16 400 an Wert verloren.

Wir überlegen, wo wir mit Leonid am besten hingehen können, um in Ruhe zu sprechen? Der Frühstücksraum des Hotels ist ungeeignet. Cafés haben wir in der Nachbarschaft keine gesehen. Es ist schon zehn nach zehn. Ich überlege, ob Leonid vielleicht draußen wartet. Falls er den Portier nach uns fragt, wird dieser die richtige Auskunft geben? Ob ich Leonid überhaupt erkenne? Ich habe bei Stephanie nur ein Bild von ihrem einzigen Zusammentreffen gesehen. Viertel nach zehn. Ob wir lieber vor der Tür warten? Da sehe ich aus dem Augenwinkel die Aufzugtür im Treppenhaus zuklappen. Bevor sie sich ganz schließt, sehe ich für den Bruchteil einer Sekunde einen Mann, von dem ich mir sicher bin, dass es Leonid ist. Als ich im Flur stehe, ist der Aufzug schon fast oben. Ich hechte die Treppe hinauf – unser Zimmer liegt im dritten Stock. Als ich oben ankomme, fährt der Aufzug gerade wieder nach unten. Ich überlege kurz, laufe aber doch den Gang zu unserem Zimmer entlang, und tatsächlich stehen vor unserer Zimmertür Leonid und seine Frau Natalya. Leonid sieht aus, wie ich ihn vom Foto kenne: ein kleiner, leicht gebeugter Mann mit einem für sein Alter – er ist 79 – jugendlichen Gesicht und einem freundlichen, etwas melancholischen Blick. Ich überlege, ob er Sonja ähnlich sieht, aber das kann ich nicht unbedingt feststellen. Natalya wirkt ebenfalls jugendlich für ihr Alter, sie ist offenbar der optimistische, fröhliche Part. Die beiden erklären, sie hätten gedacht, ich müsse viel älter sein – jemand, der sich für so alte Geschichten interessiert …

Die Verständigung mit Natalya auf Englisch erfolgt problemlos. Leonid spricht nur gebrochen Englisch, und auch etwas Deutsch. Gut, dass unsere Freundin dabei ist, sie übersetzt aus dem Russischen. Wir brechen zu einem Spaziergang auf, den Leonid und Natalya sich offenbar schon überlegt haben. Leonid erklärt mir, dass er in dieser Gegend aufgewachsen ist, allerdings nicht im gleichen Haus wie sein Vater, sondern im ›Haus des sozialistischen Schriftstellers‹. Als wir die Mojka erreichen, zeigt Leonid auf ein hohes graues Gebäude in einer Seitenstraße, das mir gestern schon aufgefallen ist, und sagt: »And this is my *Schule*. A former *deutsche Schule*.« Und er erklärt mir, dass auch sein Vater dort schon hinging – damals war es ein deutschsprachiges Gymnasium. Dann er selbst – inzwischen war die Schule in eine Oberschule mit musikalischem Schwerpunkt umgewandelt worden – und nach ihm sein Sohn. Später recherchiere ich, dass es sich hier um das ›Deutsche Reformierte Gymnasium‹

handelt, das nach der Revolution zur ›Schule 34‹ wurde.[165] Auch dazu fällt mir eine Briefstelle ein:

> Flora an Sonja 20. 10. 1919
>
> Ganz traurig sieht es mit unserer Schule aus. Schon im November vorigen Jahres erklärten die Bolschewiki, sie brauchten die Räume – und von heut auf morgen war die Schule aufgelöst, der Direktor auch aus seiner Wohnung vertrieben.

Wir biegen zunächst nicht zur Mojka ab, sondern gehen weiter die Straße geradeaus. Dort steht das Mariinskij-Theater, wo Leonid seit Jahren Professor für Musik ist. Das Gebäude ist gleich als Theater zu erkennen. Die Fassade ist in dunkelgrün und weiß gestrichen, geschwungene Vordächer im Stil der ›Belle Epoque‹ über altertümlichen Glastüren mit geschliffenen Glasscheiben. Auch hier wieder der prächtige Charme des alten St. Petersburg. Leonid sagt, etwas naserümpfend: »Na ja, die Architektur ist nicht besonders, Eklektizismus eben …« Ich frage nach der Akustik. Auch sie sei eher schwierig, man habe in der Mitte der Bühne ›blind spots‹, von denen aus die Musik nicht bei den Zuschauern ankomme. Damit sei schwierig umzugehen. Auch das Neue Mariinskij, ein moderner Bau gleich hinter dem alten, sei nicht optimal, und die Architektur umstritten. Ich habe davon gelesen. Es gab einen erbittert geführten Streit, ob man ein modernes Gebäude überhaupt zwischen die alte Pracht setzen dürfe – offenbar ist die Identifikation mit dem traditionellen Stadtbild allgemein sehr hoch.

Leonid erzählt, dass er zunächst am Rimski-Korsakow-Konservatorium – es liegt gleich gegenüber – gewesen ist, bevor er zum Mariinskij-Theater kam. Leonid lacht: »Egal ob zur Schule oder zur Arbeit: immer nur 40 Schritte von zu Hause!« Er hat sein ganzes Leben lang hier gelebt, das ist durch und durch seine Gegend – sie scheint ein Stück von ihm geworden zu sein.

Ich frage Natalya, ob sie auch Musikerin ist. Sie lacht. »Nein! Ein Musiker in der Familie reicht!« Leonid droht ihr mit dem Finger. Leonid und sie scheinen sich überhaupt gerne auf diese Weise

---

165 In St. Petersburg gab es vor der Revolution vier evangelisch-deutsche Gymnasien: Petri-, Annen-, Katharinen- und Reformiertenschule. Annen- und Reformiertenschule hatten einen höheren Anteil russischer Schulkinder, zeitweise über 40 Prozent. Die Petrischule wurde überwiegend von deutschsprachigen Kindern besucht. Quelle: http://maria-spb.info/stmaria/79-aufstieg-und-niedergang

Leonid und Natalya Gakkel, St. Petersburg, 2015

gegenseitig aufzuziehen. Regelmäßig unterbrechen sie sich gegenseitig: »Nein, das erzähle ich jetzt. Nein, das lasse ich dich jetzt erzählen …« Natalya erzählt, dass sie Biologin ist und an einem wissenschaftlichen Institut die Auswirkung industrieller Chemikalien auf das Genmaterial von Pflanzen erforscht – früher wie heute sicher kein konfliktfreies Thema.

Wir biegen nach links ein und überqueren den Kanal Gribojedowa. Leonid zeigt uns das Haus, in dem Dostojewski den Roman ›Der Idiot‹ schrieb, bzw. wo er auch die Wohnung seines Romanhelden Raskolnikow ansiedelte. Wsewolod Meyerhold, der experimentelle Theaterregisseur, habe auch gleich um die Ecke gewohnt. Leonid erwähnt zahlreiche weitere Künstler – Schriftsteller, Sänger, Tänzer etc. – die in diesem Viertel gelebt haben. Die meisten Namen kennen wir leider nicht.

Dann steuern Leonid und Natalya ein Café an, das in einer unscheinbaren Seitenstraße liegt. »Eto jest Café Stolle«, sagt Leonid. Im Reiseführer haben wir gelesen, dass diese Kaffeehauskette mit dem deutschen Namen sehr gut sei und die Petersburger stolz darauf sind, an eine Tradition aus der vorrevolutionären Zeit anzuknüpfen. In einer solchen Stadt muss es gute Kaffeehäuser geben. Offenbar gehören Leonid und Natalya auch zu den Fans und haben sich unsere Route vorher entsprechend zurechtgelegt. Tatsächlich sind die Apfeltaschen und der Kaffee vorzüglich. Wir finden einen großen Tisch am Fenster, an dem wir ungestört unser Interview machen können.

Leonid nimmt sich meine Fragenliste vor. »Ja, ich habe sie gelesen. Aber ich fürchte, ich kann die meisten davon nicht beantworten.«

»Wisst ihr«, sagt Natalya, »die Zeit, über die wir hier reden, in der sich all das abgespielt hat, das war eine besondere Zeit. Da konnte es gefährlich sein, wenn Eltern mit ihren Kindern über bestimmte Dinge sprachen. Zum Beispiel, wo sie herkamen, wer ihre Vorfahren waren. Oder ob man Verwandte im Ausland hatte. Über all das sprach man besser erst gar nicht. Diese Zeit ist für Außenstehende sehr schwer zu begreifen.«

Und Leonid fährt fort: »Mein Vater starb 1954, damals war ich erst 17 Jahre alt. Er hatte einen Herzinfarkt. Das kam nicht unerwartet, er war schon länger herzkrank. Er konnte mir nicht viel erzählen, wegen der Umstände der Zeit damals, und ich fragte auch nicht. Heute ist mir das manchmal unbegreiflich. Man interessierte sich als Jugendlicher … sagen wir mal für Eishockey – als sei es das Wichtigste auf der Welt. Den Rest nahm man gar nicht wahr – und dabei war das ganze Land vom System der Straflager geprägt.« Man merkt Leonid an, dass er von der Situation emotional berührt ist, seine Stimme wird leise und undeutlich. Sein Blick sagt viel mehr als diese Sätze. Er drückt einen tief empfundenen Schmerz aus, den vermutlich viele ehemalige Sowjetbürger seiner Generation teilen: den Zwang, die eigene Herkunft verleugnen zu müssen, um diesen Teil der eigenen Identität betrogen worden zu sein, ja ihn nicht einmal kennen zu dürfen.

Mir fällt ein, was Joseph Brodsky in seinen ›Erinnerungen an Petersburg‹ über seine Eltern schreibt:

> Über ihre Kindheit haben sie mir nie viel erzählt, über die Familien, aus denen sie kamen, über ihre Eltern oder Großeltern. […] Ihre Zurückhaltung hat weniger mit Gedächtnisverlust zu tun als mit der unumgänglichen Notwendigkeit jener Jahre, ihre Klassenherkunft zu verheimlichen, um überleben zu können. [Meine Mutter] blinzelte nicht einmal, wenn sie gelegentlich einen französischen Ausdruck hörte, […] obwohl ich sie einmal mit [einem französischen Buch] überraschte. Wir sahen uns an; dann stellte sie wortlos das Buch wieder zurück.«[LVIII]

Leonid schaut mich betrübt an: »Was aus den Verwandten meines Vaters aus Mitau wurde, weiß ich leider nicht. Ich habe gar nicht gewusst, dass es sie überhaupt gab, und ich wusste nichts von den Geschwistern meines Vaters. Stell dir vor, ich war auf einem Kongress in Bonn, zu der Zeit als Sonja noch lebte, und ich wusste gar nichts von ihrer Existenz!« Er schweigt – wieder dieser unendlich traurige Gesichtsausdruck.

Natalya springt ein: »Bis dann Father Sergej zu uns kam.«

Ja, sage ich: »Die Geschichte kenne ich: Serjoscha Hackel hat auf einer Dienstreise im Leningrader Telefonbuch den Namen Gakkel gefunden – hat er euch eigentlich vorher angerufen?«

Natalya: »Nein, er rief nicht an. Das war nicht Father Sergejs Art. Er stand einfach vor der Tür. Seinen ersten Besuch haben wir verpasst. Er war zu unserer Wohnung gefahren, aber wir waren verreist. Er traf nur die Nachbarn. Als wir wiederkamen, versuchten wir ihn in seinem Hotel zu erreichen, aber er war schon weitergereist. Erst bei seiner nächsten Reise traf er uns an. Er war ein wunderbarer Mensch. Und er sprach ein wundervolles, ganz altertümliches Russisch. Er hatte es von seinen Eltern gelernt. So wie man sprach zu der Zeit, als sie fortgingen.«

Und Leonid erzählt weiter:

»Er hat sich, wie du, für die Familiengeschichte interessiert. Wir mussten ihm alles zeigen. Wir sind auch zu der alten Wohnung gegangen – da gehen wir gleich auch noch hin. Er wollte unbedingt hineingehen. Wir konnten ihn mit Mühe davon abhalten, zu klingeln. Wir haben ihm erklären müssen, dass die Bewohner mit Sicherheit keinerlei Interesse an der vorrevolutionären Geschichte der Hackels haben würden.«

Leonid sagt dies mit einer gewissen Ironie, die erkennen lässt, für wie naiv er diese Idee hielt.

Da die Rede auf die Wohnung gekommen ist, frage ich hier weiter: was mit der Wohnung nach der Flucht der Eltern geschah, ob sein Vater eventuell in einem der Zimmer noch ein Wohnrecht geltend machen konnte? Leonid meint, er kenne die Umstände nicht, aber er könne sich nicht vorstellen, dass sein Vater dort noch habe wohnen dürfen.

»Er war zur Zeit der Revolution in Odessa und kam erst Anfang der 20er-Jahre wieder nach Petrograd, wie es damals hieß. Ich kenne alle Adressen, wo mein Vater hier gewohnt hat. Meist auf der Petrograder Seite. Das waren alles bescheidene Quartiere. Mein Vater hat lange gebraucht, um zum Theater zu finden. Er war ja eigentlich kein ausgebildeter Theatermann. Es war damals nach der Revolution eine chaotische, wilde Zeit. Die Zeitumstände zwangen ihn zur Improvisation, er hat in den ersten Jahren nach der Revolution mal dies, mal das gemacht. Schon in Odessa hat er Theater gespielt. Da lernte er seinen Lehrer Gaideburow kennen und bekam seine Chance. Er war dann Regisseur an drei verschiedenen Theatern. Am ›Roten Theater‹ (GosNarDom), am ›Theater der jungen Zuschauer‹ (TJuS) und noch an einem dritten. Er war aber aus reiner Leidenschaft zwischendurch immer wieder als Schauspieler tätig, zum Beispiel im Krieg während der Evakuierung in Kasan.«

Ich frage Leonid, ob er wisse, wie das Klavier in seinen Besitz gekommen sei.

Er antwortet:

»Das Klavier ist ein deutsches Fabrikat, von der Firma Blüthner, ein gutes Instrument, es wurde 1914 hergestellt. Da es mein Vater schon besaß, solange ich mich zurückerinnern kann, nehme ich an, dass es aus dem Familienbesitz stammt. Aber etwas Genaues weiß ich darüber leider auch nicht.«

Stephanie sagte, dass er auch noch deutsche Bücher besitze – ich frage, ob diese aus der Bibliothek von Flora und Gustav Hackel stammen könnten?

Wieder schaut Leonid sehr traurig:

»Ja, die Bücher, das waren eine Goethe-Gesamtausgabe in acht Bänden, vier Bände Heine und noch vieles mehr. Aber die habe ich nicht mehr. Sie sind alle verbrannt.« Natalya erklärt: »In unserer alten Wohnung, im früheren ›Haus des sowjetischen Schriftstellers‹, hat es einen Brand gegeben. Das war im Jahr 2000. Wir waren nicht zu Hause, aber Leonids über 90-jährige Mutter und unser Enkel. Er war damals erst ein Jahr alt. Es war schrecklich. Zum Glück ist ihnen nichts passiert. Aber zwei Zimmer waren zerstört, mit allen Sachen, die drin waren, darunter auch die Bücher. Danach mussten wir dort ausziehen.«

Ich frage, wie lange er im ›Haus des sowjetischen Schriftstellers‹ gelebt hat.

»Seit meiner Kindheit. Meine Eltern konnten dort einziehen, weil beide als Künstler damals erfolgreich waren und großes Ansehen genossen. Mein Vater als Theaterdirektor, und meine Mutter als Filmschauspielerin. Es wohnten nicht nur Schriftsteller dort, aber die meisten waren welche. Ich kannte viele von ihnen. Ich wusste damals nichts über ihre Werke, aber ich habe sie als Nachbarn kennengelernt.«

Ich habe auf dem Stadtplan das TJuS gefunden und frage, ob es heute noch an derselben Stelle steht wie damals.

»Nein, das ist ein Neubau, der erst nach dem Krieg gebaut wurde. Das ist heute ganz anders als damals. Damals war es sehr experimentell, sehr innovativ. Es gab keine Bühne, kein Bühnenbild. Die Schauspieler waren mitten unter den Kindern. Es war alles sehr unmittelbar. Wenn es spannend wurde, riefen die Kinder den Schauspielern ›Vorsicht‹ zu. Ich habe selbst als Kind mehrfach zugeschaut. Aber mir ist das damals zu viel gewesen, es war für mich ein zu intensiver Eindruck.«

Ich möchte mehr wissen über Rosa Swerdlowa, Leonids Mutter.

»Ja, sie war Filmschauspielerin, hat aber auch Theater gespielt. Meine Eltern haben sich über die Theaterarbeit kennengelernt. Sie wurde in den 1920er-Jahren ein Star, in der Stummfilmzeit. Das war der Gipfel ihres Erfolges. Später hat sie auch in Tonfilmen mitgewirkt, aber weniger, und da war sie nicht mehr ganz so bekannt. Während der Evakuierung in Kasan hat sie dort am Theater gespielt. Ihre letzte Hauptrolle hatte sie 1957, in der Tschechow-Verfilmung von ›Die Braut‹.«

Ich habe im Internet ein paar frühe Filmtitel herausgesucht, in denen Rosa spielte.

»Ja«, sagt Leonid, »das sind einige davon. Aber die Filme existieren nicht mehr, sind nicht mehr auffindbar! Das ist eine Tragödie für unsere Familie und für die Kunst meiner Mutter.«

Wieder lässt sein Blick diesen tiefen Schmerz erkennen. Was genau mit den Filmen geschah, ist nicht festzustellen. Rosa Swerdlowa fiel nicht in Ungnade, aber denkbar ist, dass es vielleicht einen anderen der Mitwirkenden traf, oder es wurde im Zuge einer der zahllosen Kampagnen in der Stalinzeit eine bestimmte künstlerische Strömung als feindlich ausgemacht und alle dazugehörigen Werke vernichtet und die Erinnerung daran ausgelöscht. Oder aber das Material ist durch unsachgemäße Lagerung zerfallen – wer weiß.

Natalya erzählt weiter:

»Leonids Mutter kam schon früh zum Film. Sie stammte aus Witebsk in Weißrussland. Deswegen war sie auch bei der Gesellschaft ›Belarus-Film‹. Nicht bei ›Lenfilm‹, die wurde erst später gegründet.« Sie sagt dies verschmitzt, ein bisschen stolz. »Zu ›Belarus-Film‹ gab es persönliche Kontakte noch aus ihrer Zeit in

Ehemalige Lutherisch-Reformierte Kirche, davor die charakteristische Ufereinfassung der Mojka

Witebsk. Das Gebäude von Belarus-Film war hier ganz in der Nähe. Wir zeigen es euch nachher. Vor der Revolution war das Haus ein berühmtes Varieté-Theater, der ›Zerrspiegel‹. Nach 1918 wurde dort Belarus-Film untergebracht.«

Wir sprechen noch ein bisschen über Sonjas Familie. Ich erzähle von Sonjas Leben in Berlin, Südafrika und Bonn. Von Peters frühem Tod und ihrer Rückkehr nach Deutschland, der Heirat mit Heinz.

Leonid sagt bedrückt: »Siehst du, und das wusste ich alles gar nicht. Das macht mich immer wieder traurig. Wir sollten jetzt aufhören, von der Vergangenheit zu reden. Es ist so vieles passiert – die Kriege und das alles. Das reicht für ein Menschenleben!« Dabei lacht er. »Wir zeigen euch jetzt das Haus an der Mojka.«

Auf dem Weg dorthin gehen wir am Gebäude von Belarus-Film vorbei. Man erkennt die frühere Bestimmung als Varieté ›Zerrspiegel‹. Es steht auf der gegenüberliegenden Seite des Kanals Gribojedowa. Wir biegen zur Mojka ein und steuern auf die Nummer 84 zu. Ich frage Leonid nach dem merkwürdigen hohen Gebäude am Ufer gegenüber.

»Das war ein Kulturhaus mit Kino, wo Arbeiter ihren Feierabend verbrachten. Aber es wurde erst in der Stalinzeit eingerichtet. Davor war es eine lutherische Kirche.«

Na klar, wieso bin ich darauf nicht gekommen! Ein merkwürdig hohes Gebäude, einzeln stehend am Ufer. Wenn man es weiß, erkennt man die Proportionen der Kirche wieder. Später recherchiere ich, dass dies die Kirche der (Deutschen) Lutherisch-Reformierten Gemeinde war[LIX], gebaut 1862–65[LX]. Ich finde sogar eine alte Postkarte im Internet. Sie lässt erkennen, wie städtebaulich stimmig diese Gegend damals gestaltet war. Umso kurioser das heutige Gebäude.

Wir wenden uns dem ehemaligen Hackel'schen Haus zu.

»Dort, im zweiten Stock rechts, in dieser Wohnung wohnten die Hackels. Schaut mal, die darunter könnt ihr kaufen!«

Sie wird den gleichen Schnitt wie die darüber haben, 177 Quadratmeter mit Erker. Ich frage Leonid, ob er von seinem Vater auch die Geschichte mit Rasputin gehört hat.

»Ja, er wurde hier gleich in der Nachbarschaft ermordet. Da drüben im Jussupow-Palais. Es ist also gut möglich, dass Hackels davon etwas mitbekommen haben. Mein Vater nicht, er war ja im Krieg damals.«

Ich frage, ob Rasputins Leiche hier in den Kanal geworfen wurde.

»Nein, das war meines Wissens ganz woanders.«

Aber hatte nicht der Portier davon erzählt, die Leiche habe hier im Eis gelegen? Ich kriege Sonjas Geschichte nicht mehr zusammen.

»Eto jest Märchen«, sagt Leonid bestimmt und lacht. »Diese Portiers, die erzählen so manches! Damals gab es viele Leichen im Kanal.«

Schade, denke ich. Dann werde ich diese Erinnerung Sonjas wohl nicht mehr rekonstruieren können.

Wir gehen dann gemeinsam die Mojka entlang, in östlicher Richtung über die ›Blaue Brücke‹, vorbei am Mariinskij Palais. Wachen stehen vor dem Haus. Dort ist jetzt die Provinzregierung untergebracht. Die Provinz trägt immer noch den sowjetischen Namen ›Leningrader Oblast‹, auch wenn die Stadt gar nicht mehr so heißt. Wir gehen links über die Brücke, vorbei an der ehemaligen Deutschen Botschaft, einem düsteren Gebäude aus dunkelbraunem Naturstein.[166]

---

166 Die ehemalige Deutsche Botschaft ist ein Frühwerk des Architekten Peter Behrens. Die schwere, einschüchternde Fassadengestaltung erscheint wie eine Vorwegnahme faschistischer Architektur.

Ich denke wieder über die Umgebung der Hackels nach. Es war sicher ganz praktisch, die deutsche Botschaft in der Nähe zu haben. Vermutlich musste Flora zum Beispiel ihren deutschen Pass hier ab und zu verlängern lassen. Vielleicht haben Gustav und sie vor der Flucht 1918 hier Erkundigungen eingezogen, wie man St. Petersburg in Richtung Deutschland am besten verlassen könnte.

Eine Ecke weiter verabschieden wir uns von Leonid und Natalya. Sie wollen für das restliche Wochenende auf ihre Datscha fahren. Leonid bedankt sich noch einmal für die Briefe, er ist sehr gerührt darüber. Er hofft, dass ich nicht allzu enttäuscht bin, dass er so wenige meiner Fragen beantworten konnte. Ich bemühe mich, ihn zu überzeugen, dass ich im Gegenteil überwältigt bin von allem, was ich bisher gesehen und erfahren habe. Wir winken den beiden nach.

An den folgenden Tagen laufen wir kreuz und quer durch St. Petersburg, wir kommen am Tag gut und gern auf 30 km Fußmarsch. Auf unserem Weg liegen noch mehrere Stationen der Hackel'schen Geschichte.

Die erste ist das Jussupow-Palais, wo es auch eine Ausstellung zu Rasputin geben soll. Ich möchte wenigstens herausfinden, wo genau seine Leiche ins Eis geworfen wurde, um Sonjas Geschichte nachvollziehen zu können. Die Rasputin-Sonderausstellung ist nur mit russischer Führung zugänglich, obendrein geschlossen. Wir schauen uns die Räume des Palastes an – das Gebäude ist von innen weit größer als von außen erkennbar – und vor allem weit prächtiger. So mancher europäische Königshof konnte mit diesem Großfürsten nicht mithalten. Ein Eichensaal, ein orientalisches Bad, Bibliothek, Billard, ein privates Theater … Die riesige Kunstsammlung befindet sich heute in der Eremitage. Man erfährt einiges über die Familie Jussupow: im 16. Jahrhundert eroberte Russland große Gebiete in Mittelasien. Einer der besiegten Herrscher war der Anführer der tatarischen Nogaier-Horde, Jusuf Khan[LXI]. Er wurde später für seine Loyalität zum Großfürsten ernannt und führte seitdem den Namen Jussupow. Felix Jussupow, Familienoberhaupt zur Zeit der Revolution, beschloss gemeinsam mit weiteren Angehörigen des Hochadels, Rasputin im Palast in eine Falle zu locken und zu ermorden, um seinen starken Einfluss auf die Zarin zu beenden. Sie luden Rasputin im Dezember 1916 zu einem Festmahl ein und vergifteten seinen Nachtisch mit einer gehörigen Portion Strychnin. Allerdings schien Rasputin, dem teuflische Kräfte zugeschrieben wurden, das Gift überhaupt nichts auszumachen. Erst später fand man eine wissenschaftliche Erklärung: der Zucker im Nachtisch hatte das Gift chemisch neutralisiert. Da Rasputin noch lebte, schossen die Verschwörer auf ihn. Allerdings konnte er, von einer Kugel getroffen, ins Freie rennen. Auf der dunklen, verschneiten Straße (dem Mojka-Ufer) versuchte er zu entkommen, wurde aber von weiteren Kugeln getroffen und brach zusammen. Weil die Attentäter bei ihm dämonische Kräfte vermuteten, wollten sie ganz sichergehen. Sie warfen ihn von einer Brücke in ein Eisloch und schoben Eisschollen darüber. Tatsächlich ergab die Obduktion, dass Rasputin erst an der Unterkühlung gestorben ist. So weit die Geschichtsschreibung – aber wo er genau ins Eis geworfen wurde, weiß ich immer noch nicht.

Erst später finde ich in einem Buch den entscheidenden Hinweis: Da die Täter zunächst hofften, unerkannt zu bleiben, brachten sie Rasputin per Schlitten an eine weit entfernte Stelle und versenkten ihn im Eis der ›Kleinen Newka‹, auf der anderen Seite der Wassilij-Insel. Damit war ziemlich klar, dass Sonja seine Leiche nicht gesehen haben konnte.

Erst als ich wieder zu Hause in Berlin bin, kann ich unverhofft doch noch genau rekonstruieren, was Sonja damals vom Rasputin-Mord mitbekam. Meine Mutter, der ich am Telefon von der Reise berichte, erinnert sich, dass Sonja im Freundeskreis diese Geschichte erzählt hatte:

»Als Rasputin aus dem Palast auf die dunkle Straße floh, stürmten seine Mörder hinter ihm her und feuerten mehrere Schüsse auf ihn ab. Diesen Lärm hörten die Hackels. Am nächsten Morgen konnte man Blutflecke im Schnee sehen, die der Portier ihnen zeigte. Als nach wenigen Tagen Rasputins Leiche gefunden wurde war klar, dass sie auf diese Weise indirekte Zeugen seiner Ermordung gewesen waren.«

Fürst Felix Jussupow wurde zwar als Mörder überführt, aber die politisch bereits sehr angeschlagene Zarenfamilie wagte nicht, durch eine Verurteilung den Adel weiter gegen sich aufzubringen. Jussupow wurde auf seine Datscha verbannt. Nach der Revolution flüchtete er nach Paris, wo Nachkommen seiner Familie bis heute leben. Schon bald begann Jussupow, sich seiner Tat öffentlich zu rühmen, und schrieb selbst einen genauen Bericht über seine Version der Ereignisse. Rasputins geheimnisvolle Persönlichkeit und die abenteuerlichen Umstände seiner Ermordung ließen einen regelrechten Mythos entstehen, von dem Jussupow profitierte. Neuere

Forschungen zu den polizeilichen Untersuchungsakten ergeben ein etwas komplexeres Bild. So zeigte Rasputins Leichnam Folterspuren – mit welchem Ziel seine Mörder ihn folterten, ist nicht eindeutig geklärt. Möglich ist aber, dass sie sich belastende Aussagen gegen die Zarenfamilie erhofften.

Nach dem Besuch im Jussupow-Palais gehen wir zum Newski-Prospekt. Dort befindet sich die ehemalig deutsch-lutherische Petrikirche. Die Hackels waren, so nehme ich an, keine Kirchgänger. Sonntags gingen sie ins Museum. Aber diese Kirche spielte eine zentrale Rolle in der Community der deutschsprachigen Petersburger, sodass sie gelegentlich auch dort gewesen sein mögen. Als wir uns der Kirche nähern, wirkt sie zunächst verschlossen, aber an der Seite finden wir eine kleine Tür, die offen ist. Man tritt in einen Vorraum, aber die Tür geradeaus zum Kirchenschiff ist verschlossen. Zwei kleine Ausstellungstafeln zeigen die Geschichte dieser Kirche – sie war in der Stalinzeit zum Schwimmbad umgebaut worden – es gibt Fotos davon.

Links ist eine Treppe, offenbar darf man dort hinaufgehen. Oben kommt man erst in eine Seitengalerie – man hört aus der Kirche eine Chorprobe. Wir treten in den Kirchenraum und erwarten, im ersten Stock auf der Empore zu sein – überraschenderweise stehen wir aber im Kirchenschiff. Erst auf den zweiten Blick wird uns klar, warum. Man hat Teile des Schwimmbades erhalten: die Sitzreihen der Tribünen dienen nun als Kirchenbänke. Fußboden und Wände sind noch gekachelt. Das Schwimmbecken ist durch dicke Holzbohlen abgedeckt, darauf befindet sich der Altarraum. Jemand weist uns auf eine kleine Ausstellung im Erdgeschoss hin. Dort werden Geschichten deutscher Gemeindemitglieder dokumentiert, die in der Stalinzeit nach Kasachstan deportiert wurden. Eine kleine alte Frau steht von ihrem Stuhl auf. Sie gibt uns auf Russisch zu verstehen, dass sie uns etwas zeigen möchte und führt uns zu einer niedrigen Tür. Dahinter liegt eine Treppe, die abwärts führt. Als sie das Licht anschaltet, verstehen wir, was wir hier vor uns haben: man sieht das betonierte Schwimmbassin von unten. Den eigentlichen Kirchenfußboden hat man seinerzeit durchbrochen, und das Becken auf massive Fundamente im Keller der Kirche gebaut. Aber es wird noch besser, als wir auf einer kleinen Stahltreppe wieder nach oben steigen. Hier gelangen wir direkt in das – von oben zugedeckte – Schwimmbecken, und stehen auf dem Kachelboden, der noch die dunklen Linien zur Markierung der Bahnen aufweist. Über uns hören wir

Witebsker Bahnhof, St. Petersburg, 2015

die Chorprobe. In diesem eindrucksvollen, unterirdischen Raum hat man eine Kunstinstallation untergebracht.

Schließlich pilgern wir noch zum Witebsker Bahnhof, einem der fünf Petersburger Kopfbahnhöfe. Möglicherweise war er es, von dem aus Sonja, Flora und Gustav 1918 die Stadt für immer verließen. Das Gebäude gleicht, in bester Petersburger Tradition, eher einem Ballsaal als einem Bahnhof. Der Jugendstilbau ist sowohl von außen wie von innen in allen Details im Originalzustand erhalten und sorgfältig restauriert. In einer Ecke hängt ein Fahrplan. Heute verkehren von hier aus nicht mehr allzu viele Züge, aber man kann tatsächlich noch nach Pskow fahren. Ich durchquere eine geräumige Schalterhalle und stelle mir vor, wie der Raum 1918 übervoll mit Menschen gewesen sein muss, die in langen Schlangen vor den hölzernen Luken mit schmiedeeisernen Gittern warteten, um eine rettende Fahrkarte zu ergattern. Die hölzernen Bänke im vorderen Teil sind noch dieselben. Dort mögen die Kinder mit dem Gepäck gesessen haben, während die Eltern sich beim Schlangestehen abwechselten. Der Fußboden aus hellen Fliesen ist ausgetreten und ebenso alt. Wahrscheinlich nahmen Sonja und alle anderen während der langen Wartezeit davon ein Bild im Gedächtnis mit, so lange saß oder stand man hier herum und hatte nichts anderes zu tun, als den Raum anzuschauen. Von der Schalterhalle führt ein imposantes doppelläufiges Treppenhaus in den ersten Stock, wo sich der Zugang zu den Bahnsteigen befindet. Auf dem Treppenabsatz prangt eine überlebensgroße Büste des Zaren Nikolaus I. Sicher mussten sich die Revolutionsflüchtlinge auch hier Meter für Meter vorarbeiten, es wird großes Gedränge geherrscht haben. Oben angekommen gelangt man durch einen weiteren großen Saal auf die Bahnsteige. Es gibt, gar nicht zur gewaltigen Größe des Bahnhofs passend, nicht mehr als vier Gleise. Ob es hier war, wo Hackels abfuhren? Vermutlich ja. Bei meinen Recherchen las ich, dass die Bahnstrecke nach Pskow hier begann. Allerdings gewann der Baltische Bahnhof später an Bedeutung, und der Verkehr wurde großenteils dorthin verlagert. Wann dies geschah und wie im chaotischen Oktober 1918 die Züge verkehrten, ist nicht mehr in Erfahrung zu bringen.

Den Baltischen Bahnhof bekomme ich zufällig am Tag unserer Abreise zu sehen, wenn auch nur von außen. Obwohl es fünf Uhr morgens ist, steht die Sonne bereits so hoch wie bei uns vielleicht gegen neun. Unser Taxifahrer, der uns zum Flughafen bringen soll, hat den Mund voller Goldzähne und dünstet ein Wodkagelage der vorangegangenen Nacht aus. Ich halte die Luft an und schaue aus dem Fenster, betrachte die leergefegten Straßen, versuche alle Eindrücke im Vorbeifahren so intensiv wie möglich aufzunehmen. Die prachtvolle Stadtanlage mit ihren Kanälen, die wir der Reihe nach überqueren: Mojka, Gribojedowa, Fontanka mit den jeweiligen Ufereinfassungen aus rotem Granit und immer anders geformtem Gusseisen. Die Häuserzeilen, die bis auf wenige Ausnahmen so erhalten sind, wie sie schon vor 100 Jahren ausgesehen haben. Wir kommen auf den Baltischen Bahnhof zu, die Ampel ist rot, ich kann das Gebäude einen Moment betrachten. Die Architektur ist konventioneller, weniger aufwändig als der Witebsker Bahnhof. Das Taxi biegt ab, rechts von uns beginnen die Schienen. Auf der linken Seite stehen alte, niedrige Häuserblocks. Arbeiterwohnungen aus der vorrevolutionären Zeit, nahezu unverändert. Dann schließen sich Fabrikgebäude an – nicht anders wird es damals gewesen sein. Werktore, rußgeschwärzte Backsteinschlote, Mauern und Torpfosten aus inzwischen schwarz gewordenen gelben Ziegeln. Dies waren früher die Putilow-Werke, deren streikende Arbeiter den Startschuss zur Februarrevolution gaben. Es geht nun vorbei an

Telegrafenmasten – die gibt's bei uns nicht mehr, denke ich. Ruinen. Relikte aus der Zeit von Sonjas Flucht. Vielleicht hat sie hinausgeschaut und, während sie St. Petersburg für immer verließ, diese Szenerie auch betrachtet? Vielleicht war es dunkel? Denkbar, Mitte Oktober … War der Zug so voll, dass man nicht hinausschauen konnte? Sonjas Cousine Eva schreibt in ihren Erinnerungen, sie mussten im fensterlosen Viehwaggon fahren. Hier kann ich Sonjas Erzählung nicht mehr ganz rekonstruieren – aber spielt es überhaupt eine Rolle?

Später, im Flugzeug, betrachte ich die vorbeiziehende Landschaft und sinniere, wo dort unten die Fluchtroute verlaufen ist, wie es damals gewesen sein mag … Es ist ein strahlender Morgen. Im Nordosten erkennt man den Ladogasee. Es folgt eine weite, brettflache Landschaft mit Wiesen, Feldern und vereinzelten Häusern. Später, sehr markant, fliegen wir am Peipussee entlang, der heute die Grenze zwischen Russland und Estland bildet. Eine Stadt liegt am Ufer. Von hier oben wirkt sie merkwürdig verlassen. Es gibt einen Hafen, aber Schiffe sind nicht zu erkennen. Ein weiter Weg! Heute fliegt man kaum zwei Stunden nach Berlin, aber damals? Um ein Vielfaches vergrößert hat sich die gefühlte Entfernung durch die jahrzehntelange Abschottung. Als ich Sonja kennenlernte, war es unvorstellbar, auf diese Weise hier herumzureisen. Ich denke darüber nach, wie Sonja sich zu dieser für sie verlorenen Heimat verhielt. Ich erinnere mich nicht, dass sie die Sehnsucht geäußert hätte, im Alter noch einmal einen Besuch zu wagen. Sonjas Petersburg war mit den Jahrzehnten zu einem Erinnerungsort geworden. Es lebte für sie fort in Literatur und Kunst. Sonja sagte, je älter sie werde, desto mehr kehre sie in die russische Sprache zurück. Sie empfinde ein Heimatgefühl beim Lesen russischer Bücher und alter Briefe, bei den wundervollen Ausdrucksmöglichkeiten der russischen Sprache, die sie leider nur mit so wenigen teilen könne.

Ich überlege, was dieser Besuch in St. Petersburg für mein Buchprojekt bedeutet. Leonid fürchtete, ich müsse enttäuscht sein. Das bin ich nicht – ganz im Gegenteil! Aber was genau ist es, das ich gefunden habe – was davon ist wichtig? Einerseits natürlich die Schauplätze der Geschichte. Sonjas Geschichte, die ich so lange schon mit mir herumtrage. Konservierte Schauplätze, die eindrucksvoller sind, als ich zu hoffen gewagt hatte. Andererseits, und das ist viel wichtiger: Menschen, die Teil dieser Geschichte sind. Fast 100 Jahre nach den enormen Erschütterungen der Revolution, die das weitere

Leben der Hackels so entscheidend prägten, lebt einer ihrer Nachfahren noch hier. Zwar nicht im selben Haus, aber er ist im selben Viertel aufgewachsen, er kennt dort jeden Stein, alle Geschichten dazu, sogar die Personen, sofern sie seine Zeitgenossen waren. In Leonid und Natalya lebt ein Stück des alten Petersburg weiter. Leonid wusste selbst kaum etwas über seine Familie, aber er folgt genau ihrem Weg, ihrer musischen Prägung, ihrer Liebe zur Kultur. Er hat sie in all den schwierigen Jahren bewahrt und selbst gelebt. Ist das nicht das Erstaunlichste von allem?

Sonja, hätte sie davon gewusst oder ihn sogar kennengelernt, wäre überglücklich. Und Flora, mit ihrer Liebe zur deutschen Klassik, zum Theater, zur Musik. Sie war es, die für die Ausbildung ihrer Kinder sorgte. Fredy und Paul, die Petersburg ihr Leben lang im Herzen trugen. Und schließlich Gustav, der lieber Künstler als Kaufmann geworden wäre, der diese Stadt so liebte. Stolz würde er vielleicht sagen: »Ich habe noch einen Enkel in St. Petersburg!«

Dank

Die Arbeiten an diesem Buch haben sich über viele Jahre erstreckt. Seit ich im Sommer 2007 mit meinen ersten Recherchen begann bis zum November 2021, als ich die letzten Korrekturen am Manuskript vornahm, haben mir viele Menschen mit Informationen, Übersetzungen und Ratschlägen weitergeholfen. Nicht alle können hier genannt werden, die Liste wäre zu lang.

Stellvertretend für alle möchte ich mich besonders bedanken bei Stephanie Rosenberg, Sonjas Tochter, die mir Sonjas Nachlass und eigene Aufzeichnungen zur Verfügung gestellt und mir sieben lange Telefoninterviews gegeben hat, sowie ihrem Mann Bob Wenger, der uns dabei warmherzig und tatkräftig im Hintergrund unterstützt hat.

Für weitere Interviews sehr herzlich bedanken muss ich mich bei Leonid Gakkel, Natalya Gakkel, Erika Hollingdale sowie Cornelia Gerstenmaier. Ebenso bei Irmela Risch, Margot Magin, Gisela Adels, Gisela Anders, Eva Glistrup und Peter Guillery, die mir mit Erinnerungen an Sonja und Heinz und deren Familien weiterhalfen, sowie meinen Eltern Waltraud Becker-Hammerstein und Dr. Werner Becker.

Bei Recherchen und Übersetzungen haben mir Uta Zähringer, Lesya Koshmaniuk, Ada Fischbein, Alexander Fischbein und Ria Oonk sehr wertvolle Hilfe geleistet. Mit Anregungen und Ideen unterstützt haben mich Norbert Zähringer, Sibylle Luithlen, Anne Berrini, Christiane Landgrebe, Wolf-Rüdiger Osburg, Bernd Henninger als kenntnisreicher Lektor – und, immer an den Erfolg des Buches glaubend, Axel Haase. Auch hierfür an alle meinen herzlichsten Dank.

Bei Archivrecherchen habe ich Unterstützung erfahren durch das Landesarchiv Berlin, die Stiftung Topografie des Terrors, das Bundesarchiv Berlin-Lichterfelde sowie die Behörde des Bundesbeauftragten für die Unterlagen des Staatssicherheitsdienstes der ehemaligen DDR.

Und schließlich bei der Überarbeitung sowie im gesamten langen Prozess des Schreibens unterstützt hat mich in wunderbarer Weise meine Familie – hierfür besonderer Dank an meine Frau Mareike Welke und meine Kinder Fabian und Maja!

Verwendete Literatur

Neben den im Text zitierten Literaturstellen waren mir zahlreiche der hier aufgelisteten Bücher als Hintergrundinformation für den historischen Kontext und zu einzelnen Personen von Nutzen.

Armbrust, Hans-Jörg/Heine, Gerd: Wer ist wer im Leben von Thomas Mann? Ein Personenlexikon. Frankfurt a. M. 2008

Borchardt, Philipp/Rosenberg, Vera: Erinnerungen an Rudolf Borchardt. Berlin 2014

Borer, Eva-Maria: Menschsein beginnt mit einem Apfel. Erinnerungen und Rezepte aus meinem Leben und aus meiner Küche. Bern 1980

Brodsky, Joseph: Erinnerungen an Petersburg. München 1986

Eichner, Klaus/Schramm, Gotthold (Hrsg.): Top-Spione im Westen. Spitzenquellen der DDR-Aufklärung erinnern sich. Berlin 2008

Eschwe, Rudolf/Lehmann, Dorit/Monke, Fritz: Die Tiergartenstraße. Ein Stück Berliner Geschichte. Berlin 1975

Federmann, Reinhard: Russland aus erster Hand. Geschichte und Gegenwart in Berichten von Augenzeugen und Zeitgenossen. 2. Aufl. Würzburg 1976

Fürstenberg, Carl: Die Lebensgeschichte eines deutschen Bankiers. Wiesbaden 1960

Gaehtgens, Thomas: Der Bürger als Mäzen. Opladen 1998

Glistrup, Eva: Familien Rosenberg. o. O. 2010

Gregor-Dellin, Martin (Hrsg.): Klaus Mann. Briefe und Antworten. 1922–1949. München 1975

Hackel, Alexej Alfred: Das altrussische Heiligenbild. Die Ikone. Nimwegen 1936

Hildermeier, Manfred: Die Russische Revolution 1905–1921. Frankfurt a. M. 1989

Jens, Inge/Jens, Walter: Katias Mutter. Das außerordentliche Leben der Hedwig Pringsheim. Hamburg 2005

Lehmann-Brune, Marlies: Der Koffer des Karl Zuntz. Fünf Jahrhunderte einer jüdischen Familie. Düsseldorf 1997

Mittheilungen der Kaiserlichen freien ökonomischen Gesellschaft zu St. Petersburg. Letztes Tertialheft 1846. Leipzig 1846

Orlowa-Kopelew, Raissa: Briefe aus Köln über Bücher aus Moskau. Köln 1987

Panwitz, Sebastian: Die Gesellschaft der Freunde 1792–1935. Berliner Juden zwischen Aufklärung und Hochfinanz. Hildesheim 2007

Pörtner, Rudolf (Hrsg.): Heimat in der Fremde. Deutsche aus Russland erinnern sich. Düsseldorf/Wien/New York/Moskau 1992

Pringsheim, Hedwig: Meine Manns. Briefe an Maximilian Harden. Berlin 2006

Rabinovitch, Alexander: Die Sowjetmacht. Das erste Jahr. Essen 2010

Rohner, Isabel: Spuren ins Jetzt. Hedwig Dohm – eine Biografie. Sulzbach/Taunus 2010

Schlögel, Karl: Petersburg. Das Laboratorium der Moderne 1909–1921. Frankfurt a. M. 2009

Schlögel, Karl/Schenk, Frithjof Benjamin/Ackeret, Markus (Hrsg.): Sankt Petersburg. Schauplätze einer Stadtgeschichte. Frankfurt a. M. 2007

Schouten, Wim: Een vak vol boeken. Herinneringen aan veertig jaar leven in en om de Uitgeverij. Amsterdam 1988. (Eigene Übersetzung.)

Stern, Carola (Hrsg.): Wer schweigt, wird mitschuldig. Amnesty International. Frankfurt a. M. 1981

Storz, Oliver: Als wir Gangster waren. Prosa aus dem Nachlass. München 2012

Weiss, Ruth: Ein Lied ohne Musik. Politische Autobiographie. Gelnhausen 1981

Westerman, Frank: Ingenieure der Seele. Schriftsteller unter Stalin – eine Erkundungsreise. Berlin 2005

Wolf, Christa: Moskauer Tagebücher. Wer wir sind und wer wir waren. Berlin 2014

Anmerkungen

I http://www.mitau.libau-kurland-baltikum.de/Mitau-Jelgava/Mitau-34/mitau-34.html

II http://usdine.free.fr/marriagesmitavaeightythree.html

III Vgl. Karl Schlögel, Frithjof Benjamin Schenk, Markus Ackeret (Hrsg.): Sankt Petersburg. Schauplätze einer Stadtgeschichte. Frankfurt a. M. 2007, S. 85 ff.

IV http://ech.case.edu/cgi/article.pl?id=GB1

V http://dokumente.ios-regensburg.de/amburger/index.php?id=81792
http://dokumente.ios-regensburg.de/amburger/index.php?id=81790
www.citywalls.ru/house4967.html?s=5049tdg07ngfufqq7um7bamv40

VI http://dokumente.ios-regensburg.de/amburger/index.php?id=81791

VII http://www.jewishgen.org/Courland/

VIII http://www.jelgava.lv/for-visitors/sightseeing/memorial-sites/ Zitat: ›The Jewish cemetery appeared in the beginning of 18th century but was destroyed by Nazi occupation force in WWII. Now there is a monumental stone to remind of the cemetery.‹
http://www.iajgsjewishcemeteryproject.org/latvia/yelagva.html Zitat: ›The old cemetery of Mitau, founded in the 16th century, was almost totally destroyed in Nazi and Soviet times. Located on the corner of Zalites street and Bauskas Street, about thirty tomb boxes without tombstones remain. Four legible tombstones are those of Jahe Herzberg (Stern), Hode Aronstein, Kron Shimelowitz, and Betty Schmahman (Jakobson) 1794–1837. 2 illegible stones.‹

IX https://de.wikipedia.org/wiki/Sankt_Petersburger_Herold

X http://www.hermitagemuseum.org/wps/portal/hermitage/digital-collection/06.+Sculpture/40340

XI http://wrestlingdata.com/index.php?befehl=bios&wrestler=1185&bild=1&details=7&kampfland=31&jahr=1906&seite=3

XII Quelle: http://www.brest-litowsk.libau-kurland-baltikum.de/Friedens vertrag/friedensvertrag.html

XIII Diese Aktion fand statt zwischen dem 26. 2. und dem 14. 3. 1917. Quelle: Alexander Rabinowitch: ›Die Sowjetmacht – Das erste Jahr‹, S. 268 ff.

XIV Ebd., S. 297 ff.

XV Zit. nach Rabinowitch, a. a. O., S. 292, Originalzitat aus ›Strana‹, 5. April 1918, S. 4.

XVI Zit. nach Rabinowitch, a. a. O., S. 448, Originalzitat aus ›Krasnaja Gaseta‹, 31. 8. 1918, S. 1.

XVII Am 17. 9. bei der 7. Stadtkonferenz der Petrograder Bolschewiki, zitiert nach Rabinowitch, a. a. O., S. 459, Originalzitat aus CGAIPD, f. 1 op. 1, d. 75, l. 154.

XVIII https://www.bundesarchiv.de/aktenreichskanzlei/1919-1933/1a1/bau/bau1p/kap1_2/kap2_7/para3_7.html

XIX https://de.wikipedia.org/wiki/Madame_Dubarry_(1919).

XX Die Firma Curt Bentzin in Görlitz. http://camera-wiki.org/wiki/Bentzin

XXI https://de.wikipedia.org/wiki/Nansen-Pass.

XXII Die Feier zur ›Reichstagseröffnung‹, die von den Nazis groß inszeniert wurde, s. https://stadtarchiv.mannheim.de/chronikstar/public_html/index.php?start=24810&sort=4

XXIII https://de.wikipedia.org/wiki/Juri_Karlowitsch_Olescha

XXIV Theodor Seibert: Das rote Russland. München 1931.

XXV Quelle: Wim Schouten: Een vak vol boeken. Herinneringen aan veertig jaar leven in en om de Uitgeverij. Amsterdam 1988, S. 49 ff., eigene Übersetzung. http://www.dbnl.org/tekst/scho066vakv01_01/colofon.htm

XXVI https://de.wikipedia.org/wiki/Alexej_A._Hackel

XXVII https://books.google.de/books?id=raFQrlGHpP8C&pg=PA55&lpg=PA55&dq=theodor+baader&source=bl&ots=CLJNSC4TaP&sig=siXonQR5YeoIOaievXWlQjHINlo&hl=de&sa=X&ved=0ahUKEwi_zdOPkvLLAhWDBSwKHZciAXYQ6AEIHDAC#v=onepage&q=theodor%20baader&f=false

XXVIII Quelle zur Biografie Theodor Baaders: https://books.google.de/books?id=raFQrlGHpP8C&pg=PA55&lpg=PA55&dq=theodor+baader&source=bl&ots=CLJNSC4TaP&sig=siXonQR5YeoIOaievXWlQjHINlo&hl=de&sa=X&ved=0ahUKEwi_zdOPkvLLAhWDBSwKHZciAXYQ6AEIHDAC#v=onepage&q=theodor%20baader&f=false, in ›Kürschners Gelehrtenkalender 1966‹: ›UPDoz. Münster Westf. (…) em 53, Mitarb. Akad. f. Raumforsch. Hannover seit 48. Dt. Sprache u. Literatur.‹, (http://www.ru.nl/kdc/over_het_kdc/archief/over_de_archieven/onderwijs_en/archieven_van/personen/baader_t_l_j_a_m/)

XXIX In: Alfred Alexej Hackel: Das altrussische Heiligenbild. Die Ikone. Herausgegeben von Dr. Theodor Baader. Disquisitiones Carolinae, Band 10. Nijmegen 1936, S. 7 ff.

XXX In: Julius Tyciak et al. (Hrsg.): Der christliche Osten – Geist und Gestalt. Regensburg 1939.

XXXI Von der Stiftung Topografie des Terrors, Berlin.

XXXII Bundesarchiv Berlin, Aktennummer R 9361/V/20701.

XXXIII Schouten, a. a. O., S. 50 f., eigene Übersetzung. https://www.dbnl.org/tekst/scho066vakv01_01/scho066vakv01_01_0001.php

XXXIV http://encyclopedia2.thefreedictionary.com/Pavel+Gaideburov

XXXV https://books.google.de/books?id=iyPDmdgSGeAC&pg=PA29&lpg=PA29&dq=alexander+brjanzew&source=bl&ots=JceOPi7Txq&sig=vXyb1q1s9jw1VKfNBrLVTUuq2eM&hl=de&sa=X&ved=0ahUKEwj6vLrr98PNAhXGvBoKHVYUAcsQ6AEIJTAD#v=onepage&q=alexander%20brjanzew&f=false

XXXVI http://m.kino-teatr.ru/teatr/50/?noflex=1

XXXVII Zitiert nach http://www.deutschlandradiokultur.de/wsewolod-meyerhold-ein-avantgardist-durch-und-durch.932.de.html?dram:article_id=310392

XXXVIII Mittheilungen der Kaiserlichen freien ökonomischen Gesellschaft zu St. Petersburg. Letztes Tertialheft 1846. Leipzig 1846, S. 386.

XXXIX https://de.wikipedia.org/wiki/Kriegskommunismus.

XL Auf Russisch: Gosudarstwennij Narodij Dom im. K. Libknechta i R. Luksemburg. Glawnij Reshisser Krasnowo Teatra Gosnardoma Jewgenij Gustavowitsch Gakkel.

XLI https://de.wikipedia.org/wiki/Moskauer_Prozesse Stand 14.1.17

XLII https://de.wikipedia.org/wiki/Julius_Gipkens

XLIII Vgl. zur Firmengeschichte und Zuntz‹schen Familiengeschichte Marlies Lehmann-Brune: Der Koffer des Karl Zuntz. Fünf Jahrhunderte einer jüdischen Familie. Düsseldorf 1997.

XLIV Zit. nach Lehmann-Brune, a. a. O., S. 196 f.

XLV Vgl. dazu u. a.: Jens, Inge und Walter: Katias Mutter. Das außerordentliche Leben der Hedwig Pringsheim. Hamburg 2005. – Armbrust, Hans-Jörg/Heine, Gerd: Wer ist wer im Leben von Thomas Mann? Ein Personenlexikon. Frankfurt a. M. 2008. – Gregor-Dellin, Martin (Hrsg.): Klaus Mann. Briefe und Antworten. München 1975. – ‹Krüll‹-sche Familientafel Rosenberg‹: http://books.google.de/books?id=fJHbdUtleCsC&pg=PA442&lpg=PA442&dq=krüllsche+Familientafel+Rosenberg&source=bl&ots=gCQ4IuoOkD&sig=VtiGNP6YRffvmLb8PVAvXFTo8wI&hl=de&sa=X&ei=LHNuUqWoGMretAa_poHQAw&ved=0CC4Q6AEwAA#v=onepage&q=krüllsche%20Familientafel%20Rosenberg&f=false

XLVI http://books.google.de/books?id=fJHbdUtleCsC&pg=PA442&lpg=PA442&dq=hermann+rosenberg+pringsheim&source=bl&ots=gCK7Aw8NfF&sig=yBI68q-4lYV6tdTsyzy4sbuFHJY&hl=de&sa=X&ei=t-r8TrySF5O5sgbHnIXvDw&sqi=2&ved=0CCQQ6AEwAQ#v=onepage&q=hermann%20rosenberg%20pringshei&f=false

XLVII Zit. nach Rosenberg, a. a. O., S. 117 f.

XLVIII Dieses Zitat kommt in zwei unterschiedlichen Varianten vor: 1.) bei Eva-Maria Borer: Menschsein beginnt mit einem Apfel. Erinnerungen und Rezepte aus meinem Leben und aus meiner Küche. Bern 1980, S. 30. – 2.) bei ihrer Mutter Vera Rosenberg, s. Philipp Borchardt/Vera Rosenberg: Erinnerungen an Rudolf Borchardt. Berlin 2014, S. 118.

XLIX Berliner Adressbuch 1925: Dernburg, Ilse; Matthäikirchstraße 4.

L Vgl. auch http://www.zeit.de/1966/09/artikel-70

LI Vgl. auch http://www.spiegel.de/spiegel/print/d-14021540.html

LII Quelle: https://de.wikipedia.org/wiki/Joseph_Brodsky

LIII Orlowa-Kopelew, Raissa: Briefe aus Köln über Bücher aus Moskau. Köln 1987.

LIV Quelle: https://de.wikipedia.org/wiki/Johanna_Olbrich

LV www.kundschafter-ddr.de.

LVI Zit. nach Eichner, Klaus/Schramm, Gotthold (Hrsg.): Top-Spione im Westen. Spitzenquellen der DDR-Aufklärung erinnern sich. Berlin 2008, S. 20.

LVII Vgl. Obertreis, Julia in: Schlögel/Schenk/Ackeret (Hrsg.), a. a. O., S. 336.

LVIII S. Joseph Brodsky: Erinnerungen an Petersburg. München 1986, S. 120 f.

LIX https://de.wikipedia.org/wiki/Harald_Julius_von_Bosse#/media/File:Post_Card_Ref-Church.jpg

LX https://de.wikipedia.org/wiki/Harald_Julius_von_Bosse

LXI https://en.wikipedia.org/wiki/House_of_Yusupov

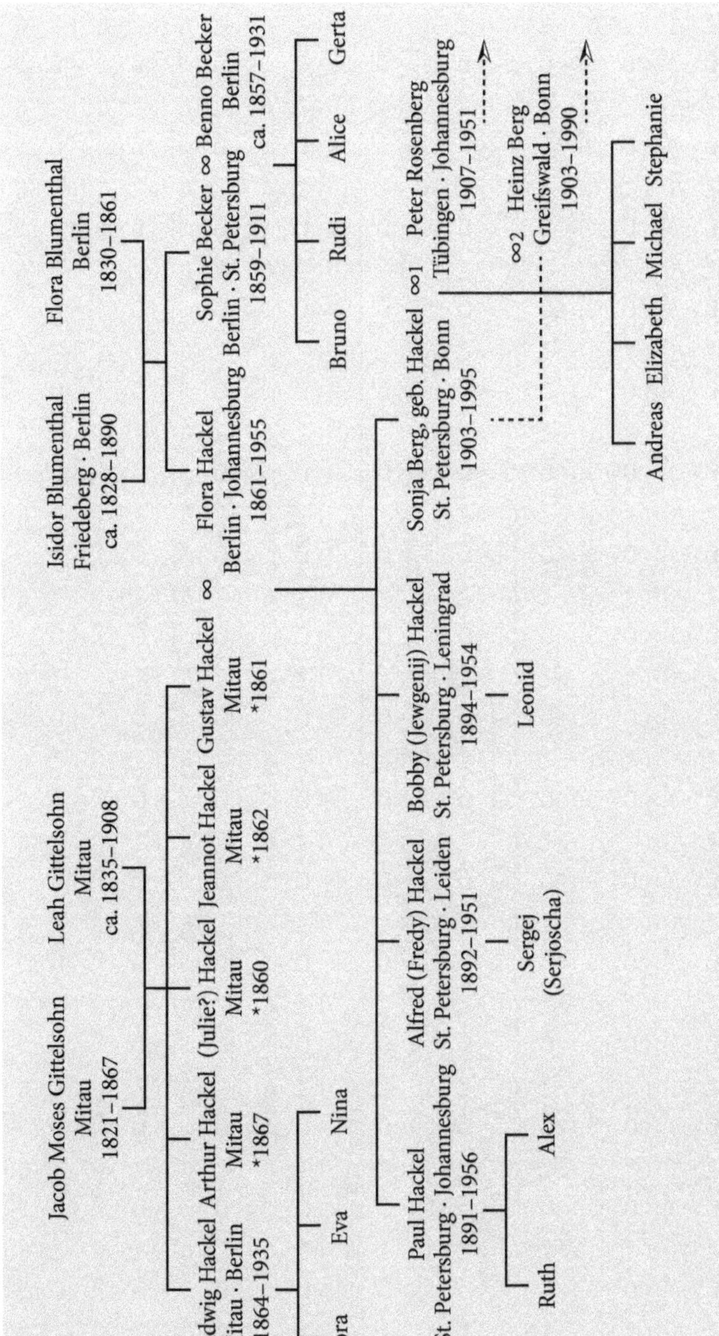

Stammbaum der Familie Hackel

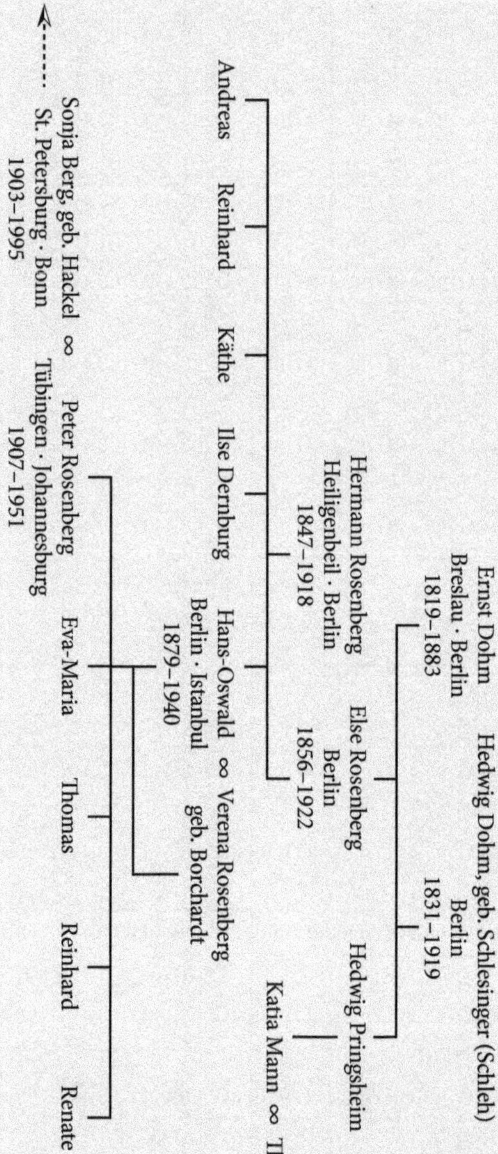

Stammbaum der Familie Rosenberg

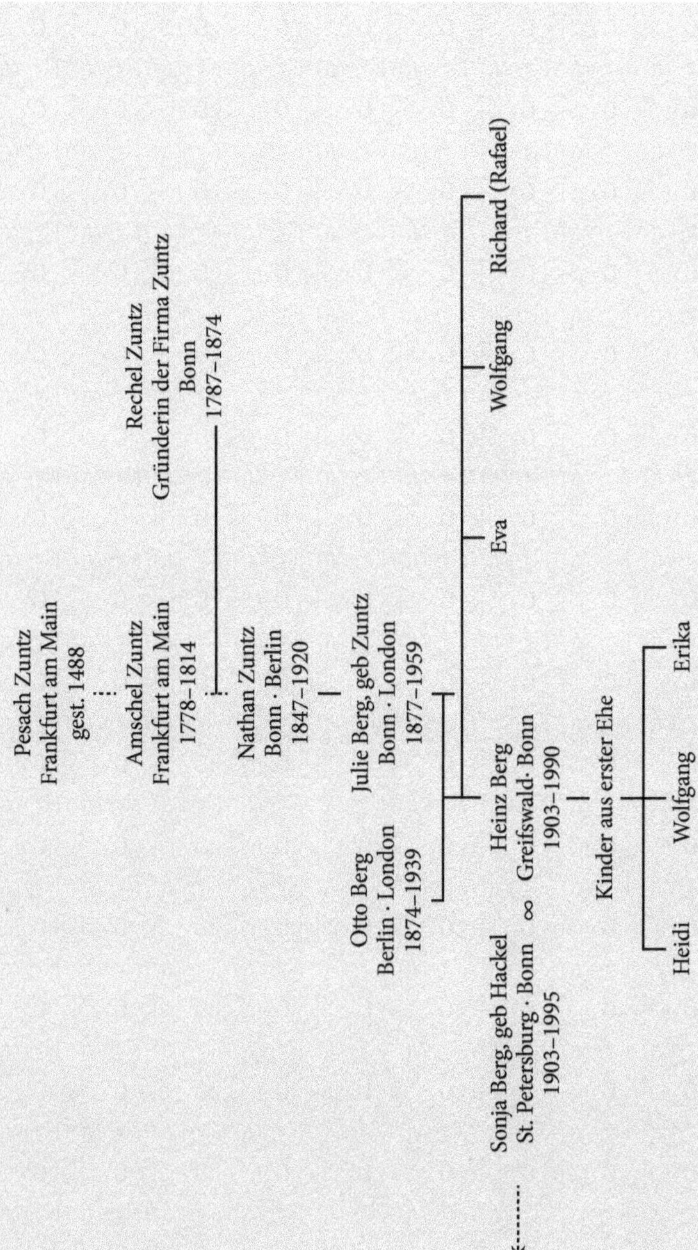

Stammbaum der Familie Berg